U0822910

耿车镇志

宿迁市宿城区耿车镇志编纂委员会 编

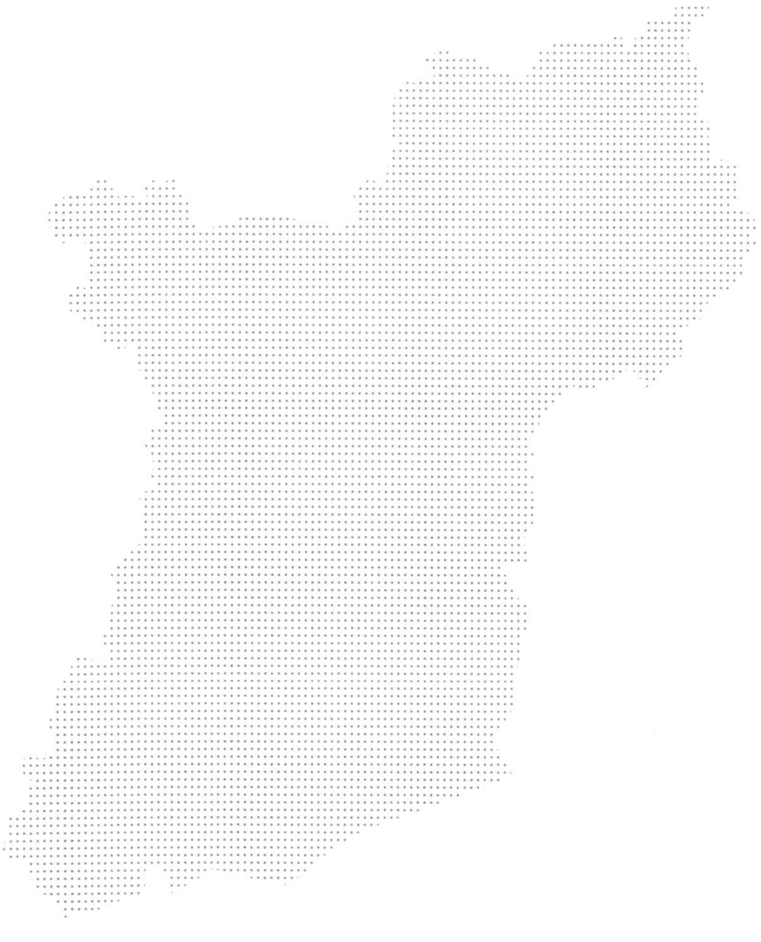

南京出版传媒集团
南京出版社

图书在版编目（CIP）数据

耿车镇志 / 宿迁市宿城区耿车镇志编纂委员会编
. -- 南京 : 南京出版社，2024.9
ISBN 978-7-5533-4586-4

Ⅰ . ①耿… Ⅱ . ①宿… Ⅲ . ①乡镇地—方志—宿迁
Ⅳ . ① K295.35

中国国家版本馆 CIP 数据核字（2023）第 256830 号

书　　名　耿车镇志
编　　者　宿迁市宿城区耿车镇志编纂委员会
出版发行　南京出版传媒集团
南　京　出　版　社
社址：南京市太平门街53号　　邮编：210016
网址：http://www.njcbs.cn　　电子信箱：njcbs1988@163.com
联系电话：025-83283893、83283864（营销）　025-83112257（编务）

出 版 人　项晓宁
出 品 人　卢海鸣
责任编辑　严行健
责任印制　杨福彬

排　　版　南京凯德印刷有限公司
印　　刷　南京凯德印刷有限公司
开　　本　787毫米×1092毫米　1/16
印　　张　16.75
字　　数　279千字
版　　次　2024年9月第1版
印　　次　2024年9月第1次印刷
书　　号　ISBN 978-7-5533-4586-4
定　　价　198.00元

用微信或京东APP扫码购书

用淘宝APP扫码购书

大胆探索 因地制宜为乡镇企业创造新的模式

费孝通

一九八六年九月二十七日

宿迁市镇村志编纂文化工程指导组

组　　　长　李　军

副　组　长　李国成　张克军

成　　　员　陈志胜　徐山红　赵　勇　张　勇　陈　昀

指导组办公室　李　智　张　璇　周赛赛　顾　倩　殷　莹

《耿车镇志》编纂委员会

《耿车镇志》第一届编纂委员会

主　　任　李　威

副 主 任　郭爱武　赵海军　倪　李

委　　员　徐守政　张宏龙　王永善　王彬权　黄　玮　陈　伟　郭　星
王　前　仲倩秋　刘成君　董　辉

《耿车镇志》第二届编纂委员会

主　　任　陈茂辉

副 主 任　赵海军　徐守政　倪　李

委　　员　张宏龙　王永善　王彬权　郑二贺　黄　玮　陈　伟　李赵君
郭　超　王　前　徐　徐　晏　聪　刘成君　董　辉

《耿车镇志》编辑部

主　　编　倪　李

执行主编　刘成君

编　　辑　李　闻　孙　倩　张　巍　樊　苗　刘力玮　许诗韵　范　浩

摄　　影　李　闻　徐江海　陈少帅等

总序

宿迁，清秀水灵灵。大自然格外眷顾，这里河湖交错，大运河、古黄河生生不息，洪泽湖和骆马湖闪耀着史诗般的光芒。诗人说，有水的地方才能滋润得出鱼米之乡!

宿迁，酒都醉天下。1800万年前就有了“双沟醉猿”的传奇。唐宋年间为酿酒重镇，明清之时酒业繁华，“白洋河下春水碧，白洋河中多沽客”。历史的陈香孕育了中国酒都，使之跻身“世界三大湿地名酒产区”。

宿迁，英雄传千年。西风猎猎，在巨鹿，在彭城，一个伟岸不群的历史身影，绽放了炫目的光华。历文人追寻其遗踪，写下积案盈箱的精妙篇章。“至今思项羽”，他已然成为一个文化符号。

第一江山春好处。这是乾隆在诗兴最浓的春季，面对宿迁景致的击节叹赏。这里祥瑞频现，有黄河之水湛然澄清，有白鹿游于郊，还有凤凰来集。这里风景殊异，“天流其序，地辟其境，人蕴其情，三者合而成景”。这里民物繁庶，清代鼎盛时，宿迁“舳舻相接，轮蹄辐辏，冲繁靡丽，冠于淮北”。境域内各处为士商骈阗之地，塞外豪商巨贾争往经营，贸迁化居者不可胜数。

宿迁居南北之交，风土质厚，顺山集文化、徐文化、项羽文化、运河文化等的浸染与传承，涵养了她的底蕴和魅力，成就了她的独特性与影响力。

宿迁文化昌盛、俊彦如云。宿迁段中运河及龙王庙行宫被列为世界文化遗产；仅近代以来，就涌现出书法家王相、抗日英雄杨泗洪、地理学家张相文、“炮兵元帅”朱瑞、摄影大师吴印咸、京剧表演艺术家宋长荣等，璀璨群星，闪耀史册。

宿迁绿色生态、物产丰饶。致力建设“江苏生态大公园”，被联合国环境规划署评定为环保节能新型示范城市，获得国家生态园林城市、中国人居环境奖城市等称号。宿迁绿色食品总数、绿色优质农产品比重、国家地理标志农产品数量，在全省领先。

宿迁改革创新、发展迅猛。毛泽东主席在《沂涛乡的全面规划》上写下长段批示；“耿车模式”“春到上塘”，闻名全国；地级宿迁市成立后，历届市委、市政府始终坚持擦亮“改革创新”金字招牌，不断将经济社会发展引向快车道；“十四五”以来，市委、市政府提出建设“改革创新先行区”，推进“四化”同步集成改革，奋力续写新时代“春到上塘”的传奇。

历史的车轮走到今天，我们正经历着史上规模最大、速度最快的城镇化进程。城镇化促进了城乡空间的重构，乡镇村庄的经济结构和社会结构也发生重大变化，包括乡镇撤减并合，村落拆迁消失，人口规模化迁徙等。在这一进程中，一些镇村所承载的历史传统文化、乡土民俗文化，如果不及时抢救挖掘，将会消失湮灭。如何把镇村记忆留住、把乡愁留下，加强传统文化保护传承和创新发展？这是摆在我们面前的一道必答题。

地方志是一地之“百科全书”“一方之全史”。连绵不断地编修地方志是我国特有的文化传统，为传承文明作出了巨大贡献。一个乡镇、一个村庄就是一部历史；一个乡镇、一个村庄的变迁，就是一方发展的时代轨迹。

盛世修志，志载盛世。2022年3月，江苏省启动镇村志编纂文化工程。当年7月，宿迁市政府办公室印发通知明确，“十四五”期间，全市乡镇（街道）志编纂工作实现全覆盖。2023年初，市委1号文件明确将“镇村志编纂工程”纳入年度市政府民生实事项目。

这是全市地方志工作的一件盛事，也是全市文化事业的一件大事。镇村志编纂工程，将记录乡村巨变，展示乡风民俗，推介镇村形象，为乡村振兴提供人文关怀，为城镇化建设提供历史智慧。同时，镇村志丰富翔实的地情资料，也将构筑起一座厚重的地方历史文化宝库，为全面推进中国式现代化宿迁新实践发挥巨大的史料价值和资政作用。

“君自故乡来，应知故乡事。”每一部志书，都是一方人民的精神家园，它让更多的人从中深切感受到区域的变迁、生命的阅历和故乡的情怀，“望得见山，看得见水，记得住乡愁”。期待镇村志能够成为社会各界人士认识宿迁、热爱宿迁、建设宿迁的“新窗口”和“能量库”。一镇一风格，一村一风情，一志一特色。

这是我们的文化使命！

宿迁市地方志编纂委员会办公室

2023年9月

序言

新时代、新征程。在庆祝中华人民共和国成立75周年之际，全面反映耿车历史风貌与改革发展历程的志书《耿车镇志》即将付梓，这是耿车历史上的一件大事，也是文化上的一件盛事，可喜可贺！

耿车的历史可以追溯到秦汉时期，泗水、睢水经流耿车，人类先祖在这篇土地上繁衍生息。白鹿湖畔，耿姓农民设摊置点，形成大车屋，人烟集聚。清朝道光初年，管序诗倡建集市，在宿迁这块版图上渐渐地出现了一个新的集镇——“耿车”。至明清时期，府志、县志、诗文等文献逐渐对耿车有了记载，踪迹可寻，“南风吹白鹿，湖水绿入海。闻有打鱼人，月明歌欸乃”“湖名白鹿有渔家，茅屋槿蓠傍水涯”，耿车先民恬静闲适的生活场景跃然纸上。

耿车因改革而兴，因改革而闻名。耿车历史上地处黄泛区，当地流行“春天白茫茫，夏天水汪汪，糠菜半年粮，四处去逃荒”的顺口溜，群众生活较为贫困。党的十一届三中全会后，耿车人民乘着改革开放的春风，敢试敢闯、敢为人先，开拓创新，凭着一股拼劲、闯劲、韧劲和钻劲，发展乡镇企业，创造出闻名遐迩的“耿车模式”，1986年，著名社会学家费孝通、经济学家于光远等调研耿车关注耿车研究耿车，在我国农村经济体制改革中产生了重大而深远的影响。进入新时代，耿车坚决践行习近平生态文明思想，用66天时间，以“彻底禁、禁彻底”的强大决心，打赢废旧物资回收加工综合整治的“人民战争”，创造了转型发展的“耿车速度”，开启了耿车华丽蝶变的历史进程。绿色家居产业园、直播电商创业园、快递物流产业园、生态农业示范园四大平台筑巢引凤，绿色家居、多肉花卉、直播电商、快递物流四大产业引领高质量奋进转型，生动演绎了“耿车蝶变”，获评全国先进基层党组织、全国乡村治理示范镇等近百项省级以上荣誉，成为全省践行“两山”理念的典型案例，受到省委主要领导充分肯定。

白鹿湖边书院幽，翩翩裘马竞风流。耿车自古崇文重教，人文荟萃，涌现一代代名人志

"两山"理念的耿车实践

耿车蝶变公众号

士，为国家、社会作出了突出贡献。军事领域，南宋抗金英雄魏胜，义士张荣，“国之英烈”刘振黄、“大义殉国”刘振宗，“一门两将军”王焕民、王焕新兄弟；医药领域，著名蛇伤专家季德胜，“大医精诚”王范秀；文化领域，一代帝师徐用锡，“英雄儿女”刘尚娴，书法家张守跃，大鼓艺人胡博；教育领域，教育专家张云才、蔡士诚；科学技术领域，水利专家黄爱民，通讯专家张怀来，能源环境教授朱智；工商领域，张坤、李平、邱雨等时代弄潮儿……他们是耿车的荣耀，是激励耿车人不断奋进的财富。

风起扬帆，奋楫争先。当前，耿车人正在坚定践行习近平生态文明思想，阔步走好“生态优先、绿色发展”的耿车新路，打通“绿水青山”与“金山银山”的双向转换通道，奋力彰显“两山”理念的实践伟力，奋力谱写耿车现代化建设新篇章。

盛世修志，垂鉴后世；修志问道，以启未来。《耿车镇志》是耿车历史上首部全媒体志书，较为全面客观公正地记述了耿车政治、经济、社会、文化的发展历程和巨大成就，客观生动地反映了耿车的发展经验，书写了耿车人民的拼搏奋斗精神，承载着耿车人的乡愁记忆，为耿车文明留下了宝贵的历史资料。《耿车镇志》历经两载，多易其稿，编纂成功，凝聚各方面的辛勤付出，在此谨向亲切关心、精心指导的市、区党史工办、史志办等部门，向镇志编委会和编辑部的同志们，向关心支持镇志编撰的社会各界人士致以崇高敬意和衷心感谢。

是为序。

中共宿迁市宿城区耿车镇委员会书记　陈茂辉

宿迁市宿城区耿车镇人民政府镇长　赵海军

2024年8月

凡例

一、以马克思列宁主义、毛泽东思想、邓小平理论、“三个代表”重要思想、科学发展观、习近平新时代中国特色社会主义思想为指导，坚持辩证唯物主义和历史唯物主义，存真求实，客观记述镇村发展的历史与现状，发挥本志书记录历史、传承文化、服务乡村振兴、激发爱国爱乡情怀的独特作用。

二、记述上限溯及事物发端，下限至2024年5月，列统数据截至2023年。记述内容紧扣大事要事与地方特色，准确反映耿车镇的历史人文、时代风貌与区域特点。

三、记述地域范围以现行政区域范围为主，历史上的行政区域可反映相应时段的事件和人物。

四、人物篇收录耿车籍或在耿车工作、战斗过有较大社会影响和历史贡献的客籍名人，均按生年排序。遵循“生不立传”原则，人物传略只记载事迹较为突出的已故人物，人物简介收录有一定知名度的在世人物，人物名录收录革命烈士、先进模范、功臣以及生平事迹不完整的知名人物。本地人物所在地，以出生时所在地地名为据。

五、计量单位和数字的使用，执行国家新闻出版有关规定。原则上使用法定计量单位，亩、公顷、公斤、千米等按社会习惯使用。人口数据以“百”为基准取整数，如十位数字大于等于“50”，则进百，如小于“50”，则舍之。个别古代计量单位加注说明。

六、清代及以前的纪年使用朝代年号纪年，括注公元年份。1912年1月1日起使用公元纪年，特殊情况下括注民国纪年。

七、经济、人口等数据以国家统计部门发布的数据为准。统计部门未提供的，以公安、民政等相关部门提供的数据为准。

八、书中未冠名称的“市、区、镇”，结合前文，一般指宿迁市、宿城区、耿车镇。

九、正文的相关位置设有“二维码”，可扫码进行拓展阅读。

荣誉榜

全国先进基层党组织（2016）

全国淘宝镇（2016-2022）

国家卫生乡镇（2018、2020）

全国一村一品示范村镇（2020）

全国乡村治理示范镇（2021）

全国农村创业园区（2021）

江苏省文明乡镇（2014、2016）

江苏省首批农村电子商务示范乡镇（2015）

江苏省众创集聚区（2016）

江苏省农村电子商务示范乡镇（2016-2017）

江苏省卫生镇（2017）

江苏省生态乡镇（2017）

江苏省创业型乡镇（2017）

江苏省首批生态文明建设示范乡镇（2018）

全省群众体育先进单位（2018）

阿里巴巴集团乡村振兴调研基地（2018）

江苏省创客空间集聚区（2018）

江苏省小企业创业示范基地（2018）

江苏省人民满意的公务员集体（2019）

第四次全国经济普查优秀集体（2019）

江苏省巾帼现代农业科技示范基地（2019）

江苏省绿色农产品示范基地（2022）

江苏省示范物流园区（2022）

江苏省生态宜居美丽示范镇（2023）

江苏省健康镇（2023）

江苏省创业示范基地（2023）

江苏省电子商务示范基地（2023）

江苏省县域电商产业集聚区（2023）

全国“淘宝村”（全覆盖2013—2023）
国家森林乡村（大众村2019）
全国四好商会（耿车电商商会2019—2022）
全国“一村一品”示范村（红卫村2020）
全国文明村（大众村2020）
全国特色产业亿元村居（红卫村2021）
全国乡村旅游重点村（刘圩村2021）
全国村级议事协商试点单位（大众村2021）
中国美丽休闲乡村（刘圩村2021）
全国人口和计划生育自治示范村居（大众村）
全国人口管理示范村（大同村）

江苏省卫生村（刘圩村2014）
江苏省社会主义新农村建设示范村（大同村2014）
江苏省农村电子商务示范村（大众村2014）
江苏省科普示范村（大众村2015）
江苏省文明村（大同村2016）
江苏省农村电商十强村（大众村2017）
江苏“一村一品一店”示范村（大众村2018）
江苏水美乡村（红卫村2018）
江苏省卫生村（红卫村2018）
江苏省党员教育实景课堂示范点（2018）
江苏省文明村（大众村2019）
江苏省特色田园乡村（大众村2020）
江苏省休闲农业精品示范村（红卫村2020）
江苏省特色田园乡村（红卫村2020）
江苏省美丽家园示范点（大众村2020）
江苏省传统村落（刘圩村2020）
江苏省人居环境示范村（红卫村2021）
江苏省生态宜居美丽乡村示范村（刘圩村2022）
江苏省健康村（白鹿湖村2023）
江苏省生态文明建设示范村（刘圩村2023）
江苏省健康社区（耿车社区2023）
江苏首批宜居宜业和美乡村（大众村刘圩村红卫村2024）
江苏省特色田园乡村（刘圩村2020年）
江苏省水美乡村（刘圩村2017年）
江苏省创业型社区（大同村）
江苏省卫生村（大同村、白鹿湖村）
江苏省民主法治示范村（大同村、刘圩村）

耿车镇行政区划图

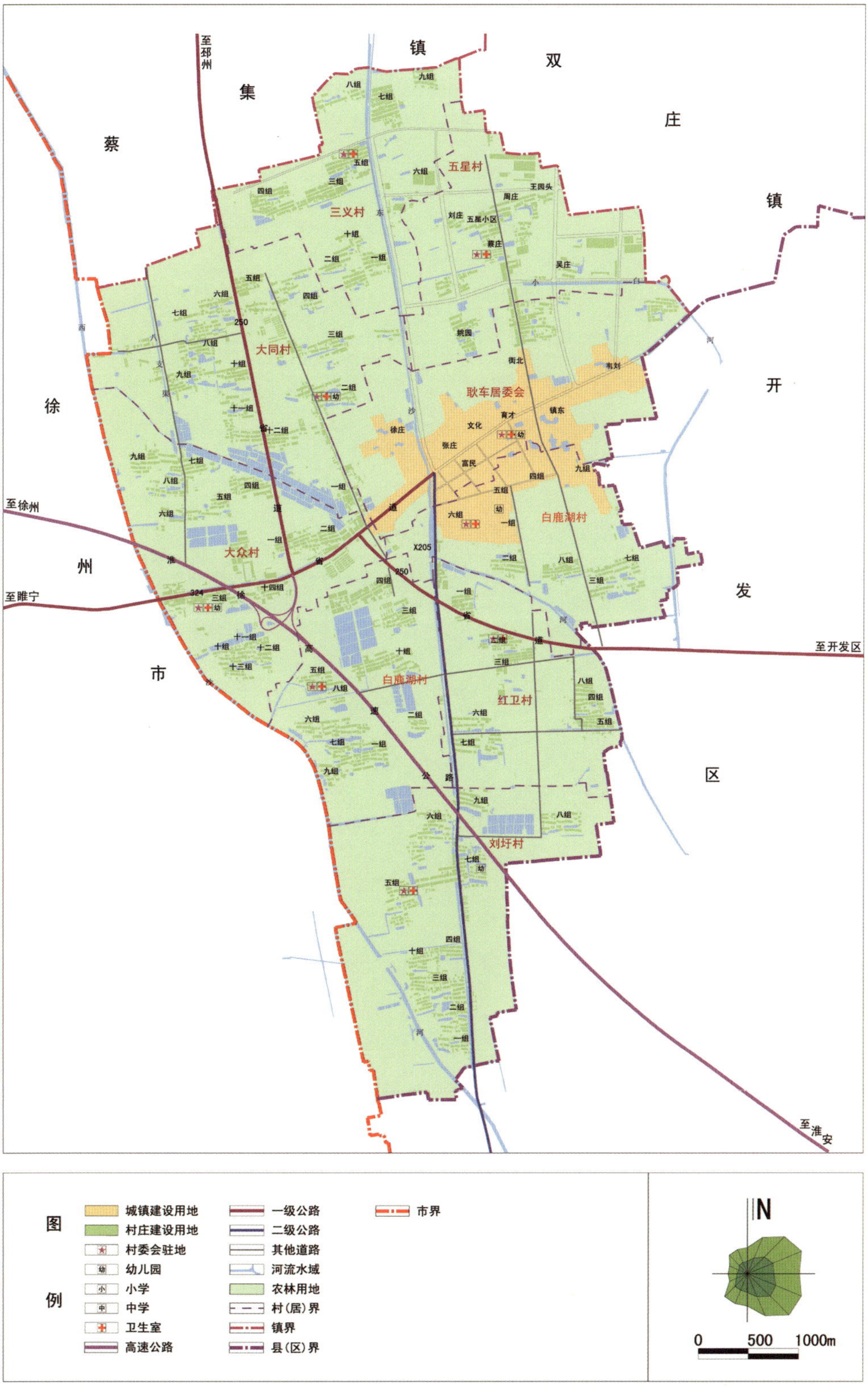

至邳州
集
镇
双
庄
蔡
镇
三义村
五星村
大同村
耿车居委会
开
徐
至徐州
州
至睢宁
大众村
白鹿湖村
红卫村
刘圩村
发
市
区
至开发区
至淮安
X205
250
324
图例
城镇建设用地
村庄建设用地
村委会驻地
幼儿园
小学
中学
卫生室
高速公路
一级公路
二级公路
其他道路
河流水域
农林用地
村(居)界
镇界
县(区)界
市界
N
0
500
1000m

目　录

镇情概览

耿车镇位于宿迁市主城区西部，东依宿城经济开发区西区，南邻宿迁市经济技术开发区，西与徐州市睢宁县隔西沙河相望，北与宿城区蔡集镇、双庄街道接壤。镇域面积35.01平方千米，其中耕地面积约1300公顷。镇政府驻科创路1号。辖耿车社区和红卫、刘圩、五星、三义、大同、大众、白鹿湖7个行政村，共91个居（村）民小组。截至2023年，户籍人口3.48万人，常住人口5万余人。有耿车循环经济产业园、生态农业示范园、绿色家居产业园、电子商务物流园等园区。2022年实现社会生产总值33.88亿元，农民人均纯收入3.6万元。2023年实现地区生产总值37.2亿元，一般公共预算收入3000万元，固定资产投资16.5亿元，增速分别为9.5%、25%和51%。

市区主干道西湖路、苏州路等横贯东西。徐宿淮盐高速纵越南北，并留有宿迁西互通口。250、324、325省道、徐宿淮盐高铁过境。西至观音机场18千米。

建置区划

建置

耿车有文字可考的历史始于宋代。南宋时宿迁县有耿车集。元代，耿车集有朝廷驻兵，设有兵备机构。明朝常设“耿车镇”，属淮安府宿迁县，戍守卫兵镇守宿迁西至徐州界区域，并负责社会治安、河汛诸事。民国时期，置耿车镇。抗战胜利后，泗宿县民主政府设杨集区耿车乡。1956年2月，原杨集区改为耿车区，区公所后迁入耿车集。

1957年1月，宿迁县撤区并乡，耿车乡、永顺乡、树仁乡组成新的耿车乡，后成立乡人民委员会。1958年，耿车乡建制改为耿车人民公社，先后成立公社人民委员会、公社管理委员会。所属村组改为生产大队、生产队。1983年4月，实行政社分设，成立公社经济管理委员会。是年，耿车人民公社恢复乡建制。1987年2月，耿车撤销乡建制，改置耿车镇。是年底，为宿迁市（县级）耿车镇。1996年7月，为宿豫县耿车镇。2004年2月，为宿迁市宿城区耿车镇。

区划

据清康熙《宿迁县志·集镇》记载：耿车集，在顺德乡，去治西南二十里。此处指集镇所在地。此外，耿车尚有部分区域属孝义乡。其顺九图、顺十图、顺十一图和孝八图、孝九图、孝十一图的大部区域均属后期的耿车镇。

民国初年，废州府制，宿迁境域内的五乡五十二图改为十七市乡，耿车镇、顺义乡、三义乡属义勇市和埠子市。1929年，国民政府改市乡为区，宿迁县分为十大区。耿车隶属于第五区、第七区。1933年，全县又改划为八区，以原一区、七区合并为第一区，耿车相应列入第一区。同时实行保甲制度，以十户为一甲，十甲为一保。后，耿车属第四区。1940年夏，中共创建抗日民主政权，耿车东南区域属泗宿县，西北区域属睢宿工委。1945年，宿城第一次解放后，属泗宿县宿迁市杨集区。1947年4月，境域内属宿西区。1948年7月，宿城第二次解放，初属泗宿县宿迁市，后属泗宿县杨集区。1949年5月，宿

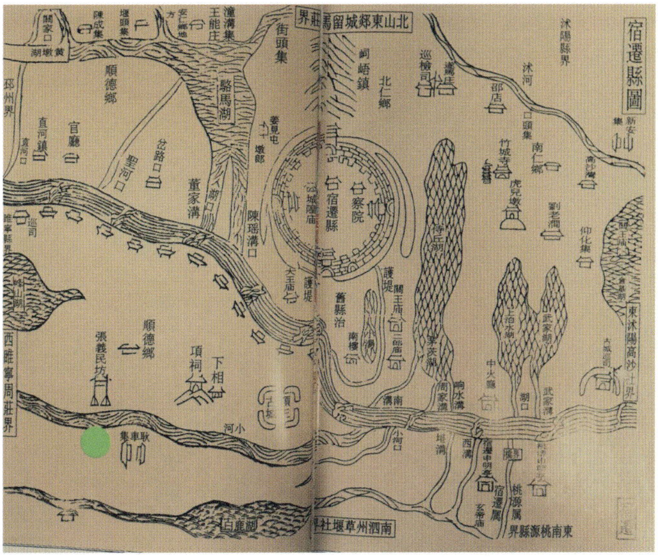

明代《宿迁县志》载耿车集在县域的位置

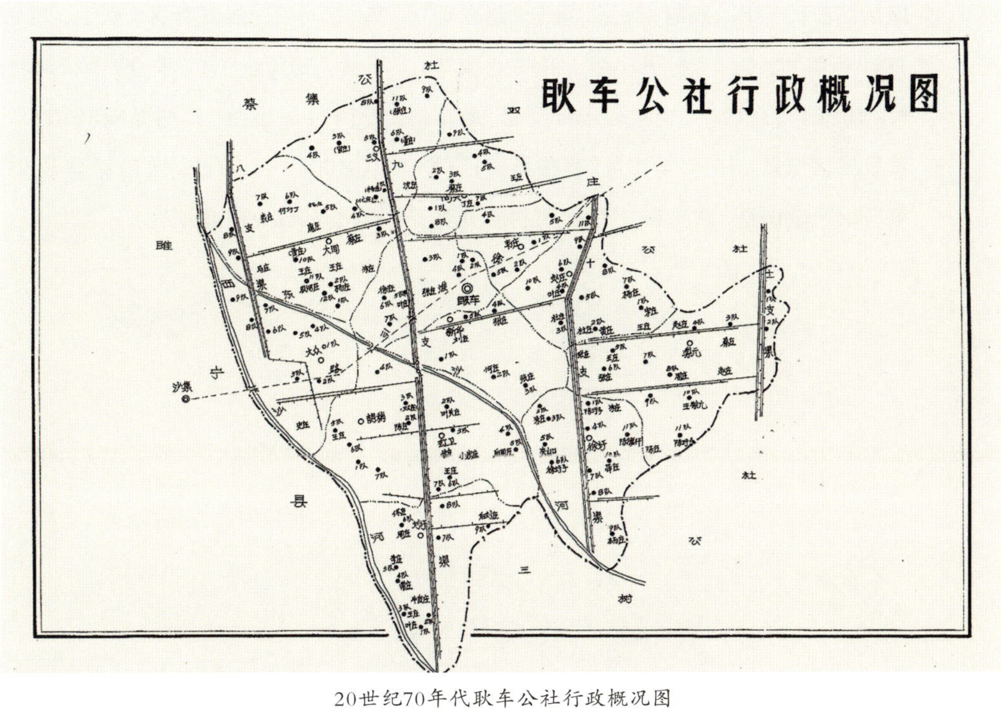

20世纪70年代耿车公社行政概况图

迁市与宿迁县合并，耿车属宿迁县杨集区。

1956年2月，境域内属宿迁县耿车区。1957年1月耿车区撤销，原耿车乡、永顺乡、树仁乡组成新的耿车乡。1958年，成立耿车人民公社，公社驻地张庄。下辖19个生产大队，158个生产队，124个自然村。1987年2月，耿车镇辖耿车、新华、韦庄、五星、三义、傅圩、黄殿、大众、红卫、湖稍、新刘、叶苌、徐扬、花厅、梨园、双赵、徐张、渠东、赵庄等19个行政村，131个村民小组。镇驻地耿车村。1996年7月19日，地级宿迁市设立，耿车镇隶属宿豫县。2000年10月，宿豫县实行村级行政区域调整，耿车镇19个行政村合并为10个村，2个居委会。渠东、赵庄合并为赵庄村；绿园、徐张、双赵合并为徐圩村；叶苌、新刘合并为刘圩村；黄殿、傅圩合并为大同村。设立耿车、新华两个居委会。原五星、三义、大众、红卫、湖稍村不变。时耿车镇行政区域面积约50平方千米。2003年9月，耿车镇的赵庄、梨园、徐杨村划宿迁市经开区代管。2004年2月，耿车镇划属宿城区，辖耿车、新华2个居民社区，红卫、湖稍、刘圩、五星、三义、大同、大众7个行政村，共91个居（村）民小组。镇域面积35.01平方千米。2020年6月26日，撤销新华居委会、湖稍村，合并成立白鹿湖村。

环境人口

环境

耿车位于苏北地区黄河决口扇形平原，地势西北高，东南低。土壤性质为沙土。地表存留黄泛堆积物，分布有亚砂土层、粉砂层。地下水资源较为丰富，为王官集—耿车—双庄富水带的中心，水体埋深一般2米左右，局部自流。单井涌水量4000—5000吨/日。

境域内属暖温带季风气候区，年均气温14.2℃，年均降水量910毫米，年均日照总时数2291小时。光热资源比较优越，四季分明，气候温和。无霜期较长，平均为211天，初霜期一般在10月下旬，降雪初日一般在12月中旬初，活动积温5189℃。全年作物生长期为310.5天。年均降水量为892.3毫米，由于受季风影响，年际间变化不大。

水系　境域内河道较多，秦汉之际有睢水，泗水古航道在镇域北，后为黄河故道。清雍正年间，因黄河决口，形成了西沙河、东沙河，贯穿耿车境南北。西沙河紧邻睢宁县沙集镇，部分河流为徐州和宿迁的界河。

西沙河　为安河（徐洪河）的主要支流，是运河以西地区重要的排涝河道，流域西北高，东南低，上游朱海水库地面高程25米，下游闸塘口16.5米，地面坡降为万分之二。上游发源自王官集，流经蔡集、耿车、三棵树、埠子、龙河等乡镇，从闸塘口进入泗洪县新安河，汇入徐洪河。全长48.3千米，其中宿迁境域内长38.3千米，流域面积231平方千米。

东沙河

东沙河　原为黄河水冲击河道，经多次拓

宽、清淤、捞浅后成河形。

发源于蔡集镇徐洼村，境域内西起西沙河大众村史庄，经湖稍村穿过九支渠，进入红卫村徐圩，流至三棵树刘桥汇入西民便河。主要承担耿车镇和三棵树街道排涝任务。全长15.7千米，流域面积110平方千米。1955年和1966年，先后两次全面疏浚。1969—1970年，兴建皂河灌区，再次清淤拓宽。1990年清淤后，河道断面底宽8—17米，边坡1∶3。河道防洪能力由5年一遇提升为20年一遇。2013年，对东沙河2.6千米河底拓宽为20—25米，砌筑重力式挡土墙，两岸实行生态护砌，并在右岸铺设一条3.5米宽防汛通道，上游西侧建成生态长廊。

白鹿湖公园及九支沟

九支渠　建于1974年，境域内全长8.8千米。因宿迁县全面实施“旱改水”，经县水利部门统一规划，从王集、蔡集等公社至耿车开挖一条送水渠，利用皂河翻水站引来骆马湖水。该水渠因属皂河灌区第九条支渠，故名九支渠。2010年春，因苏宿工业园区和宿城经济开发区建设，九支渠被填平铺路，仅留存右侧排涝沟，名九支沟。此外，境域内水域还有杨大河、小马河、小白河等。

白鹿湖　宿迁古有白鹿湖，明代《一统志》《江南通志》《淮安府志》均记载白鹿湖“在县西南五十里，由小河入黄”，今沙淤成田。明代万历年间《宿迁县志·杂志》记载说：“嘉靖庚申岁有白鹿游于郊。”明代张兆元《条陈备倭五事》云：“宿迁县地方，耿车至小河口俱三十里，小河口迤南有白鹿湖……”著名的宿迁八景（亦称“钟吾八景”）之“白鹿渔歌”即于此。明代诗人徐维超诗曰：“湖水渺无际，生涯一短篷。钓罢归来晚，欸乃月明中。”嘉靖年间名士、宿迁人何九州亦有诗曰：“南风吹白鹿，湖水绿于海。闻有打鱼人，月明歌欸乃。”明末诗人吴隐这样赞美道：“湖名白鹿有渔家，茆屋槿篱傍水涯。日暮荡舟人半醉，轻舟欸乃出蒹葭。”2017年，江苏省建筑设计研究院设计重建耿车镇白鹿湖生态景观公园。

人口

宋代起，耿车即人烟繁盛。元、明、清代，耿车为商贸重镇，人流量较大。但直至耿车解放初期，尚无户数、人口等方面的史料数据。1953年、1965年、1982年、1990年，耿车先后进行第一、二、三、四次全国人口普查。此后，全国人普每十年举行一次。至2020年，已完成七次人口普查。其中

耿车镇外出务工人员欢送大会

1990年全镇9038户，4.33万人；2004年10345户，35601人，男性为18461人，女性17140人；2016年9388户，39670人，男性为20606人，女性19064人。2020年11月1日“七普”，全镇户数为9080户，人口36717人，男性为19312人，女性17405人。截至2022年末，境域内户籍人口8896户，34760人，均为城镇人口。其中男性18423人，女性16337人。

人口变动　中华人民共和国成立前，耿车镇人口因受战乱、灾荒、瘟疫等因素影响，一直处于低自然增长状态。中华人民共和国成立后，由于经济得到复苏、社会较为稳定，人民群众生活条件和医疗保健条件得到提高，人口增长较快。至20世纪末，人口素质稳步提升。2003年因部分村居划出，人口总量减少。2004年，全镇人口出生率为7.02‰，2005年为7.66‰，2012年至2015年，人口出生率均在12‰以内。2016年，国家放开了二胎生育政策，人口出生率上升至16.67‰。是年，新生婴儿651人，其中男婴337人，女婴314人。2021年，国家放开了三胎生育政策，当年人口出生率比上年略有增长。

因邻近县城，2015年后逐渐融入主城区。耿车人口密度呈增高趋势。第三、四、五次全国人口普查时，人口密度分别为744.86人/平方千米、865.68人/平方千米和920.31人/平方千米。2016年为1133人/平方千米，2022年常住人口5万人，人口密度为1429人/平方千米。

人口构成　境域内民族以汉族居多，并有回、苗、布依、满、彝、蒙古、朝鲜、纳西、土家等民族。汉族人口占99.89%，少数民族有人口36人，占0.11%。其中男2人，女34人。此外，少数民族流动人口110人，其中男66人，女44人。有彝、回、苗、满、壮、傈僳、畲、瑶、傣、维吾尔、哈尼、京等18个民族。

按年龄结构统计，2022年境域内户籍人口0—17岁6796人；18—34岁8232人；35—59岁12928人；60岁以上6804人。其中80—89岁老人893人，90岁以上老人104

人，其中男36人，女76人。

截至2023年，全镇百岁以上老人有4人，均为女性。分别是耿车社区韦刘组的赵厚兰，出生于1922年8月6日；新华社区八组的张凤侠，出生于1923年3月6日；新华社区七组的蔡绍美，出生于1920年10月9日；刘圩村六组的彭灯美，出生于1921年8月10日。

境域内姓氏共有200多个，部分姓氏因人口众多形成自然村落，如蔡、李、刘、王、张、叶、管、骆、曹、何等，人口占全镇总数的60%以上。

境域内向来重视家族文化的传承，其中张、王、刘、李、董、叶等姓氏都建起了家谱，后世进行了续修。为团结族人，教育后人，引导乡风，奉献社会起到了积极作用。《刘氏宗谱》《王氏族谱》《张氏族谱》等编修质量较高，保存完好。

《刘氏宗谱》为彭城青藜堂1995年第六次修订

2022 年耿车镇人口变动情况统计表

表 1

村居名称	年末总户数（户）	年末总人口（人）							
		合计	城镇人口	性别		年龄			
				男	女	0–17岁	18–34岁	35–59岁	60岁以上
耿车社区	2008	7048	7048	3721	3327	1362	1668	2684	1334
新华村	895	3257	3257	1746	1511	600	668	1300	389
红卫村	557	2220	2220	1163	1057	447	505	819	449
湖稍村	797	3271	3271	1754	1517	642	743	1175	711
五星村	784	2789	2789	1478	1311	465	640	1078	606
三义村	942	3797	3797	1958	1839	701	950	1412	734
大众村	912	3819	3819	2045	1774	795	925	1359	740
刘圩村	900	3694	3694	2024	1670	726	891	1386	691
大同村	1110	4827	4827	2508	2319	1012	1187	1724	904
合计	8896	34760	34760	18423	16337	6796	8232	12928	6804

村居简况

中华人民共和国成立前，乡村治理方式为：区→乡→保→甲，其十户为一甲，十甲为一保，村庄为自然散落状态，底层实行乡绅治理。民主政府对乡村实行民主管理，各级政府"掌权人"实行民主选举。中华人民共和国成立初，境域内有耿车、三义、大同等小乡。1957年耿车乡（大乡）成立时，辖19个村，158个组。至2000年10月，合并为

耿车居委会街区

10个村，2个居委会。2003年9月，赵庄、梨园、徐杨村划宿迁市经济技术开发区代管。2020年，新华社区和湖稍村合并为白鹿湖村。截至2023年，耿车镇共辖1个社区，7个行政村，有91个村民小组（居民片区）。耿车社区为镇政府坐下地。

耿车社区　耿车镇政府驻地，镇政治、经济、文化活动中心。面积4.2平方千米，辖8个居民小组，有9个自然村庄。1750户，户籍人口4420人，社会人口8000余人。中华人民共和国成立初为耿车初级农业生产合作社，1956年为高级社。1958年成立人民公社时，为耿车大队。1983年改为耿车村。2000年10月，改为耿车居委会。2001年，韦庄村并入耿车。2012年10月为耿车社区，成立中共耿车社区委员会，下设4个党支部。党组织强化社会服务功能，建立网格化党群服务阵地，形成“10分钟”党群服务圈。

324省道过境，西湖西路等主干道横贯东西。辖区驻有耿车中学、耿车小学、中心幼儿园、耿车医院、江南中专、邮储银行、农商行等。有府前小区、红星公寓等居住区，体育文化公园等文体场所。商贸服务业为特色产业，共有商服网点500多个。主要网点有好又多超市、富康街超市、供销老字号超市、大润发生活超市、百信鞋业大卖场、明光旅社、福星宾馆、天波府大酒店、地球村电脑等。有耿车电商一条街，电商从业人员千余人，主营木制家具、花卉苗木等。2023年被表彰为江苏省健康社区。

自然村庄信息表

表2

庄名	名称来源	面　积	备　注
叶庄	因叶姓居多得名	东西长500米，南北宽200米，面积0.19平方千米	
刘庄	因刘姓居多得名	东西长250米，南北宽220米，面积0.242平方千米	
常庄	因常姓居多得名	东西长200米，南北宽100米，面积约0.02平方千米	
韦庄	因韦姓居多得名	东西长200米，南北宽180米，面积约0.07平方千米	原属韦庄村
赵庄	因赵姓居多得名	东西长300米，南北宽100米，面积0.15平方千米	
叶庄	因叶姓居多得名	区域面积约0.08平方千米	
徐庄	因徐姓居多得名	东西长600米，南北宽500米，面积0.13平方千米	
张庄	因张姓居多而名	东西长400米，南北宽200米，面积0.19平方千米	原顺庄分组改为张庄
陈庄	因陈姓居多得名	东西长100米，南北宽50米，面积0.12平方千米	

西城家园小区

白鹿湖村　位于镇区南，面积6.57平方千米，人口约7000人。社区服务中心设在西城家园小区东门南侧。原为新华社区、湖稍村，共辖叶群墙、杨庄等15个自然村庄。中华人民共和国成立初，由多个自然村组成新华、湖稍初级社，1956年为高级社。1958年为新华大队、湖稍大队。1983年撤社建乡时，更名新华村、湖稍村。2000年10月，新华村改为新华居委会，2010年改为新华社区。2020年6月，撤销新华社区、湖稍村，合并成立白鹿湖村。2023年被表彰为江苏省健康村。

水稻、棉花种植为传统农业产业，多肉、草莓种植形成新规模。境域内风物有百年皂荚树、双柿树，文化场所有白鹿书院、白鹿湖生态公园等。西城家园小区为耿车镇高标准住宅区。

战争年代，涌现出十多位革命工作者和革命烈士。如王述泰、王锦父子，王逵泰、陆裕臣夫妇等。

自然村庄信息表

表3

庄名	名称来源	面　积	备　注
小李庄	因李姓居多，且庄子较小	东西长100米，南北宽50米，面积0.02平方千米	
严庄	曾有严姓财主，家大业大	东西长200米，南北宽150米，面积0.15平方千米	
何庄	因何姓居多得名	面积0.11平方千米	
东何庄	多户何姓分宅后，在何庄以东安家		
南何庄	多户何姓分宅后，在何庄以南安家	东西长300米，南北宽250米，面积0.67平方千米	
张庄	因张姓居多得名	东西长700米，南北宽500米，面积0.13平方千米	
蔡庄	因蔡姓财主得名	东西长340米，南北宽150米，面积0.17平方千米	
周庄	因周姓居多得名	东西长250米，南北宽150米，面积0.09平方千米	
杨庄	因杨姓居多	东西长200米，南北宽150米，面积0.02平方千米	
小王庄	因王姓居多，且庄子较小	东西长300米，南北宽200米，面积0.04平方千米	
徐庄	因徐姓居多	东西长500米，南北宽50米	另有姚、汪、周诸姓
王何庄	王姓地主庄园前有条河，原名王河庄，后转名	东西长300米，南北宽200米	
湖稍王	因王姓居住湖稍处	东西长1000米，南北宽800米，面积1.5平方千米	
王庄	因王姓居多	东西长600米，南北宽300米，面积0.7平方千米	旧属凌城区大同乡六保
唐庄	传说一唐姓村民考中探花，在京做官，故名	东西长300米，南北宽300米，面积0.7平方千米	同上
张群墙	张姓财主将村庄四周筑起群墙防匪，故名	东西长400米，南北宽350米，面积0.7平方千米	
李庄	李姓最早在此落户	东西长300米，南北宽250米，面积0.6平方千米	

红卫村　位于镇区南，面积4.5平方千米，其中耕地面积2550亩。325省道贯穿东西，宁宿徐高速、徐宿淮盐高速在境域内交汇。辖8个村民小组，有周群墙、叶群墙、管群墙等自然村庄，共518户，人口2400人。宋仁宗年间，周、王两姓分别从山东、徐州一带迁居到此，不久人丁兴旺。宿迁解放前，大部区域属杨圩区大同乡。中华人民共

红卫村的红火日子

和国成立后，设三新农业初级社，后改为新新农业社。1958年成立人民公社时，划入新设立的湖稍大队。1970年“旱改水”开挖送水渠后，从湖稍大队划出部分村庄，成立红卫大队。1983年改名为红卫村。2023年，村党支部升格为党总支部，党员78名。

特色产业有花木种植、手工业和乡村旅游业，以“生态+”“互联网+”“支部+大户+农户”“龙头企业+合作社+农户”等方式，有效延伸产业链，促进一、二、三产业融合发展。其中南果梦园、江莱园艺、优之雅、育美森等35家企业入驻生态农业园区。2015年被评为宿迁市电子商务示范村，2018年进入“中国淘宝村”行列。全村有电商120户，其中上规模电商企业5家。近年来还先后获评江苏省卫生村、休闲农业精品村、特色田园乡村、水美乡村、人居环境示范村等省级荣誉称号。获评国家级荣誉有“全国一村一品示范村”“特色产业亿元村居”等称号。

自然村庄信息表

表4

庄名	名称来源	面　积	备　注
周群墙	周姓筑群墙以保卫村庄，故名		
叶群墙	叶氏筑群墙以保卫村庄，故名	东西长500米，南北宽400米，面积0.83平方千米	
管群墙	管氏筑群墙保卫村庄，故名	面积0.64平方千米	东临东沙河，北邻叶群墙
后周	周姓居多，位于三棵树乡前周村北	东西长600米，南北宽300米，面积2.15平方千米	东邻峡山口
王玉庄	王姓居多，“玉”为美誉	东西长400米，南北宽200米，面积0.69平方千米	旧属杨圩区大同乡前王村
小李庄	因李姓居多，庄子较小得名	东西长400米，南北宽200，面积0.08平方千米	
周庄	因周姓居多得名	面积0.82平方千米	

红卫村文化广场

刘圩村

水美刘圩

刘圩村 位于镇区最南端，距镇区约3千米。东与三棵树街道接壤，南与埠子镇毗邻，西与睢宁县沙集镇隔西沙河相望。乡道耿龙路贯穿南北。面积5.2平方千米，耕地面积4560亩。辖10个居民小组，有前王庄、张旗杆、叶苌等6个自然村庄。共953户，4100人。村中原有刘姓、王姓两大家族聚居。清代，为防匪患，刘氏族人在村庄四周挖沟蓄水，筑圩护院，村庄遂名刘圩。中华人民共和国成立初，有刘圩等初级社，1956年转为高级社。1958年成立人民公社时，置刘圩大队。1966年更名向阳大队。1978年复名刘圩大队。

1980年刘圩大队被分为新刘、叶苌两个大队。1983年分别改为新刘村、叶苌村。2001年两村合并，复名刘圩村。2020年8月，村党支部升格为党委，下设4个网格党支部，10个党小组，党员107名。名人有刘振国、刘振黄、李月华、王范秀、刘秉果、刘尚娴等。

传统特色产品有刘圩腊编、原家五香面等，传统文化有唢呐吹奏。农业以水稻、瓜果等高效农作物为主。2016年后，围绕建设“水美刘圩”，对标省特色田园乡村标准，将产业发展、传统村落保护、人居环境整治等进行深度融合，优化了生态环境，提升了群众幸福指数。获评全国乡村旅游重点村、中国美丽休闲乡村、江苏省传统村落、江苏省特色田园乡村、江苏省水美乡村、江苏省最美文化空间、江苏省民主法治示范村、江苏省生态宜居美丽乡村示范村、江苏省首批宜居宜业和美乡村等多项荣誉称号。2023年，实现人均可支配收入3.5万元，集体经济收入110万元。2024年获评全市先进基层党组织。

自然村庄信息表

表5

庄名	名称来源	面　积	备　注
叶庄	因叶姓居多得名	东西长110米，南北宽400米，面积0.33平方千米	
许赵庄	因许姓、赵姓居多得名	面积0.175平方千米	
许庄	因许姓居多得名	东西长300米，南北宽150米，面积0.16平方千米	旧属睢宁凌城区后湖乡一保四甲
林场	过去庄子在林场内	东西长230米，南北宽150米，面积0.15平方千米	旧属睢宁凌城区后湖乡一保六甲
刘庄	因刘姓居多得名	东西长400米，南北宽50米，面积0.18平方千米	旧属睢宁凌城区后湖乡一保五甲
李庄	因李姓居多得名	面积0.27平方千米	旧属睢宁凌城区后湖乡一保

续表

庄名	名称来源	面积	备注
袁庄	因袁姓居多得名	东西长1000米，南北宽500米，面积0.32平方千米	
刘圩	因刘氏在村周筑圩防匪得名	东西长400米，南北宽150米，面积0.13平方千米	
后刘	刘姓居多，位于刘圩北	东西长700米，南北宽400米，面积0.3平方千米	张姓亦多
王庄	因王姓居多得名	东西长1000米，南北宽120米，面积0.62平方千米	旧属睢宁凌城区后湖乡一保三甲
前王庄	王姓居多，位于王庄南	东西长400米，南北宽200米，面积0.13平方千米	
陆庄	因陆姓居多得名	东西长500米，南北宽200米，面积0.17平方千米	
周庄	因周姓居多得名	东西长200米，南北宽80米，面积0.04平方千米	
小刘庄	刘姓居多，比刘庄小	面积0.06平方千米	
张旗杆	清末有张姓武举，朝廷赐旗表彰，树大旗杆张挂。	东西长800米，南北宽600米，面积0.14平方千米	

五星村　位于镇区东北。面积3.3平方千米。1954年7月，成立初级社。1956年底，成立高级社。1957年3月五星社、共同社合并为同兴村。路东有东刘庄、骆庄、姚园、王园头、高王庄五个庄，路西有蔡大汪、东王庄、赵庄3个庄。1958年成立人民公社时，由路东五个自然村庄组成“五星大队”，寓意五个庄子像五颗星星团结在党的周围。同年，路西3个自然村庄组成“共同大队”。1960年，五星大队和共同大队合并为同兴大队。1981年6月，同兴大队更名为五星大队。1983年撤社建乡时，更名五星村。2007年辖10个居民小组，人口3200人。后因宿城经开区西拓，大部分土地被征收，村庄拆迁。其中2020年完成全村3120亩土地、10个自然村庄征收拆迁工作。至2023年，全村有五星小区、铂金美寓两个居民小区，共入住1386户，5129人。2012年村党支部升格为总支部，中共党员101人。村支两委9人。

20世纪70年代即发展以塑料制品为主的集体经济，1984年组建木业加工厂，后创建五星塑料厂，生产“五星牌”塑料盆等制品，远销十多个省、市、地区，成为践行“耿车模式”的典范。2016年在生态环境治理中，率先完成废旧塑料产业取缔任务，并实现电子商务的成功转型。多年被授予“全国

五星村铂金美寓小区

淘宝村”称号。2021年9月，在铂金美寓小区按照“七室五有两统一”标准建设村党群服务中心。小区管理中，创新“支部+物业公司+居民”运行模式，成立党员志愿服务队、助人为乐志愿服务队等6个志愿服务组织，每个楼栋推选一名党员为楼栋长，形成“1+6+1”基层治理体系。先后被宿城区评为“文明村”“六无村居”（无黑恶、无电诈、无“黄赌毒”、无邪教、无非吸传销案件、无安全事件）。

自然村庄信息表

表6

庄名	名称来源	面　积	备　注
姚园	因姚姓财主种有柑橘园得名	东西长250米，南北宽180米，面积0.24平方千米	
王庄	因王姓居多得名	东西长150米，南北宽50米，面积0.14平方千米	旧属杨集区三义乡
蔡庄	因蔡姓居多得名	东西长400米，南北宽150米，面积0.12平方千米	
蔡大汪	蔡庄东有一个大汪	面积0.3平方千米	旧属杨集区三义乡大汪保

续表

庄名	名称来源	面　积	备　注
高庄	因高姓居多得名	东西长2000米，南北宽180米，面积0.13平方千米	
周庄	因周姓居多得名	东西长210米，南北宽130米，面积0.1平方千米	旧属杨集区三义乡王园头保
吴庄	因吴姓居多得名	面积0.06平方千米	
王园头	原有王姓在此种菜园	东西长250米，南北宽200米，面积0.2平方千米	旧属杨集区三义乡王园头保
东刘宅	原刘姓财主有两处大宅，此宅居东	东西长400米，南北宽100米，面积0.3平方千米	旧属杨集区三义乡王园头保
骆庄	因骆姓居多得名	东西长200米，南北宽150米，面积0.21平方千米	同上
郭乔	郭姓、乔姓居多		旧属杨集区三义乡
沈陈	沈姓、陈姓居多		同上
傅庄	傅姓居多		同上

三义村　位于镇区西北。东接苏宿工业园区，南邻大同村，北靠蔡集镇，西至250省道，面积3.4平方千米。清代有义仁、义中、义和三个自然村，后组合为三义村。又，取意孙中山先生倡导的“三民主义”。新中国成立前为第一区三义乡。宿迁解放后成立三义互助组，1953年为初级社，1956年为高级社。1958年成立人民公社时，置三义大队。“文化大革命”期间改为永红大队，1978年复名三义大队。1983年复称三义村。

20世纪八九十年代村组企业发展较快，组组有特色。一组加工木锨杆，二组制作鸟笼，三组“灌”蜡烛，四组“漏”红薯粉丝，九组又名李固锅，因庄内李姓有几位补锅匠手艺好而闻名。主要特产有“三义”粉丝、“三义”陀螺等旋木工艺品。原辖10个村民小组，人口2800人。2009年起配合经济建设，实施土地征收和房屋拆迁工程，

三义村党群服务中心

一、二、六、七、八、九、十组村庄整体或部分拆迁。至2023年，有7个小组土地被征收，3580人迁居城区和耿车西城家园安置小区。尚余3个小组，计212户人家，708人。

自然村庄信息表

表7

庄名	名称来源	面　积	备　注
西刘宅	原刘姓财主有两处大宅，此宅居西	东西长200米，南北宽100米，面积0.02平方千米	东刘宅在五星村。宿迁解放前属一区三义乡五保
张庄	因张姓居多得名	东西长700米，南北宽700米，面积0.51平方千米	旧属一区三义乡四保
杨庄	因杨姓居多得名	东西长1100米，南北宽100米，面积0.06平方千米	旧属一区三义乡五保
朱庄	因朱姓居多得名	东西长340米，南北宽300米，面积0.04平方千米	旧属一区三义乡一保
杨老庄	明末杨姓经泗县东南霸王城迁此		旧属一区三义乡
戴庄	因戴姓居多得名	东西长400米，南北宽150米，面积0.07平方千米	旧属一区三义乡四保
董庄	因董姓居多得名	东西长900米，南北宽700米，面积0.67平方千米	旧属一区三义乡四保
杂八地	该庄15个姓氏，多而杂	东西长1000米，南北宽500米	旧属一区三义乡四保
关庄	因关姓居多得名	东西长400米，南北宽300米	旧属一区三义乡五保
蔡堑头	庄后有条土堑，堑的一头住着蔡姓人家	东西长600米，南北宽100米	旧属一区三义乡三保
李固锅	庄内李姓有几位补锅匠，手艺好远近闻名	东西长340米，南北宽200米	旧属一区三义乡一保

大同村　位于镇区西北，西隔西沙河与睢宁县沙集镇相望，北与蔡集镇杨集村接壤，东与耿车村，南与大众村毗邻。325省道贯穿南北。面积7.8平方千米，其中耕地4680亩。辖12个居民小组，1105户，人口5000人。2024年，宿城经济技术开发区拓园，拆迁大同二组和三组122户，征用村庄用地和农用地共计576亩。民国时属一区三义乡，后属中共民主政权杨集区。先后成立大同互助组、初级社，1956年为大同高级社。1958年人民公社化时，为大同大队。1979年，大同大队一分为二，南为黄殿大队，北为傅圩大队。黄殿大队含杨牌坊、周庄等10个自然村庄，大队部驻黄殿庄；傅圩大队含傅圩、席庄等9个自然村庄，大队部驻傅圩。1983年，黄殿大队改为黄殿村；傅圩大队改为傅圩村。2001年7月，黄殿、傅圩两村合并，名大同村。2021年，村部搬至闲置村小

大同村貌

校舍，村党支部升格为党总支，下辖两个党支部、12个党小组，党员132名。

以家具生产、电子商务、高效农业种植为主导产业，2015年至2022年连续被授予"全国淘宝村"。2021年，通过公共空间治理盘活村集体存量资产，利用原废弃水厂、小学校、液化气站、老村部场地，先后建成5栋6600平方米标准化厂房，每年为村集体增收68万元，清理收回废弃汪塘169.7亩，为集体增收52.6万元。连续三年被区委、区政府表彰为发展集体经济先进村居。先后获评江苏省创业型社区、江苏省文明村、江苏省卫生村、江苏省民主法治示范村以及宿迁市文明村、宿迁市生态村等多项荣誉称号。

自然村庄信息表

表8

庄名	名称来源	面　积	备　注
杨庄	因杨姓居多得名	东西长300米，南北宽200米，面积0.065平方千米	1979年分置后属黄殿大队
徐庄	因徐姓居多得名	东西长100米，南北宽70米，面积0.11平方千米	1979年分置后属傅圩大队
朱庄	因朱姓居多得名	东西长600米，南北宽400米，面积0.17平方千米	原属第一区三义乡
王庄	因王姓居多得名	东西长400米，南北宽300米，面积0.06平方千米	1979年分置后属傅圩大队
顺河	庄子走向顺着东沙河	东西长150米，南北宽50米，面积0.1平方千米	1979年分置后属黄殿大队
傅圩	因傅氏筑圩防匪得名	东西长300米，南北宽100米，面积0.02平方千米	
周庄	因周姓居多得名	西长200米，南北宽80米，面积0.029平方千米	分置后属黄殿大队
小王庄	王姓居多，且庄子较小	东西长200米，南北宽90米，面积0.02平方千米	分置后属黄殿大队，宿迁解放前属一区三义乡
马庄	因马姓居多得名	东西长500米，南北宽100米，面积0.09平方千米	分置后属傅圩大队
杨牌坊	明代该庄有位杨姓武举人，受到朝廷表彰，地方立牌坊纪念。	东西长50米，南北宽30米，面积0.05平方千米	分置后属黄殿大队
李庄	因李姓居多得名	面积0.09平方千米	分置后属傅圩大队
阎庄	因阎姓居多得名	东西长200米，南北宽50米	分置后属傅圩大队
庄庄	因庄姓居多得名	东西长100米，南北宽50米	分置后属傅圩大队
席庄	因席姓居多得名	东西长150米，南北宽60米，面积0.08平方千米	同上
姚万庄	因姚姓、万姓居多得名	面积0.06平方千米	分置后属傅圩大队
杨二庄	清末杨姓兄弟的老二居此	东西长180米，南北宽70米，面积0.04平方千米	同上
黄殿	因全庄姓黄得名	东西长500米，南北宽195米，面积0.09平方千米	分置后属黄殿大队

大众村的故事

大众村 位于镇区最西端，与睢宁县沙集镇隔西沙河相望，325省道横贯东西，250省道纵贯南北，徐宿淮盐高速过境并留有出入口。面积5.6平方千米，耕地面积2050亩。辖14个居民小组，有15个自然村庄。共936户，3900人。东有东沙河，故原名夹河村。中华人民共和国成立初，有夹河、张李、顺张3个初级社。1957年3月，3个初级社合并为大众高级社。1958年人民公社化时，改为大众大队。1983年为大众村。村部先后于1957年、1958年、1990年、1998年、2018年经历5次搬迁。2016年村党支部升格为党委，下设4个党支部，党员117名。

特色文化记忆有拨浪鼓、货郎担、史庄糖担子、张庄“钱串子（纸钱）”等，史庄糖画、大众篦子、金凤虎鞋为传统民间工艺，区非物质文化遗产。2008年开始发展电商产业，并带动全镇产业转型。2016年彻底取缔废塑产业，深入推进“支部+电商”党建富民工作，先后建成耿车电子商务产业园、耿车家居电商创业园、大众创业园、大众物流园等园区，发往全国各地的物流网点多达40余家，形成了以淘宝家具为主体，家具配套产业、现代物流、三产服务协调发展的经济格局。同时启动美丽乡村建设，配建党群服务中心、生态景观公园、农民文化广场等生活设施，辖区呈“生产、生活、生态”“三生一体”的乡村振兴新面貌。先后获评全国文明村、全国首批“淘宝村”、第二批国家森林乡村、全国村级议事协商创新试验试点单位以及江苏省电子商务示范村、江苏电子商务十强村、江苏省特色田园乡村、宿迁市先进基层党组织、宿迁市“支部+电商”党建富民先进集体、宿迁市“五美庭院”示范点“宿迁市十佳经济强村”等荣誉称号。

自然村庄信息表

表9

庄名	名称来源	面　积	备　注
许庄	因许姓居多得名	东西长100米，南北宽50米，面积0.02平方千米	旧属三区大同乡六保
杨庄	因杨姓居多得名	东西长500米，南北宽400米，面积0.35平方千米	旧属一区永顺乡八保
秦庄	因秦姓居多得名	东西长500米，南北宽200米，面积0.27平方千米	同上
顺张庄	张姓村庄原属顺八图	东西长300米，南北宽250米，面积0.06平方千米	旧属一区永顺乡
蔡庄	因蔡姓居多得名	东西长250米，南北宽180米，面积0.03平方千米	旧属三区大同乡六保

续表

庄名	名称来源	面　积	备　注
张庄	因张姓居多得名	东西长450米，南北宽350米，面积0.14平方千米	旧属一区永顺乡八保
吴庄	因吴姓居多得名	东西长500米，南北宽200米，面积0.17平方千米	旧属一区永顺乡八保
箟房	原名张庄，因居民多制作箟子更名	面积0.27平方千米	
朱庄	因朱姓居多得名	东西长350米，南北宽250米，面积0.25平方千米	旧属一区永顺乡八保
李群墙	李姓在村庄四周筑圩墙防匪	东西长750米，南北宽200米，面积0.25平方千米	旧属一区永顺乡
杨牌坊	因杨姓儿媳守节受到朝廷旌表，地方建牌坊以名	东西长400米，南北宽200米，面积0.22平方千米	旧属第一区永顺乡八保
曹庄	因曹姓居多得名	面积0.34平方千米	旧属一区永顺乡
史庄	因史姓居多得名	东西长670米，南北宽300米，面积0.33平方千米	旧属三区大同乡六保
范庄	因范姓居多得名	东西长100米，南北宽30米，面积0.4平方千米	旧属三区大同乡六保
顺庄	沿用顺德乡的简称“顺”	面积0.07平方千米	原为二组和十四组总称，后二组析出

大众村新貌

2 耿车模式

耿车模式是发端于乡村、农户的经济体制改革模式，其核心内容是双轨并进，四轮齐转。其中“双轨并进”是指合作经济与个体经济交织发展，“四轮齐转”是指乡、村、联户、户四个层次创办企业。自20世纪70年代萌芽，至80年代中期，“耿车模式”发展成为全国农村经济改革的样板，与“温州模式”“泉州模式”“苏南模式”并行国内。直到90年代后期，“耿车模式”逐渐被新的经济发展模式所更替。但“耿车模式”在实践中所体现的改革创新精神，始终具有重大的导引借鉴意义。

寻找老照片中的你

困土萌芽

20世纪六七十年代，耿车镇的经济主体仍旧是农业。由于受“左”的思潮影响，农民生产积极性普遍不高，再加上土地盐碱化比较严重，生产条件落后，传统农业发展缓慢，副业生产也比较单一，生产队集体经济薄弱，农民群众的生活水平长期低位徘徊。但“耿车人的骨子里天生有一种不服输、不甘落后的精神。他们善于在困境中发现机遇，在平凡中创造奇迹，在农村贫困地区走出了一条属于自己的路子。”在当时的社会环境下，“偶然”出现的几个创业现象，为“耿车模式”的诞生奠定了实践基础。

刘圩村叶苌庄的运输业源起于20世纪60年代，主要业务是到百里外的睢宁县官

耿车乡镇企业

山、龙山拖运条石，运输工具是“小土车（独轮推车）”和平板车。这种条石是盖房子做基础的重要材料，睢、宿二县及安徽泗县都习惯使用。但每件条石一丈多长，数百斤重，等三天后推到家，身上的衣服都汗湿透了，人也累坏了。1968年，叶苌庄出现了第一辆毛驴车，一车能运三四丈条石，工效提高了几倍。70年代，叶苌庄的毛驴车发展到十几辆，组建了毛驴运输队。其管理方式类似于后期定义的“联户办”企业。到了80年代初，毛驴车发展到50多辆，刘言红担任车队队长。此后，拖拉机、小四轮等机动车也加入了运输队伍，经营规模进一步扩大。

1973年，五星大队第三生产队来了个叫杨洪生的南京下放干部。杨洪生学过塑料制造，文化水平高，乐意为群众办事，被大家亲切地称为“杨蛮子”。这年冬天，他发现宿迁的塑料废弃物没有归置起来加工利用，很是可惜，就建议队里搞塑料加工。干部群众很信任杨洪生，就把钱集中起来，委托他来办。杨洪生到沭阳马厂购买了一台半旧的小型塑料加工机械。专抽塑料条，给宿迁和睢宁县的化肥厂做包装袋原料。由于管理有方，第一年就收回了成本，年底队里账上有了积累，每个工人还分到了几元钱过年。第二年，队里又买了台注塑机，专门生产圆珠笔的笔帽。虽然每粒笔帽挣不到一厘钱，可加工量大了，收入也就提高了。是年，五星大队也上马了塑料加工项目，管理方式类似于后期的村办企业。

王成聿是红卫大队的农民，1972年高中毕业后回乡务农。1978年，他从亲戚家凑了几百元钱购置加工米面的机器，建了粮食加工坊。一年后，又购买一台大豆榨油机，加工食用油和豆饼。1982年秋，王成聿再次向亲朋好友借钱，买了水泥制砖机，生产的空心水泥砖供不应求。作为耿车公社创建“户办企业”的带头人，王成聿走出的每一步都顶着巨大的压力，家人和亲友都担心他“犯错误”，劝他赶紧停手，“出去避避风头”。王成聿曾经有过顾虑，但并没有停下创业的脚步。乡主要领导亲自做工作，鼓励他大胆创办企业。1983年5月，时任淮阴市市长高德正在调研农村经济时，参观了王成聿的油坊，认为这个创业典型值得推广，将其推荐到淮阴市乡镇企业经验交流会上介绍经验。因王成聿家中有六种机械，被村民们笑称为“六机部长”。

到20世纪70年代末，宿迁县大部分社队集体经济得到了复苏。80年代初，耿车公社初步形成了塑料加工业（五星大队）、腊条编织业（刘圩大队）、毛驴车运输业（刘圩大队）、绿豆粉皮加工业（大众大队）、粉丝加工业（三义大队）等。1980年，公社综合厂副厂长关德亮发现苏南废旧塑料的回收价格较高，就和业务员刘尚武带领曹其洲、朱士林等一批年轻人骑着自行车“串乡”收购废塑料。几个月下来，废旧回收成了全公社的“龙头产业”，废旧物资加工业也逐渐增多。全乡有1200多户农民收购废旧塑料，清洗后售给乡、村塑料厂进行再加工。是年，耿车实现社队企业总产值950万元，在全县位列前茅。

实践创新

1983年4月，徐守存从宿迁县纪委调任耿车乡党委书记。经过进村入户调研，乡党委一班人对干部群众的创业热情和存在的困难与问题进行了细致分析。在做足做透政策宣传的基础上，对于民间自发涌出的创业潮流，乡党委政府一律予以热情鼓励、大胆扶持，让一部分善于“跑买卖、搞经营”的庄稼汉有了“用武之地”，且过半劳动力“离土不离乡”。具体帮扶措施有五个方面。一是信息服务，派出人员在省内外建立了4个信息站，34个信息联系点，组成近百人的信息员队伍，广泛收集、及时传递相关企业及产品等行情动态；二是资金调剂，帮助企业协调发放贷款和财政、民政周转金数百万元；三是技术支持，不惜重金引进专业技术人才，并由工商公司举办企业管理、产品营销培训班，免费培训技术骨干；四是疏通购销渠道，培植个体购销户85户，在全国建立购销服务站150多个，共452家企业与全国11个省、62个市县有业务关系；五是能人带动，充分发挥党员干部和创业大户的示范引领作用。是年，关德亮被调任乡工商公司经理，乡工业助理。

至1984年，耿车乡户办、联户办企业形成集群模式，出现了以农副产品和自然资源初级加工业为主的多个行业，在技术层次的

村民利用自家庭院加工木器

宿迁市稀土合金厂

耿车村农民朱士林收购废旧塑料　　新华社记者高梅及摄

选择上为机械与手工并存，手工技术为主。每个农户以农为基，工贸结合，形成了特殊的以工补农、以贸促工的利益循环机制。运行突出的有五星村的木锹杆加工、大同村的粉皮加工、大众村的篦子加工、湖稍村的豆制品加工、三义村的旋木、徐扬村的编织等。其中，三义村戴庄47户人家，有45户生产旋木器具，产品有架子床、锥把、刀把、电灯底盘、大衣架等，成为联户办企业的典范。同时，全乡出现了废旧物资中的废塑料、废铁、废铜、废铅等收购、加工“八条龙”。是年，全乡收入达万元以上的农户有458户，其中5万元以上的30户。红卫村的王成聿联合42户农民，注册成立了“成聿综合公司”，是为全县第一家农民创办的合作化公司，王成聿成了淮阴地区致富典型。花厅村农民周硕才、周德济父子，带领52户农民集资入股，办起油毛毡厂。当年近40名职工完成产值50万元，获纯利润9万多元，人均年工资超千元。

选准带头人是集体经济发展的关键。1985年4月，乡党委任命周保同为红卫村党支部书记。周保同带领村支两委建起了织布厂，一次性购进12台织布机，一天生产1万多米帆布售给泗阳县等地做雨布。之后又购进

费孝通题写厂名的宿迁市装饰板厂

压塑机、注塑机，生产各式各样的塑料盆、筐，销往枣庄、临沂、徐州等地，每天仅原料就用掉五六吨。他从广州、深圳引进客商，办起了八个制鞋厂，每天生产、销售塑料凉鞋5000多双，大多销往国内大型批发市场，一双鞋净利润1元钱。周保同被国内同行业誉为“中国八大鞋王之首”。当年的《新华日报》报道了他的事迹。是年，五星村党支部书记姚正华带领群众办起两个村办厂，32个联户办厂，全村实现工业产值205万元，获纯利84万元。花厅村实现工副业产值100余万元，占全村总产值的70%以上。此外，油漆、铁钉、木器、机电等数十类加工项目在全乡上马，形成了“村村有企业，组组有工厂，能人大户遍地走”的局面。

20世纪80年代，耿车乡集体企业有稀土合金厂、装饰板厂、地毯厂、拖拉机配件厂、白酒厂、异形瓶厂、第一塑料厂、服装厂等，这些企业挑起了集体经济的“大梁”。乡里一是实行跨地区、跨行业、跨多种所有制经济联合，壮大集体企业实力。副乡长杨以农主持异形瓶厂工作期间，和上海玻璃瓶十厂及洋河镇、双沟镇的数十家酒厂联合，实行以销定产，效益稳步提升。二是“一企一策”，重点培育。1983年，耿车装饰板厂因技术力量不过硬，投产8个月亏损32万元。1984年初，乡主要领导亲自去上海，高薪请来了3名生产管理和技术人才，使企业生产成本下降了26%，产品质量跃居省内同行业第一，当年扭亏增盈80余万元。服装厂因产品款式落后而滞销，乡里从上海服装研究所引进设计师，对职工进行技术培训，提高了整体技术水平，生产的风衣、连衣裙、毛呢大衣等远销北京、沈阳、济南等十多个城市。1985年，耿车乡、村、户、联户企业总产值3042万元，其中乡办企业实现产值1422万元，占46.7%。工业体系中，主要形成了农副、建材、塑料、服装、机电等类型130多个品种的产品。

工业的快速发展带动了商、运、建、服等相关行业并进。1985年的乡集体企业总产值中，工业占72.1%，商业占14.6%，建筑业占7.3%，运输业占3.4%，服务业占2.6%。

加工厂区

全国示范

1986年初，淮阴市人民政府副秘书长李阳到耿车调研乡镇企业发展情况，发现耿车乡发展乡镇企业，走出了一条欠发达农业地区发展乡镇企业、振兴农村经济的路子。他在调查报告中将耿车的创新做法提炼为“四轮驱动，双轨并行”（乡办、村办、联户办、户办，四个轮子一起转，集体经济和个体、私营经济协调发展）的“耿车模式”。这份报告得到了市委、市政府主要领导的重视，其后，报送至中央书记处农研室。农研室主任杜润生等认为，“耿车乡发展乡镇企业的模式与苏南、温州不同，值得研究”。将报告标题改为《发展乡镇企业的“耿车模式”》下发全国，这是第一次在全国范围内提出“耿车模式”。2月5日，《解放日报》于头版刊登了《苏北淮阴乡镇企业创出“耿车模式”》的报道，并配发短评。

4月初，淮阴市乡镇企业工作三级干部

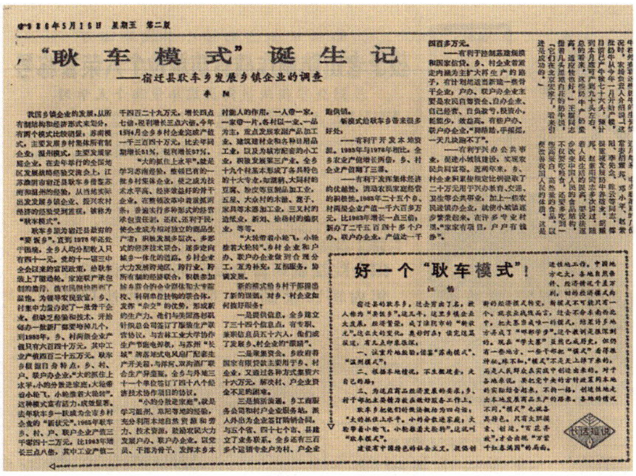

1986年5月16日 星期五 第二版

“耿车模式”诞生记

——宿迁县耿车乡发展乡镇企业的调查

李阳

好一个“耿车模式”！

《人民日报》报道《“耿车模式”诞生记》并配发评论

解放日报

JIEFANG RIBAO

万里看望首都部分大中小学和幼儿园教师

希望培养出更多高质量人才

借鉴“苏南模式”和“温州模式”经验

苏北淮阴乡镇企业创出“耿车模式”

各区政府为民排忧解难办实事

出现多种“模式”是件好事

《解放日报》报道“耿车模式”并配发短评

1986年5月10日费孝通（右二）在耿车调研

氏实业公司合资生产经销“红泥耐候塑胶”等，都在很大程度上提高了企业的运行效益。以党员、干部为骨干的能人群体，则通过“活小”，兴创了一大批联户办、户办企业。

乡工商服务公司、村户企业服务站等机关单位，以服务经济发展为中心，灵活处理“大轮”和“小轮”的关系，促进了集体个体经济“双赢”。如，乡装饰板厂以优惠价为乡装潢公司和联户办家具厂供应产品，花厅村军鞋厂将剪鞋底等工序分给加工户完成，从事废塑收购的农户直接将原料清洗后送到乡、村塑料厂进行再加工。乡、村集体企业和联户办、户办企业互为补充，互相服务，在协调发展中迅速健康成长。

会议在宿迁召开，耿车乡受到表彰，与会人员参观了耿车乡企业。市长徐燕肯定了耿车乡“四轮双轨并进，大小有机结合，大的集中上水平，小的分散进家庭”发展思路，提出了“抓大”“活小”。以后，45个乡村集体企业在“抓大”中推行招标承包经营责任制和股份合作制，并与上海、苏南先进企业、大专院校发展多层次、多形式的经济技术联合，逐步形成城乡一体化的新格局。如红卫村的稀土合金厂与内蒙古包头东风钢铁厂联营，年产值达到2000万元，利润300万元。此外，乡村企业与吉林大学协作生产节能电焊机，为苏州“长城”落地扇配套生产开关箱，与无锡化工研究所协作生产化工油漆，与美国林

费孝通一行在耿车调研

于光远主持“耿车模式”发展研讨会

耿车乡关于经济体制改革的创新做法在国内经济学、社会学界引起了更多关注。1986年4月10日，于光远、宦乡、李崇淮、周太和等专家学者专程到耿车乡调研。于光远充分肯定了“耿车模式”，认为“四轮驱动”既改革和发展了集体企业，又发展了在集体服务和管理下的联户办、户办企业，调动了老百姓的创业积极性，搞活了经济。这是涉及所有制结构创新的问题，值得好好研究。耿车人民勇于创新、艰苦创业的精神也要好好发扬。

1986年5月10日，全国政协副主席、著名社会学家费孝通，中国社会科学院副院长、国务院国际问题研究中心总干事、著名国际问题专家宦乡，全国政协常委、国务院发展研究中心特约研究员罗涵先，北京大学副校长、中国发展研究中心主任周尔鎏，江苏省委研究室主任朱通华，淮阴市市长徐燕一行到耿车乡考察，进一步肯定了耿车乡“四轮驱动，双轨并进”的做法。指出：这种集体、个体双轨并进，乡、村、户、联户四轮齐转的商品生产，虽有待提高，但已带动了产业结合和农民住房的“破土”。5月12日，费孝通在淮阴的讲话报告以《乡镇经济的多模式与多模式发展战略》《淮阴行》为题，发表在1986年第35期和36期《瞭望》新闻周刊及1986年第8期《江苏社会科学》，收录在《乡镇经济比较模式》《行行重行行》《费孝通文集》等著作中。李阳撰写的调查报告《“耿车模式”诞生记》刊登于5月16日《人民日报》，同期配发了江畅撰写的短评《好一个“耿车模式”！》。

是年9月20日，耿车乡受邀进京参加“全国小地区发展战略研讨会”，一同受邀的还有天津的大邱庄等乡村代表，都是当时全国著名的经济发展先锋。9月24日，国家经

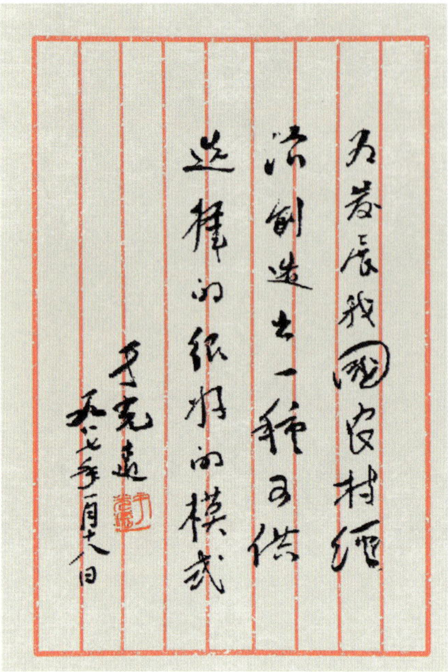

于光远为“耿车模式”题词

费孝通为“耿车模式”题词

委、科委等十几个单位在北京举行“耿车模式”专题研讨会。于光远主持会议，乡党委书记徐守存到会，李阳介绍了“耿车模式”的实践基础。经过与会经济学家的研讨，耿车的经济发展经验被归纳总结为“四轮驱动，双轨并进，大轮带着小轮飞，小轮推着大轮转，大的抓住上水平，小的分散进家庭”的“耿车模式”。新华社当日发了新闻稿，并被多家中央媒体转载。

9月26日，《人民日报》报道了研讨会实况，题目为《首都专家学者肯定耿车乡发展乡镇企业的经验》，肩题为《“耿车模式”有较大适应范围》。中央人民广播电台以《耿车之路》为题，作连续报道。《农民日报》《经济参考》《新华日报》等媒体分别作了相关报道。会议期间，费孝通特意在家中接待了徐守存、关德亮等人，并为“耿车模式”题词：“大胆探索，因地制

镇村干部赴浙江余姚参加全国塑料博览会

刊载“耿车模式”的书籍书影

宜，为乡镇企业创造新的模式。”

11月15日，新华社《经济参考》登载了《“耿车模式”调查》。12月8日，《解放日报》再次于头版重要位置刊发了《耿车乡“四轮齐转”推动全县“百轮飞”》。经过充分实践和科学提炼，耿车以“四轮驱动，双轨并进”为特色的发展模式完全成熟，并为国内广大农村地区借鉴运用。即：在乡、村、户、联户四个层次上办企业，在镇、村集体所有制与双层经营的家庭和联户所有制的双轨上运转。截至1986年底，耿车乡集体企业总产值达4691万元，比1983年增长了近4倍，农民人均纯收入年递增33%，成为淮阴市乡镇企业排行榜上的“状元”。主要工业产品有：白酒（耿城大曲）、装饰板、稀土合金、异型玻璃瓶、拖拉机配件、胶合板、钢木家具等。全乡19个村基本构成了“一村一品”，户办、联户办企业增至2548个，形成收旧、木业、纸业、豆制品、编织、烟花、建材、建筑等10大产业体系。

1987年1月，经济学家于光远经过调查，再次为耿车模式题词：“为发展我国农村经济创造出一种可供选择的很好的模式。”2月中旬，全国乡镇企业理论研讨会召开，会议对苏南模式、温州模式、耿车模式的主要特点及发展趋势进行了研讨。认为苏北经济欠发达地区的“耿车模式”和江浙发达地区的“温州模式”“苏南模式”，已共同成为中国区域经济发展的样本。2月14日的《农民日报》对此作了报道。是月，耿车撤乡建镇。同年，由薄一波题写书名的《中国社会主义新农村的雏形》等书，收编了《“耿车模式”

调查报告》。

是年，宿迁县、乡、村三级组织把学习和推广耿车经验作为中心工作。县委要求各乡镇借鉴推行“耿车模式”，做到“消灭空白村”。10月19日，县委对于学习耿车镇发展家庭经济的“专业加工型”与“联合经营型”再次予以强调。指出，“耿车模式”为宿迁发展乡镇企业提供了经验。一是引导农民冲破自然经济思想的束缚，摒弃小生产者的狭隘观念，培植了商品经济意识；二是根据自身现有的生产力水平确定所有制结构，在产业结构的选择上立足实际；三是积极扶持商品经济运行中的能人，通过他们来带动不同层次的乡镇企业发展；四是城乡结合，内外联合，接受大城市的经济技术辐射，不断壮大经济实力。

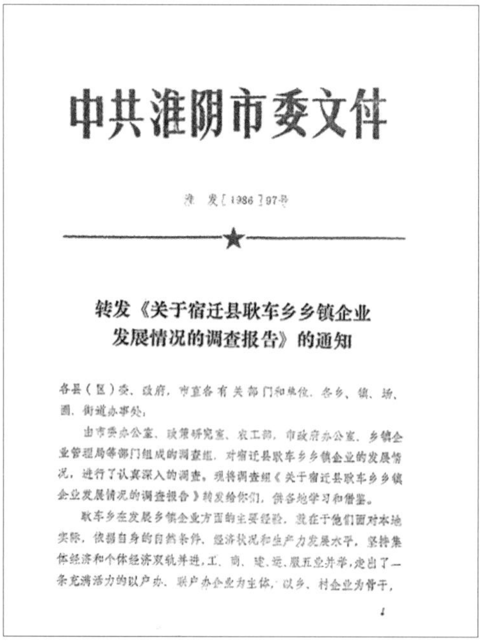
中共淮阴市委文件

淮发〔1986〕97号

转发《关于宿迁县耿车乡乡镇企业发展情况的调查报告》的通知

各县（区）委、政府，市直各有关部门和单位、各乡、镇、场、圃、街道办事处：

由市委办公室、政策研究室、农工部、市政府办公室、乡镇企业管理局等部门组成的调查组，对宿迁县耿车乡乡镇企业的发展情况，进行了认真深入的调查。现将调查组《关于宿迁县耿车乡乡镇企业发展情况的调查报告》转发给你们，供各地学习和借鉴。

耿车乡在发展乡镇企业方面的主要经验，就在于他们面对本地实际，依据自身的自然条件、经济状况和生产力发展水平，坚持集体经济和个体经济双轨并进，工、商、建、运、服五业并举，走出了一条充满活力的以户办、联户办企业为主体，以乡、村企业为骨干，

1

淮阴市委关于转发《关于宿迁县耿车乡乡镇企业发展情况的调查报告》的通知

据耿车镇1987年10月统计数据：全镇19个村，131个村民小组，7240农户，3.89万人。户办企业5202个，联户办企业78个；从业户数5592户，占农户总数77.2%；从业人员9509人，占总劳力75%。是年，全镇“四个轮子”总产值5754万元。其中13个镇办企业总产值1454万元，19个村办企业产值1000万元，户办、联户办企业产值3300万元。全镇从事二、三产业的农户占总户数的九成以上，从业人数达1.1万余人。1988年，实现了家家有项目，户户增效益。全镇三业总产值首次突破亿元大关，达到历史最高水平。1986—1988年，全国组织到耿车参观学习的干部群众达40余万人次。

1990年9月，江苏省委副书记邓鸿勋在淮阴市委书记黄冰等陪同下，听取了宿迁市委书记张文国的工作汇报，到耿车废旧物资市场、五星村办企业和耿车中心小学以及部分农民家庭，就进一步深化经济体制改革，运行“耿车模式”进行了调研，提出了指导性意见。11月11日，国务院研究室研究员余国耀、江苏省人大常委会原副主任汪冰石以及中科院部分专家在淮阴市委领导陪同下，考察了耿车镇工业，参观了稀土合金厂、制毯厂和农贸市场。余国耀称赞“耿车模式非同凡

耿车制毯厂生产的腈纶毯

耿城大曲

响”。汪冰石题词：“坚持自力更生、全面发展耿车经济，总结经验，继续前进。”

至20世纪90年代初期，“耿车模式”在国内广大农村地区和经济欠发达地区得到普遍推行。1994年10月18日，全国人大常委会副委员长费孝通在出席淮海经济区第九届市长专员会议间隙，再次提出，欠发达地区发展乡镇企业可以借鉴“耿车模式”。

1998年，中国经济体制改革进入了“深水区”，集体经济逐渐退出市场，民营经济发展为市场主体。进入21世纪，耿车人民遵循市场规律，准确把握国家宏观经济政策，对“耿车模式”进行了新的诠释。形成了“新型集体经济、股份合作经济、外资经济、个体私营经济”新的“四轮驱动”。在具体实践中，实行“工业之轮驱动农业，城镇之轮驱动农村，企业之轮驱动农户，老板之轮驱动农民，四轮互为促进”。2004年，全镇实现地区生产总值3.5亿元，财政收入546万元，农民人均纯收入3216元。利用多元化资金陆续建起了农贸、农资、果蔬、粮食等8个专业市场，日上市客流1万多人。全镇注册1200户个体工商户，“百名大老板，千名小老板”活跃在镇村的各个角落。2021年7月，中国共产党成立100周年之际，“中国共产党在江苏”历史展专题展示了“耿车模式”。

附：耿车“四轮”企业选介

一、镇办

（一）宿迁市装饰板厂　“耿车模式”代表性企业，创办于1980年初，占地1.5万平方米，用工300余人。1983年改为承包责任制，厂名为著名社会学家费孝通题写，先后与国内南京扬子木材厂、北京光华木材厂、南京林业学院等一些知名木材企业、科研机构建立合作关系，开发了浮雕、柔光、滞燃装饰板等产品，为国家星火计划项目，取得中国高新技术产品博览会金奖、全国林业名特优新博览会银奖等奖项。

（二）耿车镇地毯厂　1986年与上海地毯总厂联合创办，1989年7月扩建，共投资14.2万元。厂房28间，织毯机34台，职工160人。生产原料由总厂供给，产品由总厂负责销售，技术由总厂负责培训指导，产品全部出口。

（三）耿车白酒厂　始建于1974年，生产的“耿城大曲”以高粱为主要原料，后也生产山芋干酒。1983年增加技改投入，产品销往睢宁、泗县、萧县等地，最高年产值3000余万元。

二、村办

（一）宿迁包头东钢联营稀土合金厂　由红卫村农民王成聿牵头，与内蒙古包头东风钢铁厂共同创办，实行股份经营。1987年6月筹建，1988年7月投产。为苏北地区唯一的稀土冶炼厂家。占地面积1.45万平方米，厂房60间，职工147人。第一期设备投资159万元，流动资金55万元。共有股东代表73人，吸纳股金208万元。主要产品为稀土硅铁合金和稀土硅镁合金，生产原料和合金产品由包头东风钢铁厂包供包销，并委派专业技术干部指导领班生产。1990年实现产值2000万元，利润300万元。后列入宿迁市进档企业名单。

（二）宿迁县烟花厂　韦庄村于1986年9月兴办，总投资23万元，流动资金15万元，占地9466平方米，厂房6670平方米，职工209人。产品以烟花为主，鞭炮为辅，有六十多个品种。形成造纸、彩印、装潢等一条龙生产线。到1990年职工发展到300人，产值突破500万元，税利230万元。

（三）新华村办工业　1986年，新华村创办企业5个，固定资产41.5万元，流动资金25万元，有职工155人。产品有自行车前后轴、各种门窗和橱柜用铰链、各种机械和炼钢行业用的碳素棒、塑料条等。其中碳素厂为徐州分厂。

（四）宿迁县电器材料厂　赵庄村于1986年10月兴办，占地2080平方米，总投资24万元，流动资金15万元，职工27人。生产高、低压“TJ”型铝胶线，同时兼营磷铜焊条、翻砂铸件等。产品销往四川、云南、南京、徐州等十多个省市和地区。

三、联户办

（一）花厅村四组综合厂　1982年，花厅村四组有37户人家，176口人，其中工副业从业人员120人。经营项目有麻刀、油坊、油毡、电器加工等，有4个项目是联合体。产品有油毡、电炉丝、电器配件、日光灯架、金属线材等。周德兴带领生产的日光灯架联合体，有6户13人参加，每年创产值约15万元，利润3万元，人均纯收入2000元。周芝牵头生产的电炉丝加工联合体，8户10人参加生产，共投资2万元，固定资产4000元，8个月实现产值5万元，利润1万元。

（二）花厅村五组工业　该组共41户人家，240口人，其中39户从事麻刀加工。有联合体2个，170人从业。产品远销到河南、山东、安徽、新疆等十多个省市和地区。

四、户办

（一）耿车镇东塑料厂　1987年耿车村青年党员朱士林始创。朱士林1982年退伍后，以280元退伍补助金和一辆旧平板车为资本收购废旧物资，至1986年收发废塑料1000多吨，上缴税收2.3万元，上交集体1.8万元。1987年春购置挤塑机、切粒机共6台，雇请工人48人，月产聚乙烯钙塑30多吨，销往山东、兴化、宝应等地。朱士林致富不忘群众，积极捐资助学。1988年被淮阴市委、市政府评为家庭经济标兵，被宿迁市委、市政府评为家庭经济明星。《江苏省农民企业家词典》收编了朱士林的创业事迹。

（二）宿迁市农机配件二厂　1986年7月，耿车村四组青年农民丁子运创办。有厂房8间，门市5间，车、铣、钻、刨床8台，砂轮机、电焊机各1台，固定资产10余万元，流动资金11万元，工人14名。主要产品有各种农机配件、塑料加工机器配件等40多个品种。1989年又与江苏省机械研究所联系，高薪聘请技师，生产精密机器零件。1988年，丁子运被评为宿迁市家庭经济明星。

（三）花厅村五组手工业　该组共41户人家，240口人，其中39户从事麻刀加工。有联合体2个，170人从业。产品远销到河南、山东、安徽、新疆等十多个省市和地区。经营项目有麻刀、油坊、油毡、电器加工等，有4个项目是联合体。产品有油毡、电炉丝、电器配件、日光灯架、金属线材等。周德兴带领生产的日光灯架联合体，有6户13人参加，每年创产值约15万元，利润3万元，人均纯收入2000元。周芝牵头生产的电炉丝加工联合体，8户10人参加生产，共投资2万元，固定资产4000元，8个月实现产值5万元，利润1万元。

可降解花盆

3 经济建设

耿车镇在历史上属黄泛区，由于黄河多次夺泗入淮，境域内洪涝灾害频发，大部分土地沦为沙碱土，再加上旱、病、虫等自然灾害，土地产出非常微薄。中华人民共和国成立后，党领导人民艰苦治理沙碱化土地，全面实施“旱改水”，农业生产条件稳步提升。党的十一届三中全会后，进一步解放了生产关系，提高了生产力，农业和农村经济得到了较快发展。境域内的工业、手工业、商贸业也出现了百舸争流的局面。进入新世纪，特别是党的十八大以来，苏宿工业园区、宿城开发区等国家、省级园区建设向境域内延伸，域内一、二、三产业以“科技化、企业化、网络化”为模式，有机融入宿迁市、宿城区产业板块，形成了“互融共进、绿色循环”的优良态势。2022年，全镇实现地区生产总值33.88亿元，增长3.2%。其中，特色农产品网络销售额1.68亿元，规模以上工业总产值完成3.96亿元，增速30.4%。三产结构为10.7∶56.9∶32.4。

生产方式　1948年7月，境域内第二次解放，耿车人民有了自己的土地，开始了以互助合作为主要形式的农业生产方式。中华人民共和国成立后，先后兴办初级社、高级社。1958年人民公社化，农业生产先后实行公社、大队、生产队为基本单位的核算管理方式。1980年代初，逐步实行土地联产承包责任制。1983年，所有村组包干到户，农民与

耿车生态农业示范园

1958 年耿车公社粮食征销购数据一览表

表 10　　　　　　　　　　　　　　　　　　　　单位：万斤

征购入库粮							农村定销					农村购销差	
小麦	稻谷	大豆	玉米	杂粮	薯类	合计	7–2月底已销数		3–6月核定数		合计	调进	调出
							小计	其中麦种	小计	其中稻种			
12.27		53.02	5.48	0.34	13.26	84.37	72.98	21.32	35.95	0.95	108.93	24.56	

村委会签订土地承包合同，调动了生产积极性。1995年，耿车镇有农用地面积47449.3亩，耕地面积4497.3亩。其中一级农田面积4万亩。1998年，全镇土地实行二次承包，良田向能人大户集中。2000年起，域内推行土地流转。至2022年，流转面约占80%，农业的产业化、规模化、集约化经营水平跃升明显。

改碱　历史上由于土壤沙化严重，并伴有盐碱，有机质含量低，缺乏水源等原因，域内种植作物立苗难、产量低。其中刘圩大队第八生产队土地360多亩，全是盐碱地。产量最低的一年人均口粮只有31.4斤，被戏称为“三一四”生产队。“改碱”成为农业需要解决的最艰巨问题。自20世纪50年代起，耿车人民引进了紫花苜蓿、紫穗槐等绿肥，在田地里增施家杂肥、饼肥，并采取堆碱、窖碱、漫淤等措施，虽未根治盐碱，但年年见效。1958年3月22至25日，宿迁县委召开引种绿肥等冬春季五大生产运动评比表彰大会，县委第一书记李柏作报告，并亲自为耿车乡等5个“全面先进乡”颁发奖状。是年，江苏省直机关几位年轻干部下放在耿车劳动，参与积肥改碱等工作。团省委副书记李元庆率团到耿车慰问，对下放干部的劳动表现给予了表扬。湖稍大队有土地6239亩，大部分是泡沙和碱地。1959年春积肥时，公社要求每亩下肥500担，结果该大队每亩下肥1000担，当年玉米增产51.7%，三麦增产80%。由上年吃国家供应粮12万斤，变成上交征购粮24万斤。1960年8月3日，县委在耿车召开了养猪积肥现场工作会议，县委第一书记王凤恩到会讲话，耿车公社党委书记侯加才作经验介绍。1964年，耿车公社采用“沟洫台田法”（深沟高畦，畦宽3.33米左右，沟宽1米，深0.67米）并结合种植田菁等绿肥改碱，种植的棉花、高粱等立苗率达到了70%以上。此后至20世纪七八十年代，土壤结构有所改良。

旱改水　中华人民共和国成立后，境域内农作物种植仍以一年一熟为主。春季作物主要有玉米、高粱、棉花、大豆、麻类等，杂

21世纪，耿车镇农民用新型插秧机栽插秧苗

联合收割机收割水稻

豆都间套在玉米、高粱地里种植。1955年，宿迁县开始试种水稻。1957年县委成立“旱改水”办公室，耿车乡分管农业的副书记主抓水稻生产。但由于土地肥力不足，水源缺乏等客观条件限制，仅在新华大队试种了几十亩水稻，因结的籽实少，“旱改水”不得不搁置。1969年，皂河灌区建设重新启动。1970年，域内一批水利工程上马，九支渠开通，骆马湖水流入农田，水稻种植得以大面积推广。1976年，宿迁县“旱改水”工作成了全国典型，耿车公社水稻也获得了大丰收，是年栽种面积扩至2.6万亩，占良田总面积的一半以上。

20世纪80年代，碳铵、尿素等化学肥料主要由县农资部门分配使用，农业机械化水平逐步提高，粮食产量稳步增长。1990年，全镇粮食总产19976吨，其中水稻产量1.1万吨。1997年，进一步调整农业种植结构，优化区域布局，粮食总产量达到2.39万吨，水旱作物比例为6.6∶3.4。2004年，建成无公害稻麦生产基地1万亩，“三义”牌大米、“丰谷”牌大米被注册为优质农产品。

农田水利　1953年，国务院关于小型农田水利治理的方针提出“以蓄为主，以排为辅，排中带蓄……”。境域内遵此方针执行。1958年4月18日，宿迁、睢宁两个县在耿车召开水利高工效友谊协作大会，就西沙河疏浚整修及利用达成了协作意向。是年11月13日，县委分配运西高标准河网化工程任务。耿车公社的总土方为1788万公方，动员民工9631人。其中的“五大沟”，自小刘庄至蔡牌坊一段长4.25公里，土方630万公方，完成后接蔡牌坊至西沙河一段，再做中、小沟。

1965年，宿迁县组织部分民工会同耿车公社干群，对西沙河按照“三年一遇”标准疏浚开挖，按“十年一遇”标准留足堤距。1973年至1976年，再次按照“五年一遇”标准，组织民工2.5万人，对西沙河进行大规模全面治理。五年内共投资187万元，用246.5万个工作日，完成土方322.6万立方米。历史上的东沙河因黄河冲积，沿岸土壤沙化严重。河道曲曲弯弯，多处淤塞，每逢汛期就会冲毁农田。自1969年冬起，公社先后三次组织较大规模的东沙河大会战。徐景良、马宜銮等几任党委书记亲自上阵，与民“三同”，终于理顺河道。皂河灌区建成后，骆马湖水通过九支渠流进耿车。境域内完善了沟、渠、路、桥、涵、闸等设施配套，先后兴建张旗杆、湖稍、史庄、杨集等处电排灌站16座，配置排灌机械105台，绝大多数农田得到有效灌溉，雨涝能够在最短时间内排出。1975年，耿车公社水利工程建设工作受到水利部表彰。2013年至2023年，境域内农业水利设施全面提升改造。其中，东沙河上的红卫闸改造后，排水量由不足30立方米/秒，提升为120立方米/秒。东沙河上的南极路桥、耿龙路桥，西沙河上的湖稍王庄桥、刘圩西袁庄桥、爱民桥等十余座农用桥，均得到了加固。

经济作物　境域内的经济作物有主要棉花、大豆、瓜果、蔬菜等。1956年，耿车区设立农技站。1958年，县农业部门在耿车公社派驻农技员。1959年，为了解决土地不足的矛盾，公社党委号召社员大种十边地。当年全社在路边、塘边、地边等“十边”上播种各种杂粮杂豆等5000多亩，收获大豆和杂粮16万多斤，蓖麻籽1.2万斤，胡萝卜9.4万斤，腊条、杞柳20多万斤，共收入24万元。全社平均每户增收37元。1960年，全社种“十边”共收入170多万元，占当年农副业产值（275万元）的62%。该项工作受到淮阴地委通报表扬，并在全地区推广。1963年8月30日，新华大队第一生产队还在全县农业生产会议上介绍了利用十边地种植油菜的经验。20世纪七八十年代，耿车公社大力调整农业种植结构，经济作物位置凸显。1987年，全镇有旱田1.5万亩。其中棉田3546亩，总产皮棉208.5吨，单产58.8公斤；桑园1350亩，产茧57.2吨；高耿大豆等油料作物总产769.8吨，单产126.5公斤。高耿大豆由于产量、出油率、市价“三高”，成为耿车的优势农产品。1990年，全镇收获蚕茧62吨，棉花332吨，油料作物115吨，经济作物产量居历年最高。1991年5月9—10日，淮阴市农业生产工作现场会在宿迁召开，与会人员参观了耿车镇棉花移栽、统供种现场。1995年，耿车形成万亩棉田，主产地在湖稍、红卫等村。是年，淮阴市农业秋熟生产工作会议在宿迁召开，与会代表参观了耿车等乡镇的统防统治、棉田、桑园管理现场，听取了耿车镇的经验介绍。耿车镇被淮阴市政府表彰为棉花收购先进单位。1999年，五星、大众、红卫三个村被表彰为“首批小康村”。

2000年后，境域内经济作物向高科技、高附加值方面延伸。先后推广稻、麦、瓜、菜等9个优良品种。鼓励村民种植瓜果、蔬菜、药材、花卉等，特色化种植规模不断扩大。2005—2006年，在林内套种党参、薄荷、篓瓜等中药材。2017年，种植多肉、玫瑰、草花等观赏植物4300亩。2022年，蔬果、花卉等农产品产值达到1亿多元。

基地建设　因治理土地盐碱化的需要，中华人民共和国成立初期，耿车沿东、西沙河的刘圩、湖稍、红卫等村，广泛栽植了杞柳、腊条、紫穗槐等绿植。1956年2月，耿车乡新三高级社组织63名青年团员，编成3个青年突击队，三天植树5万多棵，受到宿迁县委的通报表扬。1958年，公社党委书记张宗桂带领刘圩大队书记陆辉、副书记周维山等干部群众，在西沙河堤上栽了桃、杏、栗子和核桃、葡萄等果树，堤下栽了十几亩桑树和苹果树。1959年春天，公社机关干部和耿车中学师生数百人，又到此处栽植了小叶杨、泡桐等耐旱树种，从此基本治住了风沙。1990年代后，境域内以栽植意大利杨等经济林木为主，并栽培桃、李、杏、梨等果树。1998年，大同村二组林木占地47.8公顷，其中杨树5944株，占总数73.1%。2003年，全镇林地面积达到1332公顷，覆盖率25.37%。2004年，建成林苗良种繁育基地，培育白杨等苗木20余万株。2006年，扩大到28.8万株，被表彰为宿迁市林业工作先进单位。2008年，建成万亩无公害农产品基地，其中高效农业面积133公顷，稻麦种子田面积66公顷，新品种覆盖率94%。是年，全镇实现农业增加值2.37亿元。至2016年，建成西葫芦、草莓等无公害农产品蔬菜基地6个。至2022年，全镇成片林木蓄积量为680万株。

境域内养殖的禽类主要为鸡、鸭、鹅及其蛋品，畜类为猪、牛、羊等。人民公社化时期为集体养殖，20世纪80年代后，耿车镇自办渔场，采取苗种统一放养、人员统一调配、技术统一指导、饲料统一供应，产品统一销售的“五统一”模式，产权公有。后鼓励农户家庭养殖。1987年，全镇有牛、驴等大牲畜192头，生猪2.21万头，农户饲养家禽23.9万羽，上市鲜鱼禽蛋500多吨。1990年，大牲畜发展到296头，出售生猪1.19万头，出售山、绵羊0.81万头，养蜂257箱，发展淡水养殖960亩，当年出售鲜鱼263吨。1995年，大同村形成养羊专业村，刘圩村形成养牛专业村。1996年养殖兔子较多，主要有新西兰兔、獭兔等皮肉兼用型。2004年，大同村引进种羊200多头，建成波尔山羊养殖示范基地，年繁育肉羊4000多头。刘圩村引进奶牛156头，建成奶牛养殖基地，鲜奶销往本市及徐州、皖北等地。2005年，耿车建成“草山”牌林间草鸡饲养基地。2010年，养殖梅花鹿300余头。

家庭农场　1996年起，耿车镇推广家庭农场建设，镇农经部门帮助协调种子、技术、贷款等。至2000年，全镇粮食、蔬菜、水产、畜禽等类型家庭农场达50多家。董陆军注册的木苏园艺家庭农场主要种植草莓、果蔬，经营花卉、盆景销售等。镇机关帮其申报为省级家庭农场，争取到项目资金扶持。2015年，全镇注册家庭农场4个，培育农业科技示范户240户，其中省级以上科技示范户80户。截至2023年，全镇家庭农场带动就业500余人。

专业合作社　1995年，耿车镇第一家农民专业合作社——蔬菜合作社在湖稍村成立，入社社员16名。此后该村又成立了水产合作社、棉花合作社，三义村成立了粉丝加工合作社。当年全镇共成立合作社13家。据2008年统计数据，全镇共登记注册农民专业合作社22家，土地股份合作社3家，新增合作社员2503人。至2023年，全镇有农业专业合作社30多家，涉及粮食、蔬菜、花卉、禽畜等20多个项目门类。其中湖稍村三和园花卉种植专业合作社成立于2018年10月23日，理事长为杨海。主要经营项目为玫瑰、月季等花卉种植、技术咨询、布展服务。该合作社每年终都为社员发放红利。

生态农业示范园　示范园是农业产业与科技高效融合的产物，引入了现代企业的经营管理模式，对全镇农业经济的整体运行起带动作用。2017年4月，耿车镇规划建设占地面积1.4万亩的生态农业示范园。一期核心区占地4300亩，温室大棚面积21万平方米。截至2023年，示范园累计投入基础设施资金6000余万元，建成设施温室大棚42.6万平方米。共引进以多肉产业为主的企业30余家，其中农业重大项目16个，年交易额超过11亿元。

百工齐驱

古代的耿车，因地处交通要道，工商业出现较早，有几家比较出名的手工业作坊。中华人民共和国成立后，集体工业上马较多。20世纪八九十年代，镇村集体工业、民营工业呈齐头并进、百舸争流的局面。进入新世纪，特别是党的十八大以来，耿车镇工业规模化发展、科学化管理水平有了质的提升，循环经济产业园成为企业发展的重要载体。

手工业　明清时期，耿车集有酿酒、榨油、铁器、木器、土纸、被胎等手工业作坊，豆制品、粉丝加工在周边县乡也很出名。手工业多以家庭为生产单位，也有简单的股份合作方式。可来料加工，也可自产自销。有的作坊前店后厂，有的作坊和店铺混在一处，还有的家庭住房和生产场地几乎不作区分。比如酿酒的作坊，一般都是在后院酿酒，前面的店铺销售。而油坊、成衣坊，加工和出售基本上就在一起，有时候工人吃住也在作坊里。旧时的作坊产品，大多以手工业者的名字命名。如清末贾庆邦打造的铁器，叫庆帮铁器；蔡振兴制作的木器，就叫振兴木器。也有的以生产地命名，如耿车集生产的土纸，叫耿车土纸。三义村生产的粉丝，叫三义粉丝。名气特别大的作坊，社会公众给予美称。如贾庆邦的作坊叫做贾炉，大众村的篦子作坊，叫做篦行。

进入现当代，耿车人更善于经营家庭手工业，以家庭带动家族，以一家带动一片，并逐渐实现半机械化、机械化。刘圩、徐扬村的柳条编织，五星、三义村的木工业，大同、湖稍村的粉皮、千张加工等，都是在不自觉中发展起来的。1978年后，一些小型机械加工业在农户家中出现。红卫村的王成聿先后创办了粮食、煤球、建材等加工厂。农民以两个以上家庭联合办厂成为普遍现象。

庆帮铁器　品牌创始人为贾庆邦，创建于清道光年间。生产场地在耿车村，即徐淮路南侧原耿车镇政府对面。因庆邦铁器的产量大，家门口炼铁的煤渣堆成了小山，时人称此处为贾炉。时间长了，竟成了耿车街的代名词。贾庆邦的铁匠手艺，乃是家传。其冶炼、打制、铸造的器物不但坚固耐用，而且美观大方。除了打制农用器具，还擅长铸造大小不一的锅、盆、罐、壶、瓮等家用器皿。产品销往皖北、鲁南、徐州一带。

振兴木器　品牌创始人为蔡振兴，创建于清末耿车集。其擅用各种木料作自如加工，制作各种家具、工具、木艺术品。在木器上雕刻的各式人物、花鸟虫鱼，无不惟妙惟肖，栩栩如生。制作的风车、战车等儿童玩具，孩子们都很喜欢。蔡振兴授徒较多，耿车镇至今仍有以此为业者。

耿车土纸　耿车境域内曾经水域纵横，盛产芦苇、蒲草等造纸原料。以原始方法制造土纸的作坊，有蔡氏、张氏、陆氏等十多家。其成品有木纸、火纸和草纸之分。多为两人合作，日产16刀左右，以36张为一刀。农闲时操作，农忙时停工，一年生产五到六个月，产量达3000刀。销往山东临沂、安徽宿县、固镇等邻近省市。

大众篦子　兴起于清康熙年间，创始人姓张，主产地在大众村四组。该组有四五十户张姓人家，均精于制作篦子，人称这个庄子叫“篦行”。民国初期，一天最多兑出四五千把篦子，销往河南、安徽、山东等地。篦子的功能除了用于头发清洁卫生，还有装饰、观赏价值。做成的文旅产品，更是精美细致。

集体工业　1952年起，境域内对手工业进行社会主义改造。至1954年，油料、染坊、粮食加工等作坊由私营向集体过渡。1958年，全县大办工业。12月8—11日，耿车公社党委书记、社长、工业科长和队干部十多人参加了全县工业誓师大会。耿车提出的奋斗口号是：决战15天，办厂87（个）。厂厂超古城（公社），玻璃机械赛霸王，水泥胜罗圩，纺织压埠子。夺全胜冠军，争全国上游。是年，耿车成立铁木业联合合作社，兴办了砖瓦厂、石灰厂、腌腊厂、棉布厂、面粉厂等集体企业。这些企业大多采取“小而散”的作坊管理方式，在资金、技术、管理等方面都缺乏竞争力。1974年，公社创办白酒厂，生产的“耿城大曲”以高粱为主要原料，后也生产山芋干酒，20世纪80年代发展为镇骨干企业，后升格为宿迁市第二酒厂，产品销往原宿迁市、睢宁、泗县、萧县等地。1976—1980年的“五五”时期，社队集体工业发展

土纸加工

大众村张成烈在制作篦子

1986年，耿车装饰板厂召开计量定级会

速度较快，白酒厂、农机修配厂等企业一直处于产销两旺势头。

20世纪80年代初，公社、大队、生产队的集体工业多头发展，显出生机。如农机配件厂、地毯厂、烟花厂、电气材料厂等，带动了群众就业创业。1984年11月，耿车乡贯彻执行县政府出台的乡镇企业"一包三改"工作意见，采取利润定额包干、联利计酬、联产联利计酬、大包干等多种形式推行企业承包。"三改"一是干部制度改革，改干部任免制为选聘制；二是工资制度改革，工人工资可实行联利按件计工，行管人员实行浮动工资制度；三是用工制度改革，允许企业高薪聘请技术人员和经营管理人员，企业应和工人签订劳动合同。乡办的白酒、建材、食品等骨干型企业均实行了"一包三改"。是年，乡办企业实现产值1159万元。1985年2月，乡粮食加工厂、耿车村、花厅村、塑料制品厂等单位被县政府表彰为乡镇经济工作先进集体。周德济、王学秀、于明江、王成聿等被评为先进个人。是年，创办钢窗厂。

1986年，耿车乡集个体经济"双轨并进"，乡办、村（组）办、户办、联户办"四轮齐转"的工业发展思路成效突出，受到淮阴市领导肯定，经上报中央有关部门后，被命名为"耿车模式"宣传推广。进而引起国内知名经济学家关注，并在北京举办了"耿车模式"专题研讨会，耿车乡发展集个体经济的经验得以在全国范围内推广。宿迁县各乡镇、村组更是学习借鉴"耿车模式"，努力消除工业经济"空白村"。是年，耿车乡办骨干企业实力增强。其中，装饰板厂研制开发的浮雕、滞燃、柔光装饰板获江苏省科技成果奖。投入批量生产后，利税翻番。1988年，耿车镇创办真丝地毯厂，产品销往苏南、浙江、上海等地。是年，全镇有规模不等的工业企业5610个，万元户有2000多户，在苏北地区首屈一指。

20世纪90年代，耿车镇工业企业由数量型向质量型转变，全方位发展三资企业。1993年5月5日，中外合资宿迁金康钢铁有限公司开业。该公司由耿车稀土合金厂与加拿大客商和淮阴市轧钢有限公司共同投资100万美元联合建成。是年，镇村骨干企业“精简”至29个。耿车塑料厂和农机修造厂因缺乏科技含量，市场竞争力弱，被申请依法破产。

1997年10月，宿豫县按国务院、省、市要求，着力推进企业改制。以国有、集体资本退出为“突破口”，推进企业产权制度改革。至2002年，耿车镇近30家集体企业按照“市场化、产业化、民营化”要求，以出售、先售后股等形式，全部改制到位。其中，耿车装饰板厂出售给原企业负责人高行楼后，实行股份制经营。

产业升级　宿迁建市后，耿车镇抢抓机遇壮大民营经济，以园区建设为载体，重点抓好招商引资工作。1998年7月，成立了以镇党委书记为组长，镇党委副书记、镇长为副组长，有关部门主要负责人为成员的招商引资工作领导小组。深入江、浙、沪、粤等重点区域，对应建材、食品、家具等关联项目进行招引。2002年，投资建设了新华工业园区，初期租赁土地、厂房给企业加工塑料制品。此后，湖稍工业园、镇东工业园（后划入宿城经开区西区）、大众工业园（后成为电商产业园和耿车物流园）相继建成。2006年，共引进项目42个，合同引资额4.38亿元。全镇工业企业共实现固定资产投资1.2亿元，完成技改投入8000万元。2010年，围绕塑料产业转型升级，共引进各类重点项目8个。通过优化结构、产业提升等举措，全镇500万元以上工业固定资产投资5.3亿元，“规上”工业增加值增长率23.2%。至2011年，全镇工业企业429家，其中金鹰弹簧、华力纸制品、光大环保静脉产业园等亿元项目均落户宿城。

耿车乡工业产品展销

耿车循环经济产业园

2012年9月，宿迁市委副书记、市长蓝绍敏在耿车镇开展“三解三促”驻点调研，提议耿车镇以循环经济产业园建设为抓手，推动经济转型发展。10月14日，宿迁市耿车循环经济产业园党工委和管委会成立，镇党委书记兼任产业园党工委书记。2013年初，产业园一期工程竣工并投用。园区位于耿车镇南部，东至科兴路、南至纬十路-S325省道、西至耿龙路、北至苏州路。规划面积2平方千米，其中核心区占地约500亩。运营初期，产业园设废旧塑料工业区和塑料物流园，建立了统一的污水循环利用和处理系统，同时把居住、加工、仓储分开，将饮用水、工业用水、污水分开，较大程度减轻了环境污染和水资源浪费。先行引导本地企业入园，随后引进丰翔实业、昕鑫包装、风尚家具等塑料精深加工及家具家居企业。管委会分期分批组织企业主去浙江学习塑料精深加工技术，使整个塑料产业走上集约化、规模化、生态化轨道。2013年，产业园建成江苏省再生橡塑产品质量监督检验中心并通过专家论证，被认定为国家级废旧塑料再生利用

宿迁耿车循环经济产业园

标准化试点，江苏省城市矿产示范试点基地和宿迁市中小企业产业集聚示范区。

根据新时期生态文明建设和产业发展要求，2015年，耿车镇开始有计划地实施产业升级。盘活循环经济产业园存量厂房，引导企业向园区集中，使其成为生态环保创业园。先后建成并完善全民创业集聚区、绿色家居集聚区、塑料精深加工集聚区和配套服务区四个功能区。建成0.8万平方米研发中心大楼1栋，标准化厂房21万平方米及配套道路、管网等基础设施。建成科创路、纬九路、沿河路、纬十路、耿龙路和兴业路等主次干道。2016年，全镇民营企业共542家，其中规上企业8家。全年实现工业增加值12.77亿元，入库税金611万元。2018年园区入驻各类企业70余家，其中销售额千万的近20家，固定资产投资超4亿元。2023年，园区清理低效企业10家，盘活厂房面积4.9万平方米。标准化厂房达到21万平方米，入驻企业30家。其中规上企业9家，含5亿元项目2个，10亿元项目1个。产品以塑料精深加工、机械电子和宠物用品为主。

商贸金融

耿车，因“耿记大车店”得名。仅从地名来历追溯，耿车商服业已有近千年发展史。因位于苏鲁豫皖交汇处的核心区域，清代以前这里就人烟辐辏，商贾云集，“八大行市”交易繁荣。清末至民国时期，耿车街上有多个商会组织。民国23年（1934），先后成立5个耿车黄豆产销合作社，分部扩散至16个。20世纪90年代，镇区建成全国规模最大的废旧物资交易市场。21世纪初，耿车大力发展电子商务，建成电商产业园和物流园，成为全国最早的“淘宝镇”。

个体商业

八大行市　古代的耿车集，盛行骡马大会，会期在每年的四月初二。是日，一些富豪子弟乘骡马纵辔疾驰比赛，各类行商摆设货摊供游人选购，民间文艺活动亦热闹非凡。境域内的集市以耿车集和刘圩集（也叫张旗杆集）最大。耿车集是10天4个集，农历的二、四、七、九为集日，每月有12个集日。刘圩集小一点，是10天2个集，以农历五、十为集日。耿车集的主体在老耿车街，位于徐淮公路南大约1000米。街道2里多长，七八米宽，七拐八拐至少十几道弯儿，两侧连排着各类作坊、店铺。清代，耿车集形成了远近闻名的八大贸易行。这八大行市分别为：牛马行、猪羊行、鸡行、编织行、木行、粮行、纸行、粉丝行。镇街上另有菜市、草市、布庄、茶馆、酒楼、旅社、药店、烟店、槽坊、油坊、酱园等，各行各业物畅其流。

牛马行在街南叶大场，专做牛、马、驴、骡等大牲口买卖，逢集时行里有一二百条牲口。远近商贩、农户到此集中交易。猪羊行的交易地点也在叶大场，除了买卖生猪生羊，还有种猪种羊，猪苗羊羔，另有养殖户提供猪羊配种服务。鸡行在耿车街最西端，公鸡、母鸡、鸡苗、鸡蛋都有的卖。粮行位于街中段，在一条二三百米长的南北小巷子里。最主要的有丁容道、许步清等创办的8家。木行交易各类木料和桌椅板凳、锨、斗、斛等木制家具、农具。编织行交易的品类有芦苇制

粮市

流动货郎担

品（芦席、斗篷、席篓等）、腊条制品（篮子、筐、粪箕、风篮、牛笼嘴等）、柳条制品（笆斗、簸箕、小挎斗等）。纸行经营的是耿车土纸，有本纸、火纸、草纸等。粉丝行主要经营的是三义村的绿豆粉丝、山芋粉丝。高耿大豆、绿豆粉皮等土特产也很“俏市”，曾远销镇江、上海，并从广州转运出口。2008年，耿车街建起占地18000平方米的锦绣农贸市场，逢集的地点随即转移到农贸市场。

张旗杆街　位于刘圩村，创始人张汝芬是清代武举。该街在逢集日除了有各类商品交易，休闲娱乐活动也不少。张家还成立了“远大票行”，发行的纸币，在宿迁、徐州、皖北一带流通。直到抗战时期，远大票行的纸币不再通用。

流动货郎担　“行走的集市”。尤以五

星、大众村的货郎比较多，挑着担子走街串巷，收购废旧物品，卖些针头线脑、雪花膏以及孩子们的小玩具等。这种交易本小利薄，很受欢迎。

集体商业

1950年，宿迁县相继成立花纱布、百货（烟、酒）专卖、盐业等5个专业公司或办事处。次年11月，百货、花纱布专卖公司在耿车

中国华东再生资源商贸城

集设批发站。1953年，耿车供销站成立，归属县供销社领导。是年，经营粮、棉、油及日用工业品的私营批发商，全部纳入集体商业经销、代销，经营猪肉、烟、酒、食盐等行业，也陆续实行社会主义改造。1955年5月，粮食供应业务划交粮食部门，猪、禽、蛋收购业务交国营食品公司。1956年2月，宿迁县对农村小商小贩社会主义改造普遍展开，耿车121户商贩，涉棉布、百货、文具、中药、酱园等行业，全部实行公私合营和组织合作化经营。1957年11月，批发站转入耿车乡供销社。1958年，耿车供销社的人权和资产下放给公社管理，但实行独立核算，从年利润中提取10%给公社。合作商店、小组并入供销合作社领导。1961年后，商业恢复多渠道流通。1963年5月11日，耿车公社成立了食品收购站。1964年，供销社经营门类增多，设立了百货、棉布、副食、生产等专柜。另在刘圩、三义、湖稍等大队设立了供销站，后各个大队均设立了双代（代销代购）店。“文化大革命”开始后，耿车集、刘圩集等集市贸易被关闭，供销社货源不足，一些生活日用品也常常断货。

1979年后，商品流通体制逐步改革为以国营商业为主导的多种经济成分、多种经营方式、多条渠道流通的形式，减少了中间环节，社会商业网点大幅增加，耿车集“八大行市”恢复生机。1982年，耿车公社发展多种商品经济，设立了棉花站，收购农户交售的棉花。1984年3月，宿迁县工商局在耿车设工商所，管辖耿车、双庄等几个乡镇。1985年6月5日，宿迁县成立了供销社联营公司与综合贸易服务公司，实行两块牌子、一套班子。耿车乡也成立了相应机构。供销社及集体所有制商业，实行独立核算，自负盈亏。

1987年，耿车镇建起废旧商品市场。分

为废旧物资回收、小商品、家具建材、农副产品4个区域，有64个贸易货亭、510个固定摊位、1400多个流动摊位。交付使用后日最高成交额80多万元，吸引了沪、豫、鲁、苏、皖、浙等地客商，成为苏北地区最大的废旧物品集散中心。1988年起，沿徐淮公路两侧先后建韦庄、耿车、大众3个专业小市场，东西连绵5千米，每逢集日高峰时，人流量近3万人次。是年，集镇常住人口增至1.5万人，全镇商业网点增至825个。1990年，全镇新增商业饮食服务网点300多个。是年，集体所有制流通企业实行承包经营。1992年，镇政府再次对供销社资产实行“双层经营、柜台承包”，面向社会公开发包。对于各村代销店、门市则实行承包、出租、拍卖等形式的改革。

邱永信电商带富记

美食主播唐光灿

1992年，耿车镇依托废旧商品市场，成立了废旧物资回收公司。当年废旧物品交易额达8500万元。2001年，镇区建成占地53公顷的大众商贸城和占地5公顷的废旧物资市场，并扩建了农贸综合市场，当年实现商业交易额1.2亿元。2008年，全镇新增个体工商户156户，商业经营收入2亿元。2010年，投资总额2.5亿元的华东再生资源商贸城开始建设。该项目占地面积18.33公顷，建筑面积15万平方米。设商品交易、展示、仓储配送、配套服务等功能区。是年，耿车镇被评定为“中国塑料再生利用产业基地”。2011年，该商贸城被授予“中国大型再生塑料交易市场”称号。是年，全镇有各类个体工商户1682户，从业人员4000余人，三产年交易额17.6亿元，社会消费品零售总额增长19%。截至2023年，镇区商服网点发展到2000多个，有“好又多”“供销老字号”等商超20多个，各类宾馆、餐饮店五十余家。

电子商务

2008年，大众村邱永信、邱雨等人到睢宁县沙集镇考察学习淘宝家具产业，回来后在全镇开设了第一家淘宝网店，经营的木制家具通过物流销往全国各地。时任大众村党支部书记李军鼓励党员干部先做起来。大众村成立电子商务协会，聘请大专院校教授做发展规划。全村106名党员有68人开了网店，每个党员带动3个农户。全村936户先后有519户搞起电子商务，涉及家具、食品、服装、机械等行业。2013年，大众村实现网上销售收入逾亿元，成为宿城区唯一获全国首批“淘宝村”称号的村（居）。

镇党委、镇政府推广大众村“支部+电商”的做法，实施“一村一品一店”运营模式。2015年，村村建起了电商孵化室。京东商城合作店、电商一条街、物流一条街、淘宝大学等服务载体相继建成并投入使用。2016年，耿车、大同2个村（居）被评为“淘宝村”，湖稍村被评为省第三批电子商务示范村。2018年全镇9个村居电商全覆盖，淘宝商户发展到1395个，实现网上销售收入约8亿元。2023年，境域内企业、商户实现了全员电商，被授予“江苏省县域电商产业集聚区”称号。

金融服务

境域内金融服务机构主要有邮储银行、民丰银行等，为耿车镇的经济社会发展和人民群众的生产生活提供全方位服务。

中国邮政储蓄银行始创于1919年。2007年3月，邮储银行有限责任公司挂牌成立。2008年7月，耿车镇支行成立。定位于服务“三农”，满足客户多样化金融需求。截至2023年末，各项存款、理财余额5.2亿元，各项贷款户数710户，贷款结余1.7亿元。

耿车民丰银行隶属江苏民丰农商银行，前身为宿迁市区农村信用合作联社，创建于中华人民共和国成立初期。1956年起办理存贷款业务。1979年，耿车信用社划归农业银行宿迁支行领导。1996年脱离隶属关系。2008年12月，江苏宿迁民丰农村合作银行正式开业，2011年11月，再次更名为江苏民丰农村商业银行股份有限公司，简称江苏民丰农商银行。耿车民丰农商银行属之。截至2023年末，耿车民丰银行各项存款达7.5亿元，贷款5.3亿元。存款客户3万余户，贷款户数2000余户。

村民在家中进行电商交易

大众村易美佳家家具售后服务

邮储银行耿车支行

4 党政群团

耿车地区接受革命思潮的影响较早，五四运动时期就有师生在宿城参加了爱国游行、抵制日货等活动。1927年12月，运西（运河以西）地区第一个中共地下支部在耿车成立。抗战时期，李干成、江华等革命家在耿车地区领导人民群众开展了艰苦卓绝的对敌斗争，大批党员干部和革命群众壮烈牺牲。社会主义建设时期，中国共产党领导域内人民开展生产建设，巩固了人民民主政权。改革开放后，党带领干部群众以经济建设为中心，解放思想，与时俱进，党的执政能力建设、社会治安综合治理等各项工作均得到加强。党的十八大以来，域内政治安定，社会和谐，经济健康快速发展，人民群众生活水平跃升。农、工、商、妇、青少年等社会团体，紧密团结在党的周围，为经济建设和社会各项事业的发展，发挥生力军作用。

打造生态耿车

星星之火

1927年初，耿车青年陆品山（又名陆永松）在九江军校学习时，加入了中国共产党。后受组织派遣回到家乡，以国民党员身份在县政府任职，秘密从事地下活动。12月，陆品山在耿车陆后园发展了第一批党员，建立了运西地区第一个党支部。1928年3月，又在耿车的东西张庄、杜庄发展了张梓扬、王绍武（王修文）、谢雨田、张凤章、张金汉五位教师入党。4月，王绍武等人又发展30名党员，建立了中共耿车支部。下设耿车小学、东张庄、西张庄3个党小组。

是年春，耿车镇农民协会成立。先后发展了东张、西张、东杜、西杜等农会小组。党组织积极在农协会员中发展党员。年底，中共宿迁县耿车区委成立，下辖陆后园、耿车等4个党支部。王绍武、张梓杨（张戴春）先后担任区委书记，区委委员兼支部书记有陆品山、佟锡金等，共有党员80多名。

1929年2月，中共宿迁县委领导的暴动失败。县委决定将工作重点转移到县西，县委机关驻耿车王绍武家里。是年8—9月，王绍武担任县委书记。9月7日，省委巡视员江长师到耿车召集原县委委员会议，对大兴、洋河、耿车等六个区委书记作了调整。1930年5月，江苏省委派李慈（即李干成）任宿迁县委书记，李慈多次到耿车领导开展工作。县委委员王绍武主要负责耿车地区党的建设。6月，江苏省委决定宿迁、泗县等地实行联合暴动，成立联合行动总指挥部。7月中旬，宿迁县委改为行动委员会。1930年10月，中共徐海蚌特委书记陈资平到耿车召开宿迁县委会，传达党的六届三中全会精神，宣布撤销宿迁县行动委员会，恢复县委。1931年1月，中共徐海蚌特委撤销，宿迁县委改属中共徐州特委领导。王修文（王绍武）继续担任宿迁县委委员兼耿车区委书记。1933年6月，因叛徒出卖，宿迁县委被国民党当局抄毁，被迫撤销。此后，宿迁县委划归淮盐特委领导，王修文担任党的执行委员，做耿车、洋河、埠子区的巡视工作。

“七七”卢沟桥事变后，党的工作重点迅速转入对日本侵略者的抵抗和斗争。1938年，江华任八路军苏皖纵队政委兼司令员，率部进入皖东北、宿迁一带，多次深入耿车，指导开展抗日斗争。8月，宿迁青救会活动遭到破坏。耿车青年陈少南受组织委派，赴鲁南八路军岸堤干校学习。1939年3月，苏皖特委派陈少南到中共宿迁县委工作，先后出任六、七、八区政治指导员。1940年夏，中共成立泗宿办事处，后改为泗宿县，耿车东南片区党的工作属泗宿县委领导，西北片区属睢宿工委领导。

1943年秋，中共领导的耿车情报站成立，利用各种关系开展敌情工作，为抗日民主政府提供了大量的军事和政治情报。先后有6名日军被策反，逃到淮北根据地参加反战同盟。通过做分化瓦解工作，伪宿一区区长管荣光、伪耿车镇镇长董瑞樵、中队长施惠敏等均与抗日民主政府建立联系，掩护了中共地下组织在敌区工作。耿车的永顺、三义等地被开辟为民主政权。1945年6月25日，占据耿车的日伪军，在宿迁县警卫团包围下或投诚或西逃，耿车被中共武装解放，睢宿与泗宿解放区联成一片。1948年7月12日，耿车第二次解放。11月14日，宿迁市上升为江淮二专署直辖市（县级），耿车党务工作归杨集区委领导。

抗日战争及解放战争时期，耿车地下党组织为革命工作发挥了重要作用，党员干部也作出了重大牺牲。曾任泗宿县埠子区委书记的朱敦云（耿车梨园人），多次出色完成组织上交办的弹药运送等紧急任务。1944年秋因叛徒出卖，朱敦云被日伪军抓获，押至梨园村，他始终不屈服敌人的威逼利诱，被敌人处死。1947年农历正月十四日，在耿车小学以教师身份做地下工作的中共党员张实夫，不幸被还乡团抓捕，在刘圩村被杀害。

社会主义建设时期　中华人民共和国成立初期，耿车、三义等小乡的党组织负责人称指导员，党务工作仍属杨集区委领导。1956年2月，杨集区改称耿车区，下辖12个乡，区委机关先在杨集，后迁入耿车街。党委设第一书记、第二书记。1957年1月25日，耿车区下辖乡合并为耿车、古城、新民、杨集、蔡集、支河、九城、王集等8个。原永顺乡、树仁乡并入耿车乡，区委副书记兼任耿车乡党委书记，第二书记由区委第二书记兼任。是年12月29日，宿迁县委安排数名同志到耿车乡当农民。20世纪50年代的耿车乡党委，带领干部群众治理盐碱化土地，千方百计提高农业产出；发展集体工商业，对镇区私营工商业进行社会主义改造；开展社会主义教育运动。

1958年1月，宿迁县撤区并乡，耿车区撤销。耿车乡党委列入中共宿迁县委直接领导，下辖耿车、新华、大众等18个农业生产合作社，各社均有党支部。5月下旬，县委召开生产队长大会，耿车乡获评的模范生产队、模范社干部和模范社员受到隆重表彰。是年9月，全县人民公社化，实行政社合一。1959年7月，成立耿车人民公社党委，各大队成立党支部，生产队成立党小组。新华大队党支部于1960年初建立业余党课制度，该支部7个委员有4个兼任教员，坚持每月两次党课，成为全县党建工作典型。公社党务干部叶书蔚善于总结工作经验，有效推动了生产劳动，1963年2月12日，县委组织部将其做法在面上进行了推广。是年6月15日，耿车公社贯彻落实县委《关于干部参加劳动问题的决定》，公社干部每年劳动不低于80天，大队干部全年劳动120—140天，生产队干部要和社员共同参加劳动。是年底，公社共有16个党支部，488名党员。

“文化大革命”开始后，各公社党委陷于瘫痪，组织活动停止。直到1970年，全县共分五批召开社镇党代表会议，选举产生新一届党委，中共耿车公社第四届委员会成立，党组织工作恢复活力。20世纪70年代，党委工作重点围绕“旱改水”开展，社队干部和基层群众“三同”，大搞农田水利建设。至1976年底，公社党委共下辖18个党支部，有759名党员。

水利工地举行入党宣誓仪式

改革开放时期　1979年5月3日，宿迁县委要求机关干部下基层一年，耿车公社的带队干部为李孝忠、李光前、孙克培、肖长美等人。每个机关都有带队任务，其中徐圩大队由县公安局、贫协、知青办帮带。公社党委加强廉政建设，实行干部岗位责任制奖惩办法，形成了良好的党风政风。1981年5月，睢宁县柳琴剧团到耿车公社演出。期间为答谢公社党委的周到安排，先后三次给党委书记周继云送来戏票。周继云在无法推却的情况下，收下戏票分送给群众，却用自己的工资给剧团汇去了5元戏票钱。1983年4月，中共耿车乡第五次代表大会召开，徐守存任新一届党委书记。是年，全乡下辖27个党支部，928名党员。1984年7月23日，宿迁县委在耿车乡召开党委改选试点现场会。

1985年2月，耿车乡开展整党工作。乡党委和19个村党支部领导班子得以调整，一部分能力强、作风正、懂经济的年轻干部走上领导岗位。是年4月，耿车村党支部带领群众发展工副业取得了成功。宿迁县委办、政府办在《宿迁通讯》上编发《我们是如何带领群众一起致富的？》一文予以推广。

1987年2月3日，耿车撤乡建镇。徐守存任镇党委书记。是年，全镇有32个党支部，1000名党员。镇党委严格贯彻落实宿迁市委（县级）下发的《关于加强党的建设的意见》等文件精神，从交通工具、工作餐等“小事”入手，强化党风廉政建设。1990年1月，全镇党员干部发起根治婚丧喜庆大操大办的活动，明确党员、干部带头从简办事、节约办事、文明办事，确需操办宴席不得超过5

桌，每超出一桌罚款100元。从20世纪80年代初至90年代，镇党委带领干群积极发展集个体经济，生动创建了享誉全国的“耿车模式”。耿车镇一跃成为江苏省经济强镇。

20世纪90年代至21世纪初，镇党委进一步推进经济体制改革，大胆培养和使用熟悉市场经济、懂经营、善管理的复合型人才，废旧物资回收加工成为域内主导产业。2003年，镇党委积极开展整顿政风、治理行风、净化乡风、引导民风的“四风”工程。2004年9月，实施党员干部勤廉公示制度，公示近三年来的勤政廉政情况，以后每年开展一次，形成制度。此后又建立了领导干部述职述廉和村级干部、基层站所负责人述职述廉公开质询制度。2007年，镇党委下设24个党支部，1037名党员。因全镇约12%的党员常年在外务工，为不使这部分党员的教育工作脱钩，党委在外出流动党员中建立了党组织联络员制度，利用远程教育平台做好教培工作。并加强非公经济党组织建设，成立非公经济党支部5个，确保基层党组织活动无缝开展。

2011年，镇党委完成换届工作。是年，全市村级组织建设工作会议在大众村召开，大众村强化党组织领导责任，有持续稳定的集体收入，有功能齐全的活动阵地，有先进适用的信息网络，有群众拥护的双强带头人，党支部受到市委组织部表彰和省委组织部的表扬认可。是年，对标建设红卫、大同、三义村的党组织活动阵地，省委组织部、团省委、市委先后组织到现场考察观摩。

中国特色社会主义新时代　党的十八大以来，耿车镇党委以全面建成小康社会，聚力建设江苏生态大公园为目标定位，率领干部群众围绕生态环境治理、经济模式转型、民生环境升级做文章，党的建设得到了高质量发展。2023年7月，江苏省委研究室调研组实地调研后，撰写的调查报告《好一个“新耿车”——从耿车“蝶变”看“两山”理念》刊发于10月17日第26期《调查与研究》，并在《江苏政研》微信公众号推广。11月22日，宿迁市委常委会到耿车镇开展“耿车蝶变”典型案例解剖式调研，江苏省委第十一巡回督导组到会指导。省、市领导对耿车镇党委在新时代发挥党建引领功能的内在动因进行了深度剖析。

废旧物资回收加工业影响了耿车镇的高质量发展，镇党委充分发挥党员干部的先锋模范作用，对落后产业予以彻底取缔，引导群众发展家居、绿植、电商、物流等绿色产业。大众村的“支部+电商”工作法运行成功后，镇党委以此为样本，在全镇实施“3399”电商干部培养和“十百千”电商培育计划。成立电商商会党支部，将9个村居全部建成“淘宝村”。200余名党员被培养成电商户，18名“电商达人”被培养为入党积极分子。2016

领头雁强村富民　　耿车党建赋能 绿色逆袭　　党建引领新画卷

年7月1日，镇党委被中共中央授予“全国先进基层党组织”称号。2018年，镇党委成立生态农业园功能性党支部，将党组织建在多肉大棚、家具生产线上，引领群众投身网络创业。是年，电子商务产业园获评省“支部+电商”实训基地。该园区先后组织培训250余人次，帮助600余名低收入人口实现就地创业就业。

有序推进党建引领工程，强化党组织能力建设。2020年，镇党委组建党员抗疫先锋队23个，深入社区、企业开展服务，有效控制了新冠疫情蔓延势头。严格标准抓实两委换

党史学习教育

“中国共产党在江苏”历史展专题展示“耿车模式”

届，村（社区）党组织书记2/3具有大专以上学历，平均年龄47岁。推进区委“书记项目”落地增效，实施社区“1+4+N”组织能力提升工程，社区新增经济载体20个，集体经营性收入村均65.02万元，同比增14.3%。是年，全镇有34个党支部，1244名党员。2021年是中共建党100周年，镇党委围绕“五聚焦五落实”行动计划实施党建“五强”工程，强化党建挂钩联系点制度，推进党支部“标准+示范”建设，对35个党支部“三务公开”等方面问题予以巡查，共查摆问题28条，下达整改建议23份。确认入党积极分子94人，吸收预备党员39人。是年，耿车镇在全市率先完成为民协商试点，探索建立“党委领导、政协搭台、乡贤参与”机制，为民协商“365工作法”在全市推广应用。规范党组织活动阵地建设。2019年，以新华社区、湖稍村为试点，成立白鹿湖社区党委。投资200余万元升级改造党群服务中心，搭建智慧党建平台，实现社区治理双网信息化融合，将白鹿湖社区党委建成宿迁市新型农村社区党建示范点。推进党员乡贤助力乡村振兴示范点建设，在宿城区率先成立了乡贤参事会，40余名老党员、老干部等乡贤在乡村治理、生态环境建设方面发挥了参谋助手作用。此外，完成白鹿书院“头雁先锋”、博雅园艺“富民先锋”、大众乡贤馆“护航先锋”等示范点建设。老干部党支部创建成为省级“六有一提升”离退休干部示范党支部。

党史学习教育紧跟时代步伐。依托“琴鼓村村行”“百姓名嘴”等品牌活动，为广大群众宣讲党史100余场。在全区首家开展“流动党史馆”进千村活动，在全市率先组织党员赴延安、井冈山开展党史学教活动。《“耿车模式”变形记》入选《记忆100江苏党史故事》，在江苏卫视等媒体集中展播。“耿车模式”史料被江苏省委举办的“中国共产党在江苏”历史展上专题展示。刘圩、大众、五星村分获全市和全区党史学习教育示范村。刘圩无名烈士墓获评宿迁市爱国教育基地。“人民的好医生”李月华入选宿迁首批革命先烈和先锋模范人物。2023年12月8日，镇党委举办践行“两山”理念暨学习浙江“千万工程”专题培训班，党委书记陈茂辉带队到浙江安吉等地考察学习。

党委主要负责人任职情况一览表（1956—2024）

表 11

时　间	名　称	姓　名
1956.02–1957.01	耿车区委	耿道元、胡祥三、季文良、王业守
1957.1.25—1958.9	耿车乡党委	邬培生（兼）
1958.9—1965	耿车乡党委	侯加才
1965.12—1970.1	耿车公社党委	张宗桂
1970.1—1976	耿车公社党委	汪振华、徐景良、吴震、张庆强
1976.10—1983.4	耿车公社党委	张庆强、周继云
1983.4—1987.2	耿车乡党委	徐守存
1987.2—1987.5	耿车镇党委	徐守存
1987.5—1989.12		李奎文
1989.12—1994.12		侍华
1994.12—1996		仇志云
1997—1998		蔡万和
1999—2001.2		范金山
2001.2—2002.7		解永生
2002.7—2003.12		叶锋
2003.12—2008.12		刘勇
2008.12—2010.12		胡良
2010.12—2012.12		赵杉
2012—2015.		张再先
2015—2021.01		徐光良
2021.01—2023.05		李威
2023.06—		陈茂辉

政权社团

人大工作

1953年起，宿迁县开始实行人民代表大会会议制度。是年，耿车等小乡召开了第一届人民代表大会，选举产生正、副乡长及乡人民委员会委员，同时选举县首届人民代表和人民陪审员。1956年，召开第二届耿车乡人民代表大会，会议听取关于民主办社、勤俭办社的方针，为实现农业高级合作化奋斗。是年底至1957年初，原耿车乡、永顺乡、树仁乡组成新的耿车乡。1958年，耿车人民公社召开第三届人民代表大会，会议着重贯彻总路线、“大跃进”、人民公社有关方针政策。1961年，第四届人民代表大会传达贯彻《农村人民公社工作条例》(60条)和发展国民经济以农业为基础的方针。1963年，第五届人民代表大会学习贯彻关于发展国民经济的总方针，以粮、棉、油为中心，全面发展农副业生产，开展社会主义教育运动等。1965年，第六届人民代表大会主要议题是学大寨，夺取农业全面大丰收。三届至六届人民代表大会，均选举产生公社管委会正、副社长和县人民代表、人民陪审员。“文化大革命”中，第七届人民代表大会未召开。1968年9月，各公社成立革命委员会。“文化大革命”结束后，根据江苏省委有关文件精神，革委会被视为第七届人民代表大会。公社革委会设正、副主任。

1981年，召开耿车公社第八届人民代表大会，听取并审议政府工作报告。号召干部群众积极贯彻执行中共中央关于经济上实行进一步调整，政治上实行进一步安定的方针，认真落实党在农村的各项经济政策，进一步加强和完善农业生产责任制，在党组织领导下，努力建设社会主义现代化。通过民主选举，产生了耿车公社管理委员会。同时，成立耿车公社提案委员会，广泛征求人民代表对公社各项事业的意见和建议。

1984年，召开耿车乡第九届人民代表大会，主要议题是完善农村家庭联产承包责任制，扶持专业户和重点户，积极稳妥进行改革，改善办学条件，加强集镇建设等。会议选举张永庆为耿车乡乡长，同时选举副乡长和出席县人民代表大会代表。1987年，耿车

2024年3月22—23日，镇人大第十九届五次会议召开

镇第十届人民代表大会主要议题是审议政府工作报告，财政预决算报告等。选举产生耿车镇镇长、副镇长。1990年，耿车镇第十一届人民代表大会，主要议题是审议政府工作报告、财政预决算报告，选举产生镇长、副镇长，人大主席团主席、副主席。1993年、1996年、1999年分别召开耿车镇第十二届、十三届、十四届人民代表大会，主要议题同前。1989—1999年，镇人大主席先后为陈明金、朱述芹、余继全。自2002年（第十五届人民代表大会）起，乡镇人民代表大会每届任期从三年改为五年，每年至少召开一次例会。乡镇人大主席团由本级人民代表大会在代表中推荐产生，负责组织、召集和主持召开人民代表大会。2004年3月，程新双任耿车镇党委副书记、人大主席，何家平任镇人大副主席。2017年10月，蔡军任人大主席。2021年2月，冯光飞任人大主席。2023年6月，赵海军任人大主席。2024年3月，徐守政任人大主席。至2023年，耿车镇人大主席团为第十九届。全镇有人大代表82人，其中区代表17人，市代表1人。人大代表围绕强农富民、发展经济、改善生态环境等提交议案，有效促进了镇域经济和社会建设。

政府机构

抗日战争和解放战争时期，境域内曾隶属泗宿办事处、睢宿工委、泗宿县等民主政权领导。1949年8月9日，宿迁县调整区划，由16个区并为12个区。耿车乡隶属于杨集区。区公所除了区长、副区长，另设秘（文）

书、民政、治安、财粮、生产建设、供销合作、文教、民兵等科(股),计约16人。耿车、三义乡等小乡有乡长、指导员、助理员、民兵中队长,计4名工作人员,属半脱产干部。1956年2月,杨集区改为耿车区,区公所迁至耿车街。1957年1月25日,耿车乡、永顺乡、树仁乡组成新的耿车乡,成立乡人民委员会。乡人委领导职数和机构编制,基本和耿车区相同。原小乡干部回农业社任职。1958年1月,耿车区撤销。9月,耿车人民公社成立,公社管委会替代原先的乡人委,实行政社合一。公社增设了人民武装部、财务科和会计辅导员,驻地张庄。下辖19个生产大队,158个生产队,124个自然村。

1956—1958年耿车乡社干名单(部分)

表12

任职时间	单位职务	姓　名
1956	大众社支书	吴占忠
1957	乡供销社主任	黄树森
1958	乡组织员	鲍兴国
1958	镇东社支书、主任	杨振海
1958	徐圩社长	杨思顺
1958	红星社支书	王复兴
1958	镇西社主任	杨锡奎
1958	五星社主任	刘广伯
1958	新中社主任	叶以兴
1958	共同社主任	赵伦刚
1958	大同社主任	李达方
1958	自然社主任	张学珍

“文化大革命”开始后,成立公社革命委员会。1981年5月,革委会复改称管委会。1983年4月,实行政社分设,将人民公社原来担负的政权职能分离出来,建立乡人民政府,名义上保留公社经济管理委员会。政社分设的特点主要是七个不变,两个结合,即:党委的统一领导不变;原有的行政区划不变;原大队、小队的地名不变;社、队办的各生产组织的劳动群众集体所有制合作经济性质不变;社、队、生产队三级财产所有权不变;国家干部的性质不变;国家干部的工资待遇和大、小队干部报酬的提取方法不变。将行政体制改革和经济体制改革结合起来,将机构改革和努力建设一支符合“四化”标准的干部队伍结合起来。

1985年3月21日,耿车公社经管会撤销,社队制彻底改为乡村制。时耿车乡有19个行政村,即耿车、新华、韦庄、五星、三义、傅圩、黄殿、大众、红卫、湖稍、新刘、叶苌、徐扬、花厅、梨园、双赵、徐张、渠东与赵庄,有131个村民小组。乡驻地耿车村。1987年2月,耿车撤乡建镇。镇设机构有农业办公室、工业办公室、财贸办公室、审计科等,镇下属单位有“七站八所”,分别为林业站、农技站、农机站、文化站、广播站、计生站、兽医站、水利站,卫生所、财政所、派出所、司法所、土地管理所、工商所、粮管所、养老保险所等。领导职数和机构编制人员增多。

政府主要负责人任职一览表（1956—2024）

表 13

时　间	机构名称	职　名	姓　名
1956	耿车区	区长	王业守、马玉良
1957—1958.9	耿车乡人委	乡长	彭广仓
1958.9—1959.7	耿车乡人委		周　凯
1959.7—1961.5	公社管委会		周　凯
1961.5—1965.5	公社管委会	社长	魏其道
1965—1966.5	公社管委会		李长仁、孙德宏
1968—1969.2			孙德宏
1969.2—1971.9			汪振华
1971.9—1973.4			徐景良
1973.4—1975.7	公社革委会	主任	吴　震
1975.7—1977.11			张庆强
1977.11—1981.5			周继云
1981.5—1983.5			周继云
1983.5—1985.3			张永庆
1985.3—1986.1	乡人民政府	乡长	马宜銮
1986.1—1987.2			李奎文
1987.2—1987.8			李奎文
1987.8—1989.12			季顺录
1989.12—1992.1			申湘琴
1992.1—1994.12			周德华
1995.1—1998.12			蔡万和
1998.12—1999.12			卜向梅
1999.12—2004.3			彭　伟
2004.3—2005.12	镇人民政府	镇长	吴　江
2005.12—2006.10			杨修录
2006.10—2010.7			韩　松
2010.7—2012.7、			张再先
2012.7—2017.12			熊广贤
2018.6—2021.1			王前锦
2021.2—2024.2			郭爱武
2024.2—			赵海军

1996年7月，原县级宿迁市划分为宿豫县和宿城区，耿车镇属宿豫县。1997年4月，耿车镇内设机构调整为党政办公室（挂人武部牌子）、财经办公室（挂财政所牌子）、社会事务办公室、村镇建设办公室等四个综合性办公室和工业、农业、计划生育办公室。2000年10月，全镇19个行政村合并为10个村，2个居委会。其中，渠东、赵庄合并为赵庄村；绿园、徐张、双赵合并为徐圩村；叶苌、新刘合并为刘圩村；黄殿、傅圩合并为大同村。设立耿车、新华两个居委会。原五星、三义、大众、红卫、湖稍村不变。2001年12月，镇设机构调整为6个综合办公室，即，党政办公室、财税办公室（挂财政所牌子）、社会事务办公室（挂司法所、计划生育办公室牌子）、经济贸易办公室、农业生产办公室、村镇建设办公室。2003年9月，赵庄村、梨园村、徐杨村划宿迁市经开区代管。

2004年2月，耿车镇划属宿城区，辖耿车、新华两个居民社区，红卫、湖稍、刘圩、五星、三义、大同、大众7个行政村。共91个居（村）民小组。2006年，镇设机构进一步改革，共设置五大综合办公室，即党政办公室、经济发展办公室（挂财政所牌子）、社会事业办公室（挂计划生育办公室牌子）、城建规划环保办公室和社会治安综合治理办公室。2018年，内设机构改办公室为“局”。耿车镇分别调整成立党群工作局（挂党政办公室、组织人事和社会保障局、政府法制办公室牌子）、经济发展局（挂环境保护工作办公室牌子）、建设局、农村工作局、社会事业局（挂食品安全办公室牌子）、财政局、社会管理服务中心（挂政法和综治办公室牌子）。

2020年10月，宿城区核定耿车镇机关人员编制数为62人。其中行政编制29人，事业编制33人。行政人员中，含党委书记1名，党委副书记2名（1名党委副书记兼任镇长），副镇长4名，人大主席或专职人大副主席1名。党政办公室核定编制9名，设主任1名（镇领导兼任），副主任1名，科员6名；经济发展办公室核定编制6名，设主任1名（镇领导兼任），副主任1名，科员3名；社会事务办公室核定编制4名，设主任1名（镇领导兼任）、副主任1名，科员2名；城建规划环保办公室核定编制2名，设主任1名（镇领导兼任）、副主任1名；社会治安综合治理办公室核定编制2名（使用司法专项编制），设主任1名（镇领导兼任）、副主任1名。

2022年7月，镇设机构调整为办公室（挂综合指挥调度中心牌子）、党群工作局（挂党建工作办公室、纪委办公室牌子）、政法和社会治理工作局、经济发展局、生态环境和建设局、农村工作局（挂扶贫工作办公室牌子）、民生事务局（挂退役军人服务站、便民服务中心牌子）、综合行政执法局（挂安全生产监督管理办公室牌子）。

人民武装

1938年，境域内出现“抗日保家自卫队”“民族抗日先锋队”“青年抗日救国会”等群众性武装组织。1940年，出现农民基干自卫队等民兵组织。中华人民共和国成立后，耿车人民发扬革命光荣传统，高质量完成兵役征集、民兵预备役、双拥共建等工作，为巩固政权，保卫社会主义现代化建设发挥了重要作用。

1950年3月，杨集区设人民武装部，配专职人武干部3人，耿车配民兵中队长。1952年，境域内各村庄均成立民兵组织。1953年，将民兵分为基干民兵和普通民兵，并对女民兵单独编组。1956年2月，杨集区人民武装部改为耿车区人民武装部。1957年1月，耿车乡人民武装部成立。1986年，乡镇人武部长的职级待遇明确为副科级。

20世纪50年代初，实行广大青年志愿入伍。1955年7月，中国第一部《兵役法》颁布，冬季域内实施义务兵役制兵员登记。1984年，规定每年12月31日前，年满18岁的男性公民，应当被征集服现役。2020年，将义务兵征集、退役由一年一次改为一年两

2024年清明节，退役军人志愿服务队到刘圩烈士墓缅怀先烈

次。至2023年，境域内应征入伍公民立功受奖者70余人次，无一例责任性退兵。

社会主义建设时期，境域内民兵为保障工农业生产、水利通信工程、交通道路、抗洪抢险、社会治安等做了大量工作。1982年2月，宿迁县接受国家210铺设地下光缆通信工程施工任务，该工程全长41千米，其中复线6000多米。耿车出动民兵100多人参与施工，苦战20天，基本完工。2003年“非典”期间，2019—2022年“新冠”期间，域内民兵全程参与了卫生消杀、疫情排查等工作。2018年4月，耿车镇成立退役军人事务站，努力维护军人军属合法权益，加强退役军人服务保障。为数百名退役军人办理了优待证，使之在就业创业、子女入学、出行、就医等8个方面享受优惠待遇。

法治建设

中华人民共和国成立后，实行人民民主法治，域内法治建设逐步走上规范化轨道。党的十八大以来，镇党委政府将基层法治建设作为增强群众幸福感、安全感、获得感的重要载体，法治建设多次获得省以上表彰。2021年9月，耿车镇被评为全国乡村治理示范镇。

公安　1949年6月，耿车设公安派出所，不久后撤销。1967年4月，县公安局实行军事管制，耿车公社驻特派员一人。1973年10月，县公安局恢复。1980年7月，重设耿车公安派出所。依法开展户政、治安、刑事、经济案件侦查等工作。1988年6月，县交通警察大队在耿车设公安交通管理所，除了维护城乡道路交通秩序，还办理除汽车外的各种牌照、驾驶证，受理交通事故案件，查处各类交通违章行为。1989年，耿车公安交管所更名为宿迁市交通警察四中队，1992年10月撤销。后设耿车治安查报站。

审判　1980年6月，井头人民法庭成立，耿车乡等地案件归该法庭审理。1991年，宿迁市人民法院设耿车人民法庭。1997年6月，耿车法庭撤销。2023年9月，蔡集人民法庭成立。辖区案件归该法庭审理。

人民调解　1948年，中共领导的杨集区设司法股长，各村设调解委员一人。1953年，耿车乡成立调解委员会，有主任1人，委员若干人。1956年，司法行政工作由人民法院负责。1958年，耿车公社调解委员会改为调处委员会。1959年，调处委员会和治安委员会合并为治安调处委员会。1961年8月，公社民政助理兼任司法助理，治安调处委员会分设为治安委员会和调解委员会。“文化大革命”期间，人民调解组织和工作遭到破坏。1980年9月，耿车公社建立调解领导小组，各大队成立调解委员会，生产队成立调解小组。1984年，耿车乡调解工作在组织、人员、任务、报酬四个方面得到落实，建立了岗位责任制。1986年，成立乡司法办公室（1987年更名为法律服务所），乡司法助理兼任主任。为辖区企业提供合同公证、债权保护等服务。

1992年，耿车镇建立了“十户调解员”制度，将调解工作明确到组，责任到户，做到小矛盾不出组，大矛盾不出村。1996年10月，开展创调解组织“四无”活动，即“无因民事纠纷调解不当发生民转刑案件、无非正常死亡、无重大械斗、无群体性上访”。至1998年，全镇有80%以上的调解组织达到“四无”要求。是年12月，镇法律援助工作站挂牌成立，为困难群众义务提供法律服务。2000年9月，依托司法所建立疑难纠纷调解中心，设立“148”司法服务专线电话。2004年成立社会矛盾纠纷调处中心，是年调解民事纠纷260起。至2005年，域内调解委员会全部达到“六有”“四规范”“四落实”要求。是年，域内全面开展“民主法治示范村（社区）”创建活动，大同村被授牌。

网格化管理　2013年，域内创新机制，

市政协举办“为民协商在耿车”活动

央视：耿车为民协商

耿车协商议事

推行村居“网格化”管理。全镇9个村（居），建立36个网格，10个管理信息平台，选出110名网格管理员，全年开展“五代三送”53次。建立“十户联防”报警平台，辖区巡防制度化。是年，耿车镇被授予宿迁市社会管理创新及平安宿迁建设先进集体等荣誉。2020—2023年，全镇按照“一网格一团队”模式，选优配强“1+2+X”网格员队伍，探索“15964”工作法，推动“网格”“警格”深度融合。全年受理群众来信、来访、网上信访案件办结率100%，群众满意率100%。

政治协商

耿车镇在政治建设与经济社会治理中，一贯重视走群众路线，实行民主协商。2019年，率先在全市完成为民协商试点工作，坚持“有事好商量”，议事成果快速转化落地。形成了为民协商“365工作法”，即“三题六商五到位”。“三题”为议题产生源于群众出题、乡贤荐题、组织定题；“六商”是协商工作的组织有定期协商、即时协商、入户协商、现场协商、线上协商、线下协商6种方法；“五到位”是整个协商过程做到法规政策宣传到位、民意诉求表达到位、决策内容公示到位、实施过程监督到位、协商结果落实到位。

是年11月1日，市政协在耿车镇举办“为民协商在耿车”现场展示活动，市政协主席、党组书记王益，市政协副主席华志明、薛永干、裴承前等参加活动。南京农业大学人文与社会发展学院教授季中扬和省政协委员、南京大学社会学院教授闵学勤深入解读了镇村为民协商在促进乡村振兴、完善基层社会治理体系等方面的重要意义和发展前景，并对耿车“365”为民协商工作法给予高度评价，对拓展提升为民协商工作提出了意见建议。该工作法在全市推广应用。《人民日报》《人民政协报》等媒体宣传推介，“365工作法”在全国产生了积极影响。2021年12月，大众村获评全国村级议事协商创新实验试点单位。

人民团体

清代，耿车集“八大行市”曾自发组织行会，如“四蹄（牲畜）行”、铁木业行、土纸行等，这些行会主要职责是处理对外事件和

2021年10月，共青团宿迁市委在耿车高效农业示范园建立新农菁英实训基地

耿车镇商会暨电商商会成立

判断、平息会内争端，一般不涉及业务分配问题。1928年，宿迁县政府在耿车建立农民协会，各村庄成立农协小组。抗战时期，中共泗宿县在境域内成立了工人抗日救国会（简称工救会）、青年抗日救国会（简称青救会）、妇女抗日救国会（简称妇救会）等组织，这些组织积极发动群众，抗击侵略者。新中国成立后，域内妇联、共青团、工会等社团组织先后成立并发挥积极作用。改革开放以来，农、工、商等行业协会、社会组织运作良好。

工会　境域内工运事业起步较早，1930年，中共党员张梓扬（耿车人）在宿城组织个体手工业工会，带动耿车地区工运事业发展，配合了农村暴动。1932年，中共宿迁县委执行委员王绍武（耿车人）先后领导耿车、洋河地区工会工作。1950年8月15日，宿迁县第一次工人代表大会召开。20世纪八九十年代，耿车工会组织在服务企业发展、维护职工权益等方面主动作为。2000年9月，域内以党建带工建，加强新经济工会组织建设。2002年和2003年4月，中华全国总工会先后授予张云才、高行楼全国五一劳动奖章。2013年3月28日，为更好服务园区企业，保障员工合法利益，耿车镇成立总工会，镇组织委员任总工会主席。下辖各社区、骨干企业均成立工会。

妇联　1946年初，宿迁县妇女抗日救国会改称为妇女协会。耿车妇救会随之更名。1954年12月，宿迁县成立县民主妇女联合会。1956年，耿车乡妇女联合会成立。1985、1995年，耿车乡（镇）先后召开五次、六次妇女代表大会。2004年，召开第七次妇代会，各村配齐配强妇代会主任。2015年以来，域内妇联组织积极引导妇女群众参与文明城市创建、电子商务等活动，一批青年妇女成为创业主体。

共青团　1949年4月，中国新民主主义青年团宿迁县委成立。1957年5月，改称为中国共产主义青年团（简称共青团）。是年，耿车乡召开第一次共青团代表会议，选举产生共青团委员会。“文化大革命”开始后，境域内成立多个红卫兵组织（小学生称为红小兵），共青团工作停滞。1970年，境域内重建团组织，发展新团员。1986年5月，耿车镇多名团干部和骨干被选为第八届团县委委员。至2023年，团镇委辖团支部105个，共有团员749人。改革开放时期，境域内共青团组织先后参与了青春创业行动、希望工程、植树造林等活动。

社会团体

自20世纪80年代以来，耿车镇先后成立私营个体经济协会、各类专业合作社、电商商会、乡贤参事会等社团组织。

私营个体经济协会　1984年5月4日，宿迁县个体劳动者协会成立。1997年，宿豫县个协成立耿车分会。2003年，选举产生新一届个协耿车镇分会。2004年，更名为宿城区私营个体经济协会耿车分会。为会员提供金融、法律等服务。

专业合作社　1995年，耿车镇蔬菜专业合作社在湖稍村成立。此后境域内相继成立了粮食、水产、土地等合作社。2008年，全镇登记注册农民专业合作社22个，土地股份合作社3个，合作社员2503人。至2023年，新增园艺、多肉等合作社13个。

耿车镇电商商会　2015年10月在大众村成立。2016年7月成立商会党支部，张坤为会长，中共党员8名，以“凝聚红色力量，凸显引领示范，服务地方发展”为宗旨。在抗击“新冠”疫情防控阻击战等非常时期，全镇电商企业捐款捐物50余万元。先后获宿迁市“十佳商会”、江苏省“四好商会”“苏网先锋”先进集体、2021—2022年度“全国四好商会”等称号。

耿车镇乡贤参事会　成立于2017年10月，理事20名。各村居成立乡贤评议会。宗旨为“弘扬善行义举，助力家乡发展，参与乡村治理，促进绿色生活”。2022年7月14日，乡贤参事会举行第二届选举大会。会议通过参事会议事规则（草案）和选举办法（草案）。选举张坤为会长，刘信、邱雨、李平为副会长，王政敢为秘书长。2018年12月，被评为宿迁市“十佳乡贤参事会”。

宿城区星火志愿者协会　成立于2017年7月，开展扶贫、助学、敬老等社会公益服务。

5 古镇新颜

历史上，耿车集处于省际交通要道，集镇建设也相对完备。据明万历《宿迁县志》记载，耿车集上除了建有商业设施，还有彤华宫，二帝庙、义学等建筑。清代形成了以“圩”为中心的聚落群。镇区中心的耿车集圩，位于县西孝九图，距城十八里，管序诗等建。其东南、西南、东北、西北分别有四座圩门，外有圩沟。清同治《宿迁县志》还记载了几处庄圩建设情形：心一圩，在县西顺十图，距城二十五里，赵彦达建；义守圩，在县西顺十图，距城十八里，施润建；庆安圩，在县西顺十一图，距城十里，王皋臣建；同心圩，在县西顺十一图，距城三十里，朱心一建；信义圩，即叶家圩，在县西南孝十图，距城十八里，叶宝森建；崇信圩，即朱家圩，在县西南孝十图，距城十二里，朱云峰建。至清代和民国时期，境域内庄圩与群墙建设仍为聚落主要形态。如周、叶、管等几户士绅领建的周群墙、叶群墙、管群墙等。新中国成立后，圩墙渐被拆除。刘圩等村庄尚存圩沟。

境域内村镇建设始于1958年。1961年，耿车公社将原在圩内的旧集市，移往西边的规划区，并将圩内的机关、企业迁出，旧集市改为居住区。境域内基础设施建设逐步上水平，土地、水、电等资源管理渐趋规范化，人民群众的住房、交通、通信等条件也不断改善。2004年，耿车镇划入宿城区，完成建设总体规划和控制性详细规划。2016年以来，耿车镇及大众、红卫、刘圩等村庄先后纳入特色镇村营建规划。镇区建设已成为宿迁市主城区的有机组成部分，耿车被誉为“西部新城”。

土地市容

土地管理

清代，境域内土地归县户房管理。民国初期，县府设田赋股，后改为地籍整理办事处。1946年，民主政府实行土地权属登记工作，动员农民申领土地证，保护已得土地所有权。1953年，国家建设项目须经人民政府批准后办理征地手续。1986年12月，宿迁县政府在耿车乡实施非农建设用地清查试点。清查19个村，138个村民小组，7451个农户，乡直机关和其他用地单位115个，共查出非农业用地4028.34亩，占全乡总面积的10.82%，全部进行了整改。1987年，耿车镇贯彻落实《中华人民共和国土地管理法》，于次年成立土地管理所。1989年4月，村镇建设实行项目挂牌用地制度。是年全镇土地总面积50平方千米，其中水域面积8.70平方千米。1995年4月，有农用田面积47449.3亩，耕地面积44973亩。其中一级农田4万亩，耕地保护率89%。1997年，域内部分土地纳入国家黄淮海农业综合开发项目。1999年，总面积48.5平方千米，其中耕地面积2533公顷。2004年，境域内因部分村土地划出，总面积减为35.01平方千米。2010年起，因宿城经济开发区、苏宿工业园区建设，五星村、三义村大部分土地被征收。2015年，全镇基

德胜街夜景

垃圾压缩式中转站

生态农业示范园李小鹏直播多肉

耿车镇垃圾分类做法入选全国案例

本农田面积1110公顷，保护率68%。2016年，启动建设国家农业综合开发土地治理项目，耿车镇开发高标准农田333.33公顷。2020年，土地资源归生态环境和建设局管理。至2023年，镇域耕地面积为1300公顷。

市容环保

中华人民共和国成立后，各区、乡环境卫生管理基本上是“自扫门前雪”。每次爱国卫生运动，会组织干部群众、青年学生义务劳动，主要是清扫路面、清运垃圾、除蝇灭鼠等。20世纪80年代初，境域内公共区域建有垃圾池，信用社对面建有一座公厕，耿车村负责清运垃圾、粪便。1995年，原宿迁市创建省级卫生城，乡镇环境卫生管理水平有所提高，镇政府三项办公室（城建、土管、环保）负责监管市容环卫。地级宿迁市成立后，加强镇区市容和环境卫生管理，组织人员上街宣传法规制度，与沿街店面签订“门前五包（包环卫、秩序、绿化、亮化、设施）”责任书，集中开展店铺门头招牌整治和清理乱贴、乱画、乱堆、乱放等行为。

2005年，投入40万元用于工业重点源设施整改。2006年8月，镇区环卫、市容管理纳入宿迁市主城区。2007年，先后投资60万元改水改厕，是年改厕518户。2015年，镇区公厕实行水冲式改造。是年，在创建文明城市行动中，全镇配备了159人的保洁队伍，新上垃圾转运车169辆。建成垃圾压缩式中转站13个，投放分类垃圾箱4600余对。至2023年，镇区环境卫生与市区同标管理，水冲式便民公厕覆盖率100%。

2010年6月，宿迁市垃圾焚烧发电厂在境域内建设，设计日处理垃圾600吨，投资3.24亿元。次年12月投入运行。对于易腐垃圾，以大同太阳能堆肥房和红卫微生物发酵垃圾处理站综合处理。生活垃圾减量化30%以上，农村垃圾收集收运处理率100%。2012年2月，耿车污水处理厂开工建设，次年5月建成，8月运营。采用“一级预处理+生物处理+絮凝沉淀、转盘过滤及消毒”的深度水处理工艺，尾水排放达到一级A标准。2023年，镇区PM2.5、空气优良天数首次实现“双达标”。

道路通信

道路

中华人民共和国成立前，境域内的道路多为土路，耿车集上有条老街，东西走向，800米长，6-7米宽，部分路段为石块、砂礓铺就。国道海郑公路行经境域内，但因战争摧残，多处坑坑洼洼、破烂不堪。1950年，宿迁县交通部门对海郑公路进行修复，铺设柏油路面，1953年竣工。该路段为县境域内唯一可通行汽车的公路，并被命名为徐淮（徐州至淮阴）公路。

耿车 农路焕新

1958至1959年，又先后修铺了耿车至蔡集、皂河、罗圩等县乡公路。1974年7月19日，徐淮公路宿城至耿车段整修竣工。该路段全长15公里，路面宽6米，总投资24.5万元。1982年，铺设了耿车街向西的兴盛西路一九支渠及富民街、西小街等镇区干道。

20世纪90年代，境域内共建成耿龙路（耿车至龙河）、耿三路（耿车至三棵树）等多条县乡混凝土道路以及三义路、耿五路等镇村水泥路，铺设了位于镇商业中心的德胜街。2000年后，境域内道路全面硬化。2004年，新建富康街，打通兴盛东路，形成三纵六横道路网，沿街建商业店面。是年，

在耿车镇大众村，小朋友在栈桥上玩耍

耿车镇乡村道路—湖大路

徐宿淮盐高铁和徐宁高速在耿车交汇

全面推进村组道路建设。2005年，改建富民路为商业街，完善供排水、绿化、供电等基础设施。2008年，实施徐淮路两侧人行道改造，铺设新华路、建材路，改造从镇区到村居的青年路、耿红路、湖大路等5条农村公路。2009年，宿城经济开发区内的勇进路、科苑路、南一路、南二路实施绿化改造。至2010年，基本实现村村通，水泥路修到每户村民的家门口，部分路段为柏油路。

2015年起，镇区苏州路等道路建设被纳入主城区建设一体化规划，绿化、地下水管网、路灯、路牌、地标线、沿路店面等配套工程全面提升。2016年，引导村民参与镇区老旧街道雨污水管网修缮，改善村居道路10条约20千米。2021年，境域内徐淮路列入城市主干道规划改造，形成双向六车道的高等级公路，附建过街天桥，命名为西湖西路。至2022年，先后完成科创路、兴盛街、苏州路、纬九路、纬十路等街区主要道路的改造提升工程，铺设沥青路面9.3万平方米。完成西小街、建材路等12条道路管网“十必接”改造工程。2023年，完成苏州路、兴盛街、小吃街等路面改造及沿街巷道路面硬化基础工程。

境域内高速公路有宁宿徐高速宿迁段、徐宿淮盐高速宿迁段，两条高速形成互通，设计行车速度为120千米/小时。宿迁高铁站距镇区8公里。

2023年耿车镇区道路信息统计表

表14

序号	名称	级别	起止地点	长(千米)/宽(米)	走向
1	复旦路	2	耿五线、双牌线	2.1/9	东西向
2	耿三线	2	耿车居委会-徐圩	4.27/9	
3	万严路	4	万庄-严庄	1.009/3.5	
4	三义路	4	杨庄-万庄	1.217/4	
5	勇进路	4	五星村-耿车居委会	1.204/9	
6	杨庄路	4	杨庄-五一路	1.004/3.5	
7	隆锦路	2	拆分点-五星村	2.562/9	
8	耿湖稍线	2	大众入点-湖稍出点	3.732/5.5	
9	红湖路	4	蔡龙线-湖稍	1.041/5.5	
10	后周路	4	管王路-后周	0.370/3.5	
11	王后线	4	王庄-后周	1.655/3.5	
12	后周二线	4	后周-后周	1.121/3.5	
13	纬十路	4	红卫村-红卫村	0.877/7	
14	纬九路	4	红卫村-红卫村	1.284/13	
15	刘李路	3	刘圩入点-刘圩入点	0.289/7	
16	王长路	4	王庄-长庄	0.182/3.5	
17	苏州路	2	耿龙路-耿赵路	1.7/7	
18	兴盛街		耿龙路-德胜街	1.0/4.5	
19	新华路		富康路-九支渠路	1.2/10	
20	耿大同线	4	大同入点、大众出点	3.445/3.5	南北向
21	耿大众线	1	庄王、耿车大众	6.615/16	
22	五一路	1	苏耿路、徐淮路	3.5/4	
23	耿龙路	1	徐淮路、致富路	6.2/4	
24	科创路	2	五星、三义	1.754/12	
25	科兴路	2	古城路、徐淮路	2.556/12	
26	科苑路	2	拆分点、双庄牌坊	3.575/9	
27	耿五线	2	耿车居入点、董三线	3.429/3.5	
28	后张路	4	朱庄、官庄	2.58/3.5	
29	耿刘线	2	刘圩入点	2.649/9	
30	张朱路	4	张庄、朱沙路	1.508/7	
31	史张路	4	史庄、张庄		
32	张胡路	4	张庄、胡庄		
33	管王路		拆分点、王庄		
34	富康路		徐淮路-循环经济产业园	1.3/10	

2013 年街巷情况一览表

表 15

名称	走向	命名时间	现状
耿车街	南北	1953 年	北起徐淮公路，南至新华街，长 560 米，宽 10 米。沥青路面
富民街	南北	1980 年	北起徐淮公路，南至新华街，长 438 米，宽 10 米。沥青路面
兴盛街	东西	1995 年	西起九支渠路，东至建材路，长 1300 米，宽 10 米。沥青路面
小街	南北	1995 年	北起徐淮公路，南至新盛街，长 260 米，宽 10 米。沥青路面
西小街	南北	1998 年	北起徐淮公路，南至新华街，长 350 米，宽 10 米。沥青路面
德胜街	南北	1998 年	北起徐淮公路，南至新华街，长 650 米，宽 15 米。沥青路面

交通工具

清末，境域内出现木轮洋车。民国时期，有黄包车往返于县城载客。1927年，县城陈家客栈购进一辆福特轿车（可载七八个人），经营宿迁至徐州的客运，耿车人可乘车。1931年，宿迁至沙集线有客运车4辆。1965年，域内通行公共客车。1975年，有宿迁至耿车公交专线。1984年，经营装修业务的个体老板范聿仓购买了福特牌轿车，为全乡第一台私有轿车。1987年后，境域内大量出现个体面包车、三轮小篷车及载客摩的。2001年，公交车辆增加，车型为17至18座的中巴。2015年，有82、84、201、804等多条公交线路通行宿城、宿豫等地。2023年，耿车新能源汽车达百余辆，镇区安装了充电桩。2023年11月，宿迁开通徐州睢宁至宿迁耿车毗邻公交，在原睢宁县客运西站至沙集镇208路公交班线基础上，延伸至宿迁耿车电子商务产业园、

睢宁和耿车通公交

1986年大众村范聿仓购买的耿车第一辆小汽车

电动车充电桩

耿车电商物流园、耿车客运站，线路全长近30公里，单趟行车时间在1小时左右。新世纪以来，随着耿车经济不断发展，耿车私家车拥有量逐年增加，2004年，仅耿车村就有私家车200辆，到2023年近8成家庭拥有私家车。

邮政电信

明代及以前，境域内以车马传递公文，民间信件一般通过亲友或私人传递。清同治十一年，宿迁县始有民信局，每日或隔日到各大集镇收送信件或轻便物件，耿车集有收送点。清光绪二十四年（1898），宿迁县设电报局。次年，电报局附设邮政局。清宣统三年（1911）1月19日，耿车集设德馨源信柜。1923年，集镇设邮政代办所。战争时期，中共在各区、乡设立交通站，耿车交通站同时承担对敌工作任务。交通站设站长、封发员、总务会计、交通员等。1943年夏，宿迁县民主政府设交通局，各乡设邮站，站长及乡邮员均不脱产。1948年12月，宿迁县解放后，交通局的战时交通联络职能转变为邮政业务，改称邮政局。经营邮政、电信业务，并开始使用邮票。

1952年9月，设耿车邮电支局（所）。1983年，开辟宿迁—双庄—耿车—三棵树—埠子—龙河—罗圩等乡镇自办汽车邮路。1988年，耿车镇邮电局有六七间营业房，五间生活、仓储用房，建筑面积800平方米。1993年，建成邮电支局，有大楼3层，建筑面积1000余平方米，编制人数6人，投递段3个，投递点311个。村村有邮电代办点。办理业务包括平信、挂号、特挂、包件、普汇、收订报刊、电报、长话、农话等。

民国时期，耿车区公所有长途电话专线。1953年，县城至耿车接通电话线，与广播线路共用。是年底，耿车提前实现公所有总机，社社通电话的目标。1967年10月后，电话线路与广播线路分设。1992年，镇稀土合金厂厂长王成聿率先拥有大哥大，在苏北地区较为少见。1993年，耿车邮电支局安装程控交换机并投入使用，宿迁—耿车光缆通信工程同时开工。1997年8月，耿车开通程控电话，当年装机200余部。至1998年10月，邮政、电信分设，耿车电信支局成立。2000年，境域内拥有移动电话5000余部。2003年，耿车镇安装程控电话1万多部。是年，境域内第一个小灵通基站建成投用。2005年，全镇手机拥有量1.7万部。2006年，耿车镇移动、联通营业厅相继开业。红卫、湖稍等村建有联通基站6个。至2023年，耿车镇常住人口拥有移动电话5万余部，除了中小学生，人均拥有1部以上移动电话。

1994年，耿车装饰板厂在全镇第一次将电话与电脑、打印机“捆绑”办公。20世纪90年代末，境域内开始使用宽带，将电话线与“猫”相连接。2000年后，电话线连接“ADSL猫”，开通宽带和语音，实现同时打电话和上网互不影响。2012年，境域内90%居民使用宽带。2015年，无线网全域覆盖。

水电供应

中华人民共和国成立前，境域内村民生活用水主要是西沙河等自然河流，少数村庄有人工水井。中华人民共和国成立后，人工开挖水井渐多。至20世纪70年代，基本上每个村庄有一口共用水井，多以吊桶取水。80年代，手压井走进村民家庭。1987年，镇政府院内竖起第一个水塔，日储水50吨，供机关和镇区居民使用。1988年，大同村自建水厂，日生产自来水20吨。随后，刘圩、大众、红卫等村均建起自来水厂。

2004年，耿车镇完成降氟改水任务，新增改水受益人口8000人。2005年，对农村自来水进行改建，新增受益人口3100人。2015年，引进骆马湖水，全面实施区域供水

耿车镇第一座居民生活水塔

耿车农民住房

白鹿湖村西城家园小区

和饮水安全工程，自来水日生产能力提高到3万吨，实现饮水安全联网管理。2022年，铺设自来水管道400千米。是年底，全镇自来水供应能力达到5万吨。全镇生活、公共事业与营业用水均可满足供应。

中华人民共和国成立初期，境域内无电力供应。20世纪60年代，耿车街安装一台变压器，用柴油机发电，供公社机关、国营商店和医院照明使用。70年代后期，工业用电增多。1978年，公社成立农电站，部分家庭用上照明电。1982年，实现村村户户通电。80年代，社办、村办、联户办、户办企业逐步壮大，用电量大幅上升。1988年7月，宿迁市（县级）为支持耿车发展工业，建成35千伏宿迁变电所—耿车线路，长10.46千米。1990年末，全镇工业、建筑业用电量占比约70%。2005年，工业用电量达3780万度，比上年增加了1400万度，增幅58.8%，新增变压器36台，扩容51台，新增小用电户310户。在三义村新建110千伏变电所，占地4000平方米，主变总容量100000千伏安，所变容量300千伏安。2011年，工业用电量7239万千瓦时。2023年，全镇工业用电主要集中在循环经济产业园，约占总用电量的68%。

房屋建设

中华人民共和国成立前，土地私有，个人建房使用土地无规划审批。20世纪50年代，境域内除了乡公所、村公所及学校使用从地主那里没收或改建的青砖瓦房，一般百姓居住的多为土墙草顶房屋，面积小，低洼处遇雨涝容易坍塌，少数条件宽裕的农户用条石做基础建泥草房。1958年至1970年代末，个人建房需得到审批，集镇个人建房由公社批准，农村个人建房由生产队、大队批准并上报公社。70年代后期，境域内偶有自建砖瓦房出现。1982年，政府规定每户宅基地不得超过200—300平方米。1984年，境域内60%农户建起新瓦房，有67户盖起了二至三层楼房。王忠聿、曹其洲等个体大户最早一批盖起楼房。1988年，全镇自建楼房的约200户。80年代，境域内实施“草改瓦”工程，至90年代初泥草房基本消失。90年代末，耿车镇农民自建楼房的占一半以上，“底三上三”的起脊式楼房占大多数。

2006年，耿车镇建成第一个农民集中居住小区——府前小区，占地46亩，10栋五层楼房，容纳200多户居民。随后，大同小区、锦绣小区亦开工建设。其中大同小区共建244套，每户为180平方的二层小楼，共入住800余人。是年，境域内按照新农村建设要求，全面推进9个村11个集中居住点规划工作，将道口物流区、循环经济示范区、商业新区、居住小区和新农村集中区纳入一揽子规划，城镇面积由原来的1.8平方千米扩大到2.6平方千米。2011年，铂金美寓安置小区开工建设。2015年，投资约9000万元的高层住宅西城家园开建，建安置房316套，面积共3.63万平方米。2017年，刘圩“水美乡村”建设完成。至2023年，全镇先后建成高标准住宅区10个。

受废旧物资回收加工产业带动，境域内商住两用楼房建设始于20世纪90年代，徐淮路两侧居多。2010年后，商用房建设向兴盛街、德胜街等商业中心集中。耿车镇党政办公用房原为砖瓦结构。2021年11月，镇党政办公区迁至德胜街南端科创路1号，与循环经济产业园联合办公。镇区标志性建筑还有电商孵化园、耿车中学办公楼等。

耿车镇党政办公楼

送健康送
LI-NING

6 社会民生

耿车镇自古崇尚善行义举、孝老敬亲、扶贫助困的良风善俗。元明时期即流传着张氏家族14代同居的佳话。宿迁城南曾立有尚义坊，为纪念宿迁张氏百忍堂始祖张荣而建。境域内有同居坊，为旌表张荣后世孙张宾所立。境域内社会民生事业良好，教育、医疗、文化事业萌芽较早，中华人民共和国成立后几度兴盛。

全民教育

明清时期　明时，耿车有数家私塾。明万历五年（1577），知县喻文伟设立社学，耿车集社学曰“公义”，这是耿车有史料记载的第一个官方教育机构。清光绪三十三年（1907），公义社学改称耿车公学。社学和义学，均有专用田产收入作为经费保障，由县学指定境域内秀才担任教读，公学则由官方出资或协调资金维持运转。

民国时期　民国五年（1916）起，耿车公学先后改称耿车高等小学、埠子市立第二小学、耿车集小学校，为六年制完全小学。民国时期，耿车的公立小学还有徐庄初小（由义勇市第十初小改名）、傅圩初小（由义勇市第十一初小改名）等，私立学校有刘圩、梨园、杨村等完小或初小。1920年3月，开办了蔡大汪初级小学。抗战时期，抗日民主政府将刘圩小学改为公办，使之成为耿车周边地区第一所成规模的完全小学。抗日民主政府还在湖稍、新华等地开办了小学，王述泰、王逵泰、张实夫、王璞等革命人士或参与了学校创建，或在学校任教。

社会主义建设时期　中华人民共和国成立后，耿车区成立了中心小学。1958年，耿车公社每个大队均设小学。1960年，宿迁县全面开展扫盲教育，耿车公社扫盲任务为5000人。域内以注音识字运动为突破口，每位教师包教10—20人，再由学会注音识字的同志教会农民，当年超额完成扫盲任务。是年，耿车新建初级中学一所。在年度全县文教卫体先进单位和先进工作者代表大会上，耿车初中的袁光昌、耿车农中的郭庆龙、耿车中心校的傅西纯、建国小学的周瑞方等14名教育工作者与耿车公社、刘圩大队、新华大队等五个单位受到表彰。1963年，中小学校规定为全日制，从每年8月1日至次年7月31日为一学年。一学年分为两学期，自8月1日至次年1月31日为第一学期，2月1日至7月31日为第二学期。1965年，公社办起耕读小学，学制为半日，即半日学（务）农，半日读书，境域内大部分少年儿童入学。1975年，耿车小学迁至徐淮路75号。“文化大革命”中，小学普遍推行“五年一贯制”，学校教育基本陷于无序状态。

1983年，耿车乡集资129.6万元，搬迁

耿车中心小学课堂

镇中心小学课间活动

学生参与课外活动

了中心小学，扩建了中学。是年，全乡有小学21所，中小学生6000人，教职员工260人。1990年，因生源剧增，新建耿车第二初级中学。两所初中共19个班级，1387名学生，教职工87人。有15所小学，除了耿车中心校，另有14个村小。共114个班级，4443名学生，190名教职工。有幼儿园14所，在园幼儿2300人。1991年，耿车小学增设聋哑班。1996年，中学合并为1所，有中心小学1所，村小13所，在校中小学生5325人。2000年实施幼儿教育所有制改革，14所幼儿园资产实行拍卖，转为民办。是年两所初中合并，统一为“耿车初级中学”。2001年，完善1所初级中学、1所实验小学、6所镇村中心小学软件建设。调整农村小学布局，保留三义、刘圩、大同三个教学点。是年，原二中校园创办公办民营耿车实验学校，至2005年停办。

2003年，宿迁信息工程中等专业学校在境域内创办。2004年，新增无锡江南中专和东方双语2所民办学校。2005年，除了耿车中学，有小学9所，在校中小学生6300人。有幼儿园12所，在园幼儿1800人。有中学教师95人，小学教师150人，幼儿教师71人。2011年，域内加快校舍安全工程、教育现代化创建工作。其中耿车中学投资700万元，建设教学楼、实验楼、餐厅和学生公寓；小学投资280万元，建设教学楼和塑胶跑道。2012年，耿车中心小学少年宫创建为国家级少年宫，有美术、声乐等12个兴趣班。2016年，耿车镇有中学2所，小学撤并为4所，在校生4211人。其中耿车中心小学有37个班级，1899名学生，教师104名。另有大同、刘圩教学点。有幼儿园、托儿所11所。其中镇中心幼儿园达到省优标准。2023年，耿车有中心校一所，初中一所。耿车初中有教职工107人，其中专任教师99人，高级职称18人，中级职称49人。学校先后被授予宿迁市规范办学先进单位、江苏省平安校园、宿迁市义务教育阶段学校教学工作先进单位等荣誉。

耿车被誉为“教育之乡”，突出表现在成就卓著的教师和教育行政工作者较多：刘圩村的刘秉果曾任徐州师范大学体育系教授，刘秉鑫曾任宿迁市职业高中高级教师，耿车村大徐庄的徐遵平曾任铜山县教育局副局长、职业中学校长，徐长春是学思堂教育集团创始人，大同村的张云才曾任宿迁中学校长，红卫村的王占聿曾任宿迁市实验小学校长，五星村的骆军曾任宿迁市实验学校校长、现任宿城区实验小学党总支书记。曾任耿车小学校长的张汉民，一生从教，并把儿孙辈十多人培养成人民教师。1993年9月，张汉民家庭被宿迁市政府表彰为“教育之家”。原宿迁市（县级）副市长张锡元、宿迁市政协主席冯岩都曾分管过教育行政工作。从耿车镇走出去的学子，“含金量”较高。1998—2006年，有4名中考状元来自耿车，

学生读书分享

宿迁信息学校-公众号

分别是耿车一中的曹艳艳、耿车实验学校的杨洋、曹浩，宿豫实验学校的刘玉成，四人均为耿车居委会人。据粗略统计，自20世纪80年代以来，耿车共有千余名学子考入大专以上院校。截至2023年，获得硕士以上学位的100多人，有的成为领域内的专家或拔尖人才。大众村的朱智、陈国防分别为东南大学和美国纽约圣约翰大学教授。

学校选介

耿车中心小学　始建于1942年，原校址在耿车街东首玄帝庙。1948年7月改为公办。1983年，迁至镇区中心，占地4.2公顷，建筑面积1.2万平方米。31个班级，1700余名学生。在编教师102人，其中市区级骨干教师18人，中小学高级教师24人。以“正德、至善”为校训，坚持立德树人，全面发展。先后立项省级教科研课题4项，市级课题8项，已结题8项。有60多人次在省、市、区基本功或优课评比中获奖。学校获得“江苏省节水型学校”“宿迁市关心下一代工作先进单位”“宿迁市文明校园”等荣誉称号。体育教学为特色，受到市委市政府嘉奖。输送的周欣茹同学曾获世界青奥会摔跤冠军，张坤同学获江苏省第十九届运动会跳高冠军。生于2001年的新华村人周欣茹，多次代表宿迁市参加自由式摔跤比赛。曾获江苏省第十九届运动会青少年部女子甲组67公斤级冠军，亚洲青少年锦标赛65公斤级冠军，世界少年锦标赛65公斤级亚军，第三届世界青年奥运会冠军。

耿车初级中学　始建于1958年，坐落于徐淮路154号。首任校长徐凤芝。20世纪60年代增设高中班，1982年恢复初中学制。占地面积2.96万平方米，建筑面积9910平方米，有教学楼2幢，实验楼1幢，宿舍楼2幢，学生餐厅1幢。实验室、功能室装备达到省I类标准。有16个教学班，在校学生825人，教职工65人。其中专任教师62人，正高级教师2人，中小学高级教师26人，市区级骨干教师18人。先后获评江苏省绿色校园、江苏省教育工作先进集体、宿迁市智慧校园、宿迁市基础教育工作先进集体等荣誉称号。

宿迁信息工程中等专科学校　原名宿迁通讯技术学校（民办），创办于2003年，2005年3月更名。学校坐落于耿车镇徐淮路1号，占地5.47公顷，建筑面积3万余平方米，是江苏省首批四星级职业学校、高水平示范学校，首批课改实验学校。主要承担国家计划内三年制普通专科、五年制高职专科、三年制普通中专教育教学任务以及各类非学历教育培训。设有机电工程、汽车工程、电子信息工程、土木工程和宿迁市船员技术学校等八个系部。开设机电、数控、汽车、计算机、建筑、会计、船舶驾驶、轮机管理等20多个专业。在校学生1200多人，教职工81人，其中专任教师61人。先后获评全国职业教育先进单位、江苏省职业教育先进单位、江苏省职业学校教学管理先进学校等荣誉称号。

耿车初级中学

耿车中心小学

宿迁信息工程中等专业学校

医疗卫生

明清时期，境域内有知名中医行医于苏皖交界。清康熙年间出现季氏蛇医，专门治疗蛇毒。季德胜为季氏蛇医第六代传人，后成为亚洲知名的蛇医药专家。清末，耿车集上有丁氏中医，主治内科，在宿迁、睢宁一带享有盛誉。民国初期，境域内出现西医。

镇医护人员为孩子做健康检测

1938年，耿车集有西医开设的诊所，名医叶莲舫曾应邀出诊。现当代，耿车还出现了王瑚、刘照英等医药专家，“人民的好医生”李月华等优秀医务工作者。

1952年6月，杨集区建立了公立卫生所。1956年改名为耿车区卫生所。1958年，宿迁医药公司在耿车设立药材批发站，周边公社都可以到此购进药物。是年，耿车卫生所改名为耿车民办医院，1959年7月改名为耿车公社卫生院。卫生院起初工作人员不到10人，只有房屋3间，设门诊、注射、化验、药房等科室，两年后增加了几张病床。1960年，耿车公社卫生院和湖稍大队、徐圩大队卫生室均被县人委表彰为医疗卫生工作先进单位，梨园大队的巩光普、新华大队的祁玉秀、叶书朗等7人被表彰为先进工作者。1963年5月22日，耿车卫生院转为社办。1968年12月，各大队均成立了合作医疗站，医务人员多为“赤脚医生”，实现了医疗卫生在农村的普及。1983年，医疗站改名为卫生室。至1985年，耿车乡卫生院有砖瓦房约50间，医护人员增加到40余人，病床亦增加到40余张。配有X光机、显微镜、冰箱等。

1988年，耿车卫生院建起门诊大楼、病房楼。1990年，镇、村有卫技人员106人，病床80余张。1993年，耿车卫生院与徐州市肿瘤康复医院联办耿车分院，开设专家门诊。1999年，镇卫生院有11个科室，医卫人员

67人。2001年，耿车卫生院被改制为民营医院。设有内、外、妇、儿、口腔、中医等科室。是年，村级卫生室建设全部达到甲级标准。2005年，耿车社区卫生院投资25万元予以提升改造。2015年，镇卫生院和计划生育指导站合并，成立卫生与计划生育服务中心。是年，被表彰为全国计划生育优质服务示范站。2016年，新华、红卫、三义、五星、湖稍5个村居建成标准化卫生室。是年全镇有床位98张，执业医师75人。2018年，9个村居全部建成标准化卫生室。

居民健康服务做到了全覆盖。2001年起，全镇每年常规化开展卫生防疫、癌症筛查等工作，为每个居民建立了健康档案。2004年，实施新型农村合作医疗制度。全镇农村有4885户、17601人参加新型农村合作医疗，占比分别为70.1%和49.9%。参保群众全年累计报销5096人次，报销金额56229.40元。2008年，农村大病合作医疗参保率达到100%。2010年，9个村居全面完成世代服务室建设，妇检率达到99.5%。2012年，实施乡村卫生机构一体化管理，新农合补偿延伸到村级卫生室，实行药品零差价。是年新农合参加30630人，参合率98%以上，落实大病二次救助金11.24万元。2020年，先后举办公共卫生培训23次，开展健康教育宣传和现场咨询活动20次，新建居民健康档案5854份，居民健康档案更新587份。2023年，先后举办公共卫生培训和健康教育宣传活动55次，新建居民健康档案6500份，更新档案580份。

社会保障

明清时期，耿车的社会慈善事业机制较为健全。慈善机构大多由官方支持，缙绅主持。耿车有善堂三处，其中勷善堂规模最大，为孝九图王道久、徐景新牵头建设。勷善堂有慈善专用田地六十亩一分六厘，其收入专供善堂开销。善堂共两进院落，有议事厅、厢房、门厅等建筑，日常事务为劝人向善、劝诫烟酒、调节纷争、教化乡人等，并组织实施扶危济困、祛疫救灾、收敛路边无主尸体等事务。此外，顺九图（耿车集北）还有三益堂，为张光祖所建。顺十图有小善堂，为吴玉林所建。孝十一图有半济堂，为纪盛琦、朱信成建，有地十亩。扶贫济弱、养老抚幼的优良民风代代传承，民国时期仍有慈善机构存在。

中华人民共和国成立后，域内在中国共产党的领导下，倡行社会主义道德新风尚，老有所养，幼有所托，贫有所恤，孤有所依，社会保障机制逐步完善。特别是进入21世纪以来，耿车镇加大经费投入，强化设施建设，社保措施不断优化。2008年投入25万元，完善镇敬老院服务设施，将其建成苏北一流敬老机构。宿城区在耿车开展星级文明敬老院创建试点工作，2011年该敬老院被江苏省民政厅命名为文明敬老院，后被区民政局设为区域性养老中心。2012年，为全镇五保老人落实生活、医疗等保障措施，其中近70%的老人入住敬老院。镇上为80岁以上长寿老人发放尊老金51.18万元，发放孤儿救助金14.84万元，为323户困难家庭发放慰问金15万元。2013年，全镇74名机关干部与358户贫困户结成帮扶对子，为他们协调发放小额贷款550万元，确保户户有项目，人人有事做。发放五保、低保、尊老金等275.79万元。

2020年，全镇深化精准式扶贫，做好“产业+扶贫”“电商+扶贫”文章，完成贫困劳动力培训448人，年末扶贫项目收益分红193.31万元。为1180家建档立卡户中的低保户、五保户实行住院医疗零付费，为8户脱贫不稳定农户发放兜底补助资金3.6万元。其电商助力脱贫的做法，入选2020年江苏省网络扶贫优秀案例和外交部发布的《中国落实2030年可持续发展议程进展报告》乡镇案例。2021年，针对因疫情带来的就业压力，千方百计稳定和扩大就业，先后开展“春风行动”等各类招聘会59场，联系本土和周边企业90家，建立健全“就业+创业”的特色保障体系。切实加强特困人员保障，将低保标准增长59%，特困供养标准增长64%，分散孤儿养育标准提高至每人每月1310元，无固定收入重度残疾人生活补贴标准提高至每人每月620元。

2022年，加强困难群体动态管理，适时调整申报低保对象，保证救助时效。全年累计发放低保、特困和临时救助金400余万元，发放特困群体防疫健康包1500余份。为残疾人发放“两项补贴”364.31万元，申请残疾人创业补贴5.4万元，为23名白内障患者办理复明手术，为56名贫困的精神障碍患者办理免费服药救助。是年，全镇1122位老人喜领尊老金75.6万元。实施耿车片区养老服务中心功能提升工程，让46名集中供养老人住的更加舒心，及时保障78名分散供养老人的生活物资。65名困境儿童领到生活补贴68.33万元，将131名儿童纳入“四色管理”范围。2022年10月起设立耿车镇社工站，常态化为40余名困境儿童开展“物质+服务”活动。公益组织定期开展活动，配合政府进一步织牢“幼有所育、老有所养、弱有所扶”的保障网。截至2023年底，全镇共有特困老人（五保户）108人，其中集中供养24人，分散供养84人。低保户155户，共277人享受低保待遇。困境、留守儿童共75人，困难残疾人共933人，全部落实了保障措施。全镇共有9966人缴纳城乡居民基本养老保险，29000余人缴纳城乡居民基本医疗保险。已有6600余人按月领取养老金。是年，城乡居民医保参保率99.98%，养老保险续保率74.66%。

耿车“村BA”

敬老院老人欣赏节目

耿车便民服务中心

绿水青山
就是金山银山

7 耿车蝶变

耿车的废旧物资回收加工业起源于20世纪70年代初，经历了40多年的发展过程，探索出了一条欠发达地区发展乡镇企业、振兴农村经济的路子，创造了蜚声全国的“耿车模式”。新时代以来，耿车镇在习近平生态文明思想指引下，毅然告别以牺牲环境为代价的传统发展方式，坚定践行“两山”理念，强力推动转型发展，建成了闻名全国的生态镇、电商镇，走出了一条生态觉醒之路、产业涅槃之路、人民幸福之路。耿车蝶变，充分彰显了“两山”理念的时代价值，其实践经验对于推进生态文明建设、以高品质生态环境支撑高质量发展，有着重要的启示借鉴意义。

禁塑之战

1973年4月，五星大队第三生产队开办了一个小型塑料工坊。此后，废旧塑料回收加工成为队办集体产业，在耿车境域内有所发展。党的十一届三中全会后，个体私营经济崛起，公社干部带领农民收购废旧物资销往苏南，并买来注塑机等设备对废旧塑料进行粗放型加工。这种低成本、见效快的致富项目逐渐被群众整体接受，发展为与建材、食品、竹木器具等并行的特色产业。20世纪90年代中期，耿车抓住国家扶持再生资源产业的政策机遇，实行工贸一体化，壮大了废塑产业链，使之成长为华东地区最大的再生资源回收加工集散地。2011年，全镇有1200多个废旧加工企业（户），其中6家规上企业，37家中小企业，近720户村民主要从事废旧塑料造粒。

党的十八大以来，以习近平同志为核心的党中央将生态文明建设纳入“五位一体”中国特色社会主义总体布局。2012年，宿迁市委领导在耿车镇开展“三解三促”驻点调研时，发现了废塑产业所带来的环境污染问题。帮助耿车规划建设了循环经济产业园和标准化厂房，提出要大力发展循环经济，推动耿车转型发展。该产业园对于解决废旧物资加工利用过程中造成的环境损害、资源损耗等，对应设计了诸多管控环节，运行中起到了一定效果。2015年，全镇废旧加工企业（大户）增至3471户，有2.5万人专门从事废塑收购、加工。高峰时期，加工户达8000多户，从业人员近10万人。另有3000多个外地客商在耿车吃“废旧饭”。是年废塑交易量达到150万吨，成交额30亿元。废塑产业对耿车镇生产总值、农民人均纯收入贡献率分别达到85%和80%以上。

产业规模的扩大，的确给地方经济的发展带来了较大的推动作用，但却无法解决生态环境治理的主要问题和根本问题。2015年，有关部门从三个方面对耿车废塑产业的危害进行了分析。一是从资源消耗看，清洗加工1吨废旧塑料约耗水3吨，一年耗水450万吨，相当于市区居民3个月的用水量；全镇因堆放废旧物资占用农用地2000亩，占农田面积的10%以上；二是从污染程度看，耿车沟渠河道地表水都是劣V类，浅层地下水也受到了污染；大同村姚万庄的监测点位，土壤中砷

废旧交易货场

废塑堆积

耿车小学生画的耿车天空

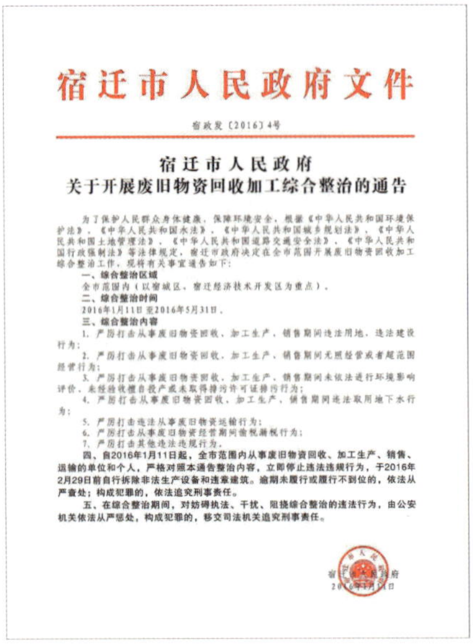

宿迁市人民政府文件

宿政发〔2016〕4号

宿迁市人民政府
关于开展废旧物资回收加工综合整治的通告

为了保护人民群众身体健康，保障环境安全，根据《中华人民共和国环境保护法》、《中华人民共和国水法》、《中华人民共和国城乡规划法》、《中华人民共和国土地管理法》、《中华人民共和国道路交通安全法》、《中华人民共和国行政强制法》等法律规定，宿迁市政府决定在全市范围开展废旧物资回收加工综合整治工作，现将有关事宜通告如下：

一、综合整治区域

全市范围内（以宿城区、宿迁经济技术开发区为重点）。

二、综合整治时间

2016年1月11日至2016年5月31日。

三、综合整治内容

1. 严厉打击从事废旧物资回收、加工生产、销售期间违法用地、违法建设行为；
2. 严厉打击从事废旧物资回收、加工生产、销售期间无照经营或者超范围经营行为；
3. 严厉打击从事废旧物资回收、加工生产、销售期间未依法进行环境影响评价、未经验收擅自投产或未取得排污许可证排污行为；
4. 严厉打击从事废旧物资回收、加工生产、销售期间违法取用地下水行为；
5. 严厉打击违法从事废旧物资运输行为；
6. 严厉打击从事废旧物资经营期间偷税漏税行为；
7. 严厉打击其他违法违规行为。

四、自2016年1月11日起，全市范围内从事废旧物资回收、加工生产、销售、运输的单位和个人，严格对照本通告整治内容，立即停止违法违规行为，于2016年2月29日前自行拆除非法生产设备和违章建筑。逾期未履行或履行不到位的，依法从严查处；构成犯罪的，依法追究刑事责任。

五、在综合整治期间，对妨碍执法、干扰、阻挠综合整治的违法行为，由公安机关依法从严惩处，构成犯罪的，移交司法机关追究刑事责任。

宿迁市人民政府
2016年1月11日

宿迁市人民政府关于开展废旧物资回收加工综合整治的通告

废旧物资综合整治动员大会

的含量严重超标；耿车镇区各监测点位的大气总悬浮物、PM10、PM2.5也都存在超标情况；三是从治污成本看，耿车及周边区域的水、气、土壤等污染治理费用将达10多亿元，是行业年利润的6倍多。

人民群众对废塑产业所带来的生活环境污染问题也很担忧。2015年，宿城区和经开区共接到环境污染信访举报918件，其中因废旧物资回收加工引起的信访量超过50%。

2015年12月，宿迁市委、市政府主要领导到耿车进村入户调研，就全国文明城市创建、生态环境治理等广泛征求群众意见。在尊重群众意愿的基础上，决定全面启动废旧物资回收加工综合整治。2016年1月12日，宿迁市废旧物资回收加工综合整治工作指挥部第一次全体会议召开，提出了“彻底禁、禁彻底”的总体要求。当日下午，宿城区召开会议贯彻落实，耿车镇党委书记徐光良在会上作表态发言。1月14日下午，宿城区在耿车镇召开废旧物资回收加工综合整治动员大会（又称“千人大会”），耿车镇及周边的蔡集、双庄等乡镇街道负责人参会。宿城区成立了耿车片区废旧物资回收加工综合整治指挥部，由区委、区政府主要领导分别任政委和总指挥。指挥部下设一办六组，办公室设在耿车镇。一场“彻底禁、禁彻底”的绿色发展、转型发展攻坚战就此打响。

市、区、镇、村各级党员干部带领群众投入了“禁塑之战”。市委书记魏国强、市长王天琦等先后6次率队到耿车镇调研，现场会办解决相关问题。市委要求12个市直部门在政策、资金、项目等方面给予塑料大户倾斜，其中6个部门与耿车镇6个村居结对挂钩，帮助解决综合整治和转型转岗中遇到的困难。

宿城区从12个部门选派24名机关干部成立挂钩指导组，派驻重点村居开展工作。另从区直相关部门、街道抽调300余人投入整治一线，协助开展工作。

清运废旧物资

耿车镇党委组织党员干部对“绿水青山就是金山银山”的“两山”理论和“以人民为中心”的执政理念进行深入学习，坚定了走绿色发展与可持续发展之路的决心。镇里成立了由党委、政府主要领导分别任政委和总指挥的废旧物资综合整治指挥部。下设一办六组和9个工作组，合理调配区、镇、村400余名工作人员，逐家逐户上门动员，同经营户算好经济账、健康账和生态账。共设置了16处大型户外高炮、广告牌，100余块绿化带插牌，500余条横幅墙字，500余平方墙体彩绘，出动30辆宣传车，散发《宿迁市人民政府关于开展废旧物资回收加工综合整治的通告》《致废旧物资回收加工经营户的一封信》3000余份，编辑推送了86期共130余篇《微聚耿车》公众号消息，群众浏览量超过10万次，取得了3471个经营户的理解和支持。

镇党委要求大户中的党员干部带头，破解工作阻力。98名从事废旧物资回收加工的党员和村组干部带头响应，普通群众积极配合，仅用66天完成初步清理工作。大众村党委副书记、副主任王加银，多方联系厂家，在五天内将家中1500余吨废旧塑料清理转运完毕。湖稍村大户王永进，在清理废旧物资前期，孩子突发意外，右臂被机器夹断，他一边照顾孩子，一边组织清运货物，终于在期限内兑现了承诺。

禁塑期间，全镇共整治95个村庄，涉沟渠15条50千米，汪塘120个共1170亩，清理违法用地995亩，复垦土地200亩。关停废旧物资交易货场59个，拆除地磅61个，拆除违章建筑21.7万平方米，清运废旧物资150余万吨，垃圾15万吨。在此期间，未发生一起相关的越级上访、集访事件，无一起行政诉讼和行政复议案件。

业态之变

废塑产业取缔后，面临着新生业态培育，原产业转型升级，失业人员再就业等一系列问题。2017年，耿车镇着眼全局，拟定了家具制造、塑料制品精深加工、电子商务、花木园艺、物流配送、特色农业等九大产业为转型方向，将打造“全国知名电商镇、绿色发展新耿车”作为奋斗目标，困扰经济民生的难题逐个破解。通过业态转型升级、空间布局优化、生态景观提升、绿色技术应用等手段，打造生态转型产业园区。形成了电商直播、绿色家居、塑料精深加工三个集聚区和配套服务功能区。2020年，增建5万平方米配套标准化厂房和现代物流综合服务中心，引进卡尔诺宠物用品、唯恒包装、红宴木业等亿元以上项目3个，完善耿车工业的高端产业链。

2021年，全镇培育科技创新型企业10家，引进港资企业汇伟包装、千合升精密仪器制造、九宫飞星宠物用品及佳阳塑业等，完成招商引资额26.6亿元。2023年，完成招商引资额13亿元。招引迁旅箱包、帝典家具、美森新材料等亿元项目6个，10亿元工业项目汇伟包装完成竣工验收，10亿元工业项目莱珂睿博完成开工验收，2024年签约迁寻箱包。江苏迁旅智能科技有限公司由香港凯尔士公司投建，总投资6亿元，总建筑面积2万平方米，生产的拉杆箱等产品主要出口欧美。莱柯睿博电子科技有限公司由上海客商投资12.5亿元建成。项目占地106亩，总建筑面积15万平方米。生产的智慧站亭、电子站牌等公共设施适用于各类城市建设。是年全镇12家规上工业企业实现总产值4.88亿元，增速23%。

建成占地2000亩的生态农业示范园核心区，与江苏省农科院植物研究所联建院士工作站、多肉研发组培基地、电商创业孵化室等，引进江莱、优之雅、育美森等农业企业，建设了多肉、草花、玫瑰种植和采摘、农旅观光5个片区。其中多肉展厅占2800平方米。建成“奇趣多肉缤纷园艺”博物馆、多肉花卉新品种交易展示中心、生态农业园科技综合服务中心，依托红卫田园乡村、刘圩水美乡村等载体，先后培育多肉植物2000余种逾亿株。示范园采取“支书+大户+农户”和“龙头企业+合作社+农户”的建设模式，以“门店+网络”相结合的销售方式，扩大了产品市场。

大富包装

卡尔诺宠物用品

唯恒包装

园区还以文化推介等活动，助力产业发展。2018年，先后举办“多肉文化节”暨农业招商推介会、“金鹰多肉节”等活动，半年内引进永恒菊花、丑地猫园艺、流星花园等项目10个，投资额2.6亿元。2023年引进的绣球大世界项目，总投资2.1亿元，位于示范园西侧，占地53公顷。其主产品为美国“无尽夏”，项目建设有科研中心、绣球种苗组培、彩色苗木生产等两大功能板块和四大生产板块，实行产业闭环管理。是年，园区先后创建“三品一标”（无公害农产品、绿色食品、有机农产品和农产品地理标志）农产品13个，注册农产品品牌15个。截至2023年，园区先后被评为国家级“星创天地”、全国农村创业园区（基地）、省级“巾帼现代农业科技示范基地”、省级“星创天地”、省级“主题创意农园”和宿迁市农业示范园区、三星级休闲农业和乡村旅游园区等荣誉称号。

创成全国“淘宝镇”。2016年起，全镇加大力度发展电商产业，投入3000万元完善电子商务产业园建设，建成一栋4层3000平方米的综合服务大楼，涵盖网络创业孵化、产品线下销售体验、播客沙龙、人才培训等功能室，吸引两百多个转型户入驻，形成了以简易家具、塑料深加工产品销售为主，其他产品为辅的电商模式。2018年所属村居全部进入“淘宝村”行列，并被评为江苏省众创集聚区、江苏省农村电子商务示范乡镇。2020年12月，全镇汇集电商网店2759家、注册网络公司186家，网络销售额60亿元。2021-2022年度，耿车镇被评为江苏省电子商务示范基地。2023年，被授予第三批江苏省县域电商产业集聚区。

逸飞潮玩玩具有限公司文化展示厅

家居电商　2016年，全镇有家居网店2173个，实体家具企业685家。2018年5月，丰翔家具、竹林风家具开办跨境电商业务。连续举办两届家具创意设计大赛暨家具产业发展论坛，将47件获奖作品转化为产品，全镇新增家具商标133个、专利428个。至2023年，园区家具产品涵盖桌椅、床铺、书柜、衣柜、鞋柜、橱柜、电脑桌、货架、定制家具等9大类160余品种。

2024年，招引逸飞潮玩玩具有限公司落地宿迁耿车电商物流园，该公司是一家以从事文教、工美、体育和娱乐用品制造和销售，特邀糖宝、丸子、文明、涵倩等优秀创作者合作，引进潮玩手作与传统非遗传承人，签约多名国内资深AI设计师、手绘师，拥有缠花、编织、珐琅彩掐丝、衍纸、绒花、麦秆画、蜡染、大漆、陶瓷、琉璃等十余项非遗手艺。公司拥有专业主播13人，在播直播间10个，客服及创作团队40余人，全国各地专业手作人超300人，线上线下粉丝数量30万

电商精心包装家具产品

耿车家具电商展销

家具生产车间

迁旅箱包

耿车迎绿而生

遇见耿车遇见美

人，年线上销售额超3000万元，成为抖音同赛道头号品牌。

氿州集团是一家集合供应链和网红资源的直播运营基地，2024年建设“耿车氿州直播电商园区”，公司旗下有网红商学院、供应链中心、联营网红基地、品牌代播、网红大会等板块，是全国首家直播生态产业综合服务商。打造宿迁新经济商业孵化器，服务电商企业、网络销售公司、生产型企业、商贸流通型企业以及电商创业者等群体，开展培训、培育直播账号500个以上，实现网络交易额亿元以上。

多肉电商　多肉、花卉等绿植产品是耿车镇新生农业电商产品，依托淘宝直播平台、抖音、快手、短视频等形式，在宿迁市主城区各商业综合体“亮相”，形成了“直播基地+代理发货+农户合作”的经营模式。土地亩均收益由原来的不足1000元增加到2023年的5万多元。江苏育美森生物科技有限公司总经理李平，2019年通过直播平台实现销售额1000多万元，2020年销售额4000万元。她在园艺生产区设立“妇女微家”三八红旗手工作室，不定期开展电子商务理论和多肉种植创业技能培训以及直播带货技巧、女性创业就业等方面的交流培训活动，先后带动130多名农民实现再就业。

电商物流园　耿车电商物流园创于2015年，开辟了贯通全国20余个省份的运输网络，日货物运输量500余吨。上海成谋电商把耿车镇纳入全国2000多个县（市、区）代理网点发展规划，构筑线上线下相结合的O2O购物模式，吸引60多家商户加盟。2016年，进一步加大招引力度，先后入驻物流品牌企业45个。沿着徐淮路大众村段一字排开，日最高发送快递数量10余万件。其中圆通、中通、顺丰等物流大户均落户耿车。2020年11月，百世物流、顺丰快递、中运物流等11家物流龙头企业，在园区内开辟国内“当日达”路线24条，开设品牌物流企业网点47家。当月实现网络销售额60亿元。2022年，物流园占地面积扩至150公顷。2023年引进兰博物流园项目，总投资12.5亿元，占地260亩，总建筑面积18万平方米。设立仓储分拣中转、电商云仓中心、客户总部服务等六大功能区，带动了物流产业升级。

为解决原废塑从业人员的再就业问题，镇与市内工业园区、农业园区、物业公司等紧密对接，加强企业用工需求排查，每日发布用工信

耿车电商快递物流园

2021中国耿车第四届多肉文化节

小朋友体验多肉种植

电商利用直播平台推销产品

息，每周更新就业动态，并举办专场招聘会、转岗人员技术培训班，累计提供就业岗位3万多个，达成用工意向1.5万个。对50岁以上、文化程度不高的转岗人员，梳理提供了300多个环卫保洁、保安、家政等岗位。经多头努力，转岗人员再就业（安置）率达到100%。对转岗致贫户、无劳动能力户建档立卡，有效落实社会保障措施。带动周边农户发展花木种植面积66公顷，创办板材、家具等下游产业加工企业137个，从业人员6000余人。

2023年，居民对绿色转型满意率突破95%，以"个人"为主体推动转型升级的意愿占比超过85%。以绿色家居产业园、直播电商创业园、快递物流产业园、生态农业示范园注册创业主体达6000多个，平均每4人中就有1个创业主体。

附：园区规上企业选介

江苏卡尔诺宠物玩具有限公司　塑料精深加工创新型企业，为台州客商任杰于2018年6月投建。项目总投资2亿元，拥有2万平方米标准化厂房，90余台套生产及辅助设备及600余套模具。主要从事宠物用品、宠物玩具的研发、设计、生产及销售。有专利产品10余种，多次参加在德国、美国等国家举办的宠物用品展示会。年销售收入2亿元以上，提供就业岗位100余个。

江苏唯恒包装有限公司　由苏州唯动包装公司投资1.5亿元建设。主要从事食品级塑料包装的生产及销售，是苏北地区海天调味品、蒙牛乳业等企业产品包装的主要供应商。该项目厂房占地1.2万平方米，有全自动流水线30余套，日产量达到10万余件。年销售收入达1亿元，缴纳税收约400万元。企业用工150余人，其中专业技术人员10人。

江苏中展机械设备有限公司　客商董俊龙于2020年5月创立，项目总投资5亿元。主要从事机械电气设备配件的研发及生产，服务于海信、格力、苹果等国内外知名企业，年供应金属通用零部件80万件以上。有标准化厂房4.2万平方米，立式钻攻中心机、镭雕机、检测仪器等生产设备720余台套。年产值亿元，税收1000余万元，提供就业岗位400余个。

宿迁龙马包装科技有限公司　2020年3月引进，注册资金5000万元。是一家集设计、生产、销售于一体的纸制品企业，有高速水墨印刷设备8台/套、全自动粘钉箱一体生产线2条、全自动糊盒生产线2条，以及全自动模切机、覆膜机等各类纸箱制造设备80余台/套。与省内外众多知名企业建立产品包装配套业务关系。

江苏红宴木业有限公司　南通客商董红锦于2018年3月投资建设，是苏州金螳螂建筑装饰公司战略合作伙伴。项目注册资金5000万元，总投资逾2亿元。主要从事高档木质装饰用品的设计、生产及销售。有标准化厂房2.8万平方米，3个生产区，含5条生产线，有80余台套生产及辅助设备，并高标配置了中央除尘系统和废气收集处理设备。年销售收入2亿元以上，提供就业岗位100余个。

宿迁市金嘉利塑料科技发展有限公

耿车迁旅箱包　　唯恒包装　　汇胜新材料

司　本地企业家李聿军于2010年1月投资兴办。先后引进PVC洁具板和冰箱层架装饰条生产线。注重科技研发，与大连工业大学合作，先后完成科技成果转化项目4项，形成11项实用新型专利，申请商标注册1项，并通过了ISO9001质量体系认证和ISO14001环境体系认证。年销售额4600万元，提供就业岗位100余个。

江苏汇胜新材料科技有限公司　本土企业家苗春于2023年8月投资2亿元兴办，青岛大学技术参与。主要从事高性能塑料制品、可降解塑料制品研发、生产。有注塑机、印花机等生产设备60台套，模具300余副。可实现年销售额超亿元，其中外贸交易额（跨境电商）300万美元，上交税金400万元，提供就业岗位100余个。

苏北钢材交易中心　为列市重点项目。整体规划用地210亩，一期占地104亩已建成投用，总建筑面积4.88万平方米。建成产品展示、批发交易、原料加工、商品仓储、货运物流五大中心。签约入驻企业43家，其中钢材27家、石材16家。主要经营螺纹钢、工字钢等10余种型材和大理石、花岗岩、千层岩等40余种常见石材。

江苏莱柯睿博电子科技有限公司　上海正先电子科技有限公司投资建设，占地106亩，总建筑面积15万平方米。专精于电子产品研发，建成研发实验室，柔性加工车间，电子、电器组装车间、测试车间和产品展厅五大区域。主要产品包括智慧站亭、电子站牌、智能控制主板等公共设施。年可创产值6亿元，税收2000万元。

江苏迁旅智能科技有限公司　香港凯尔士实业有限公司投资6亿元人民币建设，总建筑面积2万平方米。与新秀丽、瑞士军刀等世界品牌合作，主要生产新材料时尚拉杆箱。产品主要出口欧美，年开票销售逾亿元。

大众村物流一条街

汇胜新材料

农业示范园入驻企业名录

表 16

企业名称	主营项目	面积/亩	法　人
宿迁市博雅农业科技发展有限公司	花卉种植、销售	210	刘静艳
江苏育美森生物科技有限公司	有机肥生产销售、花卉销售	220	苗昌云
宿迁江莱生态农业发展有限公司	花卉种植销售	120	石　磊
宿迁市优之雅农业科技发展有限公司	农业技术开发、咨询	110	张　引
江苏南果梦园农业科技有限公司	食品经营、住宿服务	130	李　玉
中月玫瑰农业科技（宿迁）有限公司	月季销售及园林景观设计	180	杨　海
江苏中苏园林有限公司	花卉、苗木、盆景种植销售	130	王　杨
宿迁丑地猫花卉有限公司	花卉批发零售	35	赵菲菲
宿迁市苏缘园艺有限公司	花木种植，批发、租赁	230	蔡则红
宿迁市奇趣农业生态科技发展有限公司	蔬菜、食用菌、园艺作物销售	65	马　杨
宿迁市威德草花种植有限公司	花卉、苗木种植销售，园林绿化工程	62	王德阳
宿迁市铭林园林绿化工程有限公司	花卉苗木销售、租赁	85	林耀柱
宿迁市采馨园艺有限公司	园艺作物、花卉种植销售，景观工程	25	刘春莉
宿迁市逸然园艺有限公司	花卉、苗木销售，草坪种植销售	63	张　亮
宿迁耿龙农业科技有限公司	农业技术开发，花卉、苗木种植销售	129	宋之丰
宿迁市锦绣园艺有限公司	花卉、苗木、盆景培植销售	140	
宿城区木苏花卉种植家庭农场	花卉、盆景种植销售	56	董陆军
宿迁市园木艺花卉有限公司	花卉树木、草坪种植销售，园林绿化	50	王　前
宿迁市陆曼花卉园艺有限公司	花卉种植销售	60	
宿城区陈晓东花卉经营部	花卉养护，盆景种植养护，销售	42	陈晓东
宿迁市雅林阁农业发展有限公司	种植技术开发、咨询、转让	120	邱　超
宿城区董锋花卉种植家庭农场	花卉、苗木种植销售	350	董　锋
宿迁市丰景园艺	花卉、苗木、盆景种植销售	110	
宿迁市楚秀园艺	绿化管养、市政工程	65	陈志仁

在整治废塑产业的同时，耿车镇采取得力措施治理环境卫生，修复生态系统。建立环境卫生长效管理机制，配备镇村保洁人员133人，完善垃圾收运体系，设立一级垃圾压缩式中转站1个，二级中转站12个，投放分类垃圾箱4000余个；建成污水处理站6个，建立污水治理体系巡查监管制度，确保污水管网正常安全使用。投入3000余万元用于生态环境修复，以“五小水体”排查整治为抓手，实行“一河一档”“一河一策”的河湖分级监管维护和多级齐管的长效监管机制。实施东沙河、小白河、九支沟、新开河等4条河道清淤疏浚，开展河塘沟渠底泥治理修复常态化维护，完成河道岸坡护砌5千米，生态

耿车文体中心

水美刘圩

耿车白鹿湖公园　　李之林火龙果　　耿车：垃圾小镇的凤凰涅槃　　耿车模式变形记

补水30万立方米。清理村庄汪塘20个，完成土方5万立方米。硬化基础设施，铺设村组道路35千米，2016年，在镇区建成高标准多功能公厕4座，完成改厕9200余户，改厕率100%。全镇在村庄、道旁、河边栽植各类绿化苗木41.6万株。实现了道路、集镇、村庄、庭院“四清洁”。

以绿化、美化、景观化为目标，建设生态宜居新家园。2017年，镇区先后建成文体公园和白鹿湖生态公园。其中文体公园占地863平方米，总投资500万元，是居民健身休闲和文化娱乐场所。白鹿湖公园占地面积20公顷，岸边铺植草坪2.6万平方米，栽植绿化苗木2500多株，实现了生态景观、滨水游乐、文化惠民等多元化功能。各村居、社区服务中心均建有小广场、小花园，出入口建有生态停车场。2018年，在全市生态经济示范镇考核中，耿车镇位列第三名。

各社区依托村庄自然环境，有序推进农村人居环境整治和美丽乡村建设。刘圩村位于镇区西南，有着悠久的历史人文，美丽的乡村风情，特别是两口名为“天圆”“地方”的古井，60多株树龄较长的乡土树种及多处老旧建筑，形成了独特的人文风貌。2017年，该村围绕“水清圩美”，建设了占地面积280亩，总建筑面积3.8万平方米的生态宜居村庄。其中农房改建210户、翻建70户、插建30户，总投资2500万元。2019年，刘圩村创成省级美丽宜居示范村。2020年6月，被列入全国乡村旅游重点村江苏培育单位名录。

红卫村沿九支渠和红卫中沟构建生态廊道，沿线增植苗木、花圃，恢复耕地100余亩。硬化村庄道路3400米，铺设雨污水管网4000米，修缮、改造房屋100余间。农户门前均留有菜园子，种植了黄瓜、西红柿、向日葵等具有观赏性的菜蔬。大众村利用村庄地形特点，实施道路硬化、村庄绿化、庭院美化工程。村党群服务中心、村民活动广场、卫生室、幼儿园、图书室、健身广场、生活超市、人才公寓等基础设施均完成提升改造。史庄在“美丽乡村”建设中植入生态、绿色、乡愁、田园、民俗等文化元素，先后完成老式房屋改造及院墙整修89户，铺设雨污管网3200米，改扩建村庄及景观道路8.4千米，栽植绿化树木3000余株，绘制文化艺术墙面1000平方米，利用原有圩塘建设水景公园一座。2019年，该村创成省级美丽宜居示范村。2020年被评为国家森林乡村，耿车镇获评全市乡村振兴先进集体。2021年后，域内空气优良天数保持年均10%以上的增长，PM2.5浓度整体下降30.4%，劣Ⅴ类水体彻底消除，土壤稳达优质标准，水美刘圩、田

千万工程塑造和美乡村　中国这十年江苏新闻发布　“垃圾王国”变形记　一年销售9个亿　耿车美食大席菜

园红卫、文明大众被誉为居民区的“三朵金花”。城乡人居环境均达省级整洁标准，群众的满意度、幸福感显著提升。2023年，苏州路、兴盛街、小吃街等街区主要道路全部改造完成，新建文体之光、小镇客厅、大众口袋3个便民休闲广场，困扰群众多年的沿街巷道硬化、亮化等问题得以化解。常态化开展环境卫生整治提升，累计发动人员1.46万人，使用车辆设备4300余辆，清理垃圾堆放、废臭汪塘800余处，清运垃圾1.68万吨。大众村、刘圩村创成省级美丽宜居示范村，耿车镇创成省级生态宜居美丽示范镇，城乡面貌、颜值进一步提升。2023年4月，耿车被评为全省生态宜居美丽示范乡镇。

2024年，耿车镇深入学习运用“千万工程”经验，以“两山”理念融合“千万工程”为核心，制定实施推动耿车蝶变升级的“1253”行动，做好路网全线贯通、水体全域达标、环境全面改善、产业全镇联动“四全”同步推进，全域推进和美乡村建设，全力打造“田园红卫”“水美刘圩”“宜居白鹿”“富美大众”4个和美乡村品牌，建设宜居宜业和美乡村“耿车样板”，得到全市乡村振兴工作现场推进会观摩好评。一是路网“全”线贯通。畅通“西湖西路—耿龙路—湖大路”13公里环形线路，串联南部5个村(社区)。二是环境“全”面提升。完成8.5公里九支沟生态修复，7公里徐宿淮盐高铁、高速沿线环境整治，拆除违建棚房、危房46处，疏浚沟渠河塘24个。三是成果“全”民共享。解决11处易涝问题，修复桥梁6座，新增老圩底乡村果园、九支渠生态缓冲区、“蝶变耿车”绿动空间等休闲健身空间5处。“富美大众”作为耿车全域和美乡村建设重点工程，主抓“提升环境生态”和“提高村民生活”，利用废地、边角地、荒地，宜树则树、宜花则花、见缝插绿，超8成的村民小组实现污水管网覆盖，60亩史庄河道达到三类地表水质标准。大众村注册企业、经营户953家，平均每4人中就有一个创业主体，涌现出夏和虎、邱雨等众多创业明星，超过8成群众在家门口就业，人均可支配收入4万元。坐拥大众创业园、电商物流园2大园区，入驻工业企业72家，覆盖板家具全链条，落户电商直播团队420家，年销售超千万元的团队15家，9个龙头物流企业开设营业点日最高发送量1.1万件，与5家公司签订村企联建协议，年租金收益、联建收益超过50万元，连续7年村集体收入超120万元。

“耿车蝶变”的经验做法和取得成果引起了各级党委政府和社会各界及新闻媒体、专家学者的广泛关注。2023年，“耿车蝶变”成为全省践行“两山”理念典型案例。

转型发展以来，耿车获得全国先进基层党组织、全国淘宝镇 、国家卫生乡镇、全国一村一品示范村镇、全国乡村治理示范镇、全国农村创业园区、江苏省人民满意的公务员集体、江苏省文明乡镇、江苏省首批农村电子商务示范乡镇、江苏省众创集聚区、江苏省卫生镇、江苏省生态乡镇、江苏省生态文明建设示范乡镇、江苏省绿色农产品示范基地、江苏省示范物流园区、江苏省生态宜居美丽示范镇、江苏省健康镇、江苏省创业示范基地、江苏省电子商务示范基地 、江苏省县域电商产业集聚区等省级以上荣誉50多项。大众村、刘圩村、红卫村等村也获得全国乡村旅游重点村、全国文明村、中国美丽休闲乡村、江苏省生态宜居示范村等多项荣誉表彰。

新华每日电讯
新华通讯社出版

从“废塑加工场”到“创业梦工厂”

江苏耿车：以“含绿量”提升发展“含金量”

“耿车味”：繁荣埋下“重疾”

“另起炉灶”：党员能人带头转型

（下转4版）

新华社报道耿车转型发展

2017年5月10日，省委、省政府在宿迁召开苏北发展座谈会。会议期间，在省委书记李强的带领下，与会同志

各大媒体采访耿车镇刘圩村

江苏省文联组织文艺工作者到耿车采风创作

耿车蝶变解剖调研　　新旧图画看耿车　　微电影《蜕变》　　李平 听见小康

对宿城区耿车村镇的生态环境综合整治、三台山国家级森林公园等5个经济社会发展亮点项目进行了实地参观考察。李强指出，宿迁要在苏北转型发展上走得快些、探索多些，先行先试，在发展生态经济上率先取得突破。认为“如今的新耿车，生态环境优，人居环境美”。鼓励耿车人民：“只要下定决心、找准方向，新路子是一定能够走出来的，而且肯定比老路好!”

2022年8月12日，中共江苏省委“中国这十年·江苏”主题新闻发布会在南京举行。省委书记吴政隆以“一城一镇一园区”（徐州、张家港东沙化工园和耿车镇）的生态嬗变为例，介绍十年来江苏生态环境实现的巨大变化。发布会指出，宿迁市耿车镇，曾经因发展废旧塑料加工业而闻名全国，一度“黑烟毒气满天飞，垃圾塑料遍地堆”，这些年以壮士断腕决心去污减塑、转型发展，从“垃圾围城”的困境中实现重生，脱胎换骨变成了全省闻名的生态镇、电商镇，是全省生态环境变化的生动缩影。

2023年6月8日，省委书记信长星来到耿车镇刘圩村，深入了解产业转型、人居环境改善带来的深刻变化，并与村民们拉家常、聊收入，探讨土地托管等农业生产新模式。村民们高兴地说，现在环境变美了、心情舒畅了、收入增多了，大家的生活越来越幸福。信长星十分欣慰，他说，耿车的精彩蝶变充分彰显了“两山”理念的实践伟力，要一以贯之、久久为功，建设宜居宜业和美乡村，让广大群众既富口袋也富生态，有更多获得感、幸福感、安全感。9月13日，在全省生态环境保护大会上，省委书记信长星指出，要深入学习贯彻习近平生态文明思想和习近平总书记对江苏工作重要讲话精神，全面贯彻全国生态环境保护大会精神，以美丽江苏建设全面推进人与自然和谐共生的现代化，为谱写“强富美高”新江苏现代化建设新篇章夯实生态根基、作出更大贡献。会上，信长星书记围绕经济转型、生态发展，共点了五个故事，其中之一便是“耿车蝶变”的故事。

2023年11月22日下午，按照学习实践主题教育工作安排和大兴调查研究部署要求，宿迁市委常委会到宿城区耿车镇开展典型案例解剖式调研，深入学习贯彻习近平生态文明思想，认真总结“耿车蝶变”经验做法，坚定不移推进生态文明建设，加快建设富有新内涵、展现新形态的美丽宿迁。市委

全国先进基层党组织

书记陈忠伟主持会议并讲话。市委副书记、市长刘浩，市人大常委会主任、党组书记王益，市政协主席、党组书记冯岩出席会议。省委第十一巡回督导组到会指导。市委常委、市政府有关副市长、市有关部门主要负责同志等参加活动。与会人员实地调研了宿城区耿车镇刘圩村、白鹿书院、江苏汇胜新材料科技有限公司等地。会上，陈忠伟领学了习近平生态文明思想摘述。与会人员观看了“耿车蝶变”相关视频，宿城区作案例复盘发言，相关部门作会议发言，部分市领导作交流发言。会议指出，将“耿车蝶变”作为典型案例，进行解剖式调研，就是要在调研中深刻感受习近平生态文明思想的真理力量和实践伟力，进一步增强用党的创新理论武装头脑。在调研中充分凝聚共识，牢固树立绿色发展理念。在调研中总结经验启示，进一步推广好、运用好“耿车蝶变”中的优秀做法，努力创造更多经得起实践和人民检验的业绩。在调研中汲取奋进力量，把生态文明建设摆在重要位置，让“环境美”成为宿迁的鲜明底色。

2024年2月1日，省长许昆林到宿迁开展“四下基层”。在耿车镇刘圩村，许昆林察看产业转型、村容村貌、人居环境整治等情况。他说，耿车蝶变是践行“两山”理念的生动典型，要学习运用“千万工程”经验，有力有效推进乡村全面振兴，加快展现农业农村现代化新图景。

耿车绿色转型、电商发展、乡村振兴等案例，得到了中国国际发展知识中心、中国社科院信息化研究中心、北京大学中国社会与发展研究中心、清华大学社会科学院、南京大学、河海大学、阿里研究院、阿里新乡村研究中心、江苏省委研究室等大学和研究机构的关注和研究，温铁军、蒋希蘅、汪向东、邱泽奇、周黎安、刘鹰、谭崇钧、盛振中、郭红东、曲江、魏延安、罗振东等专家学者到耿车考察，研究成果被《群众》《党的生活》《半月谈》《河海大学学报》《瞭望》《经济研究导刊》等理论期刊和报告推介。《耿车数字经济引领乡村振兴》论文入选外交部《中国落实2030年可持续发展议程进展报告(2019)》，2017年第15期《群众》刊发《弃老路走新路——耿车转型启示录》，2018年《经济腾飞的苏北创业示范镇——来自宿迁市宿城区耿车镇的调研报告》入选《探路者的足迹 庆祝改革开放40周年“十县十镇十村十企”调研丛书》，2019年第7期《半月谈》刊发《党旗引领下的绿色转型之路——中共耿车镇委员会引领绿色发展纪实》《宿城耿车镇大众村的转型之路——从“破烂村”到“淘宝村”》入选《中国淘宝村优秀案例精选》，《淘宝镇是如何炼成的》作为主题培训课程在新疆等地宣讲。2023年7月，省委研究室结合在学习贯彻习近平新时代中国特色社会主义思想主题教育中开展典型案例解剖式调研的部署要求，成立专门调研组，深入耿车镇进行为期5天的蹲点调研。省委研究室第26期《调查与研究》刊载调研报告《好一个“新耿车”——从耿车蝶变看“两山”理念》，同时发布在《江苏政研》微信公众号。11月2日至3日，新华社江苏分社副总编辑凌军辉一行到耿车镇开展减塑治污、转型发展主题调研采访，调研稿件被新华社内刊采用，受到省委主要领导批示。2024年5月，新华社《瞭望》新闻周刊第19期报道记者蹲点调研宣传稿件《耿车变身记》。

耿车的蝶变发展成为新闻媒体、文艺工

央视《记住乡愁》栏目组到耿车采访

微电影《出路》

江苏宿城：水墨乡村入画来

瞭望|耿车变身记

新华日报报道“耿车蝶变”

央视 耿车转型宜居富民

刘圩村“新模样”

作者新的聚焦点、关注点，新华社、中央电视台、《人民日报》、《农民日报》、新华每日电讯、《新华日报》、江苏新时空等媒体多次到耿车镇驻点调研，据不完全统计，市级以上各类报道宣传耿车500篇次以上。2019年，耿车镇入选中宣部“壮丽70年奋斗新时代”大型新闻行动采访点，《人民日报》、新华社、中央电视台等主流媒体深入耿车调研采访。中央电视台《经济半小时》以《耿车："垃圾王国"变形记》专题报道耿车镇电商促进转型发展之路，《人民日报》以《“耿车模式”有了升级版》《宿迁耿车“塑料村”变

耿车镇与区创业办联办两届家具创意设计大赛

报告文学《又见青绿——“耿车模式”蝶变记》

《新华日报》报道“淘宝村”的创业故事

身记》等为题聚焦耿车30篇次。

耿车镇的电商创业故事作为文艺创作的素材也陆续走上荧幕。2015年至2019年，著名导演焦波带队到耿车，利用近四年的时间拍摄纪录片《大众村的故事》在江苏卫视播放。2016年区委组织部拍摄党建微电影《蜕变》微电影，荣获江苏省第十三届党员教育电视片观摩评比一等奖（全市唯一）和宿迁市第七届党员教育电视片观摩评比一等奖。2020年由国家广电总局和江苏省广播电视总台牵头打造，林永健、黄小蕾等主演大型时代报告剧《石头开花》在全国大卫视播放，第四集《信任》以耿车镇转型发展为创作原型，在耿车拍摄。2021年，宿城区攻坚办和耿车镇联合拍摄反映耿车转型发展的微电影《出路》。苏北大鼓《再看耿车》荣获全国文艺展演优秀曲目。2023年9月，省文联主席章剑华一行到耿车镇调研，认为耿车镇从“耿车模式”发展为“耿车模样”、从“老车道”驶上了“新车道”，实现了“耿车蝶变”。2024年，作家孟昱、宋显磊、倪李共同创作的长篇报告文学《又见青绿—耿车蝶变记》入选江苏省重点创作项目《十万里山河壮阔——中国式现代化江苏新实践新图景》报告文学系列丛书和江苏省第十一批“重大题材文学作品创作工程”项目，江苏人民出版社出版。

8 以文化人

自明清时起，耿车的民间文化活动就颇为兴盛，主要有春节期间的游神赛会、香会等，玩会项目有舞龙、舞狮、高跷、花船、莲香、落子舞等。五星村、大同村一带的舞狮、踩高跷在十里八乡都很有名。清代后期，境域内兴起了淮红戏、柳琴戏、大鼓书等，一直流传至今。中华人民共和国成立后，党和政府加强了文化基础设施建设、文化人才培养和文化活动引导，境域内文艺作品创作丰富，文化事业欣欣向荣。进入21世纪，人民群众的文化获得感、文化幸福感进一步提升。

文化建设

戏曲演唱在耿车有数百年传统。1958年，耿车公社成立业余淮红剧团，除了演出传统曲目，还自编自导自演了诸多应时戏曲，经常到其他县乡演出，有的节目在地区会演中获奖。苏北大鼓代表性传承人胡博，1979年拜师学艺，1982年参加了宿迁县曲艺队。几十年间，先后创作曲艺作品百余篇，演出近千场。其主演的《红色坠胡》入选“中华颂”第十二届全国小戏、小品、曲艺大展。

1929年，宿迁县政府在耿车集设立民众阅报处。1956年，耿车乡建有收音站。次年，各村安装了广播喇叭。1958年，耿车公社建起广播站、文化站，全社75%的生产队接通了广播。次年，耿车在全县首批建成了

白鹿书院

1995年开通有线电视

老文化站电影院位置

标准化程度较高的人民会堂，可容纳千人，其座位为铁架翻板椅。1969年，公社建广播放大站，半年内实现了队队通广播，1975年，县、社广播讯号实现专线化。1976年，公社成立电影放映队。1983年，耿车乡新建了农民文化中心和农民文化宫，设立了游艺、桌球、棋类等各种文化娱乐设施，图书馆藏书数千册，定时向群众开放。1989年，镇广播放大站改建为广播电视站。是年2月21日，新刘村建起宿迁市（县级）第一个村级影剧院，当晚举行试映，在市内产生了轰动。次年，耿车建成文化中心，主要设施有标准化影剧院和农民文化宫。1992年，耿车镇被省文化厅表彰为群众文化先进乡镇。1995年，境域内自建有线电视前端，讯号覆盖全镇所有村居及附近村庄。1996年，文化站和广播站分设，设立有线电视站，后更名为耿车广播电视站，每周二播放自办节目《耿车新闻》。2001年，镇文化中心与广播、电视站合并，更名为文化广播电视服务中心（简称文广中心）。2002年，实施设立调频广播接收点50多个，广播喇叭112个。2003年，安装有线电视100多户。2006年，有线电视主线缆全部

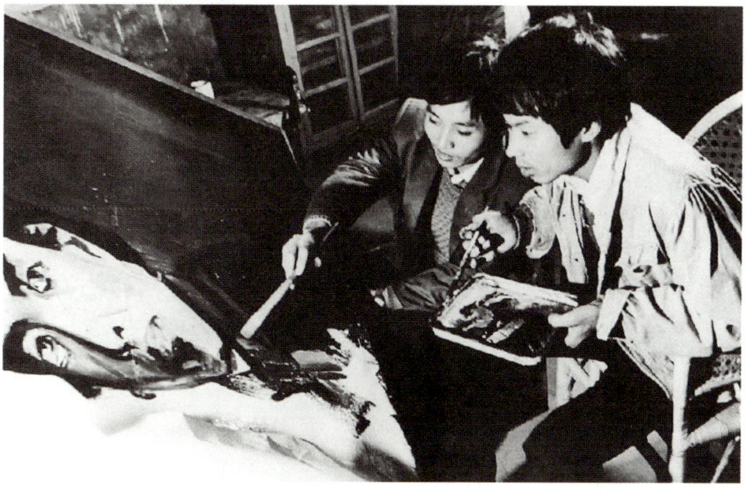

1986年江苏宿迁耿车青年农民黄友爱画画　新华社记者杨飞摄

到村入户。镇文广中心完成达标建设工程。2009年7月，建成建筑面积2650平方米的镇文化艺术中心。

进入有中国特色的社会主义新时代，耿车镇以满足人民群众不断增长的文化需求为目标，逐年加大文化投入，加强阵地建设，先后建设耿车文体公园（文体馆）、白鹿书院、印象耿车展馆、大众村和刘圩村乡情馆。2012年，组建两支民间艺术家队伍，先后举办送戏进村组文艺演出15场次。全镇9个村（居）农家书屋更新图书万余册，大众、刘圩等5个村（居）配置了数字化图书馆。2021年，围绕“书香宿城”“全民阅读”“琴鼓村村行”组织开展活动210余场。2022年开展“全民阅读”活动102场，累计借阅、赠阅各类书籍1万余册，组织开展“送戏下乡”等文娱活动136场。各村居以农家书屋为载体，致力于打造群众随时来、愿意来、经常来的文化空间。刘圩社区综合文化服务中心被评为“江苏省最美公共文化空间”。针对少数民族群众的精神文化需求，建成白鹿湖“红石榴家园”等多个文化活动基地。聚焦文化乐民、文化惠民、文化育民，2023年，开展理论宣讲16次，微宣讲140余场，覆盖人次1.5万人。开展琴鼓村村行等文化活动130场、演出20余场，开展全民阅读“七进”活动48场，“我的读书”征文比赛等活动10余场。2024年3月，深挖镇域历史文化内涵，《耿车镇志》初稿编撰完成。

耿车镇作家进校园——诗人大卫阅读写作讲座

耿车读书节活动

文艺作品

古代耿车流传一首名为《河西社》的五言律诗，大约作于明代。曰：睢泗相合流，波涛何浩渺；沙鸥水面飞，风急孤帆小；对峙□□庵，北筑连木堡；居民八九家，家家种桑枣（其中“□□”二字模糊不辨，或为庵名）。此诗介绍了耿车的地理位置、风物与民情，是古代耿车文艺作品中“孤独的存在”。可惜的是，诗人的名字不可考。延及当代，耿车籍作家有旅美华文作家刘秉霞、农民诗人巩光谱、散文作家王焕新等。此外，以耿车人物为原型创作的长篇小说、纪实文学、影视文学等数量较多。学术著作以刘秉果的体育论文为代表。影视艺术作品首推原籍耿车的刘尚娴主演的电影故事片《英雄儿女》。张守跃创作的书法作品在国内屡获大奖。在不同时期均有新闻通讯作品在国内外产生较大影响。

文学

刘秉霞（孟丝）系列作品。刘秉霞，笔名孟丝，世界华文作家，文笔细腻柔美。前期作品以小说为主，后期以散文、随笔、人物传记为主。1967年出版第一部小说集，至2020年，已出版专集七部，与他人合集十余部。主要作品有短篇小说集《生日宴》《白亭巷》《吴淞夜渡》《枫林坡的日子》《情与缘》，散文随笔集《名胜古迹——背后故事》《孟丝作品选》，名人传记《永恒之星——富兰克林》等。合集有《海外新生活》《纽约的冬天》《相约湖北》等。

以耿车为描写对象的作品。长篇小说《蛇医游侠传》，作者金振林，南通籍。描写蛇医季德胜的生平。长篇传记文学《从神秘到绝密——蛇医专家季德胜传奇》，作者祖丁远，笔名方未艾、燕丁等，南通启东人。书中介绍了季氏蛇药的家族传承、季德胜与蛇药打交道的传奇人生以及对国家、民族的贡献等。该书内容曾在《蛇志》杂志连载。2000年5月，中国文联出版社出版并再版。《一代蛇医》《蛇侠》《人民的好医生——李月华》等连环画册。其中《一代蛇医》于1985年1月由福建人民出版社出版。同时由福建美术出版社出版了中英文对照版。《蛇侠》于1985年由上海人民美术出版社出版，作者陈伯平。《人民的好医生——李月华》有多个版本。首版于1973年11月由贵州人民出版社出版，第二版于1975年7月由安徽人民出版社出版，第三版于1976年由浙江人民出版社出版。报告文学集《大众的记忆——追忆李军同志》，为本土作家集体创作，讲述了耿车镇原副镇长、大众村原党委书记李军带领群众创业致富的感人事迹，2019年12月江苏人民出版社出版。长篇报告文学《又见青绿——“耿车模式”蝶变记》，由作家孟昱、宋显磊和倪李创作，入选江苏省《十万里山河壮阔——中国式现代化江苏新实践新图景》报告文学系列丛书和江苏省作协第十一批“重大题材文学创作工程”项目，江苏人民出版社出版。

影视

以宿迁耿车人季德胜生平为表现内容的电影《蛇圣传奇》，20世纪80年代初摄制上映；电视连续剧《蛇侠》，1983年摄制，导演钱千里，上影厂著名演员马冠英主演。

原籍宿迁耿车的刘尚娴是中国电影家协会会员，在演员角色定位、细节表现等方面，得到了电影艺术家谢晋、武兆堤的悉心指导。所表现的艺术形象“大方、自然、纯真、亲切，感染力强，兼具时代化与个性化的特征”，曾获长影建厂35周年优秀影片创作者奖。除了成功扮演《英雄儿女》中的王芳，还在故事片《怒吼吧！黄河》《火种》《以祖国名义》《拳击手》等影片中饰演重要角色。担任导演的影视片有《风雨下钟山》《情留此山中》《中国刑警》等十余部。其中《风雨下钟山》获1983年文化部优秀影片奖。

报告文学剧《石头开花·信任》，以耿车镇转型发展为题材，全景式讲述宿城在脱贫攻坚、绿色发展等方面取得的成就。该剧由国家广电总局指导，江苏省广播电视总台荣誉出品。导演张多福，林永健、黄小蕾、许文广等领衔主演。2020年7月25日，在大众村开机拍摄。11月13日，在耿车中心小学举行开播发布活动暨“筑梦未来，石头开花——国家广电总局直播卫星‘空中课堂’捐赠仪式”。11月20日，在江苏卫视、浙江卫视、东方卫视等六家卫视平台播出，同时在

刘尚娴导演的电影海报及主演的电影剧照

《石头花开 信任》剧照

中央电视台《记住乡村》节目走进耿车镇刘圩村拍摄

石头花开 信任

电影《英雄儿女》

可爱经济敲开幸福门

爱奇艺、腾讯、优酷三家网络平台以及海外YouTube江苏卫视官方频道同步上线。

纪录片《刘圩村“可爱经济”敲开幸福门》，2021年11月，经农业农村部等部门推荐和中央电视台现场调研确定，央视中文国际频道纪录片《记住乡愁》编导王晓宇带领摄制组走进刘圩村，对该村风土人情、产业转型、文化古迹等进行采访拍摄。该片于2022年2月10日（农历正月初十）晚8时，在中央广播电视总台中文国际频道（CCTV-4）播出。

学术

刘秉果的体育文化研究在国内外具有较深远的影响。他结合体育教学，对各项体育运动的历史起源、主要特点、发展历程作详细介绍，充分展示中国体育文化在世界上的地位。其主要作品有《中国古代足球史料专集》《中国体育史》《蹴鞠——世界最古老的足球》《捶丸——中国古代的高尔夫球》《中国古代体育史话》等十余部。有的著作多次再版，仍畅销不衰。

《印象耿车》系耿车镇人民政府于2017年春启动编纂，2018年7月由江苏人民出版社出版。是一部较为全面地反映耿车镇人文风貌、历史掌故、风土民情的书籍。全书共21万字，主体分为史海钩沉、峥嵘岁月、乡愁记忆、乡贤璀璨、乡韵如诗五个部分。2021年获江苏省优秀社科书目奖，2023年10月被宿迁市政府评为优秀社科成果二等奖。

《书法微言》系全国书协会员、宿迁市书法家协会名誉主席张守跃编著的书法创作论文集，2015年3月由江苏人民出版社出版。

书法

耿车镇的书法艺术创作有着良好的传统，著名书法家有清代徐用锡，当代的张守跃、王焕民、蔡士诚、王焕新等。徐用锡文以朴淡真挚见长，其书法亦工丽隽秀，与同时代的何焯、李光地齐名，并列为“书坛三杰”。

张守跃的书法创作在全市起到了突出的领军作用。他在艺术上“取法直入汉唐书法之堂奥”，追求浑厚端庄、高古博大的艺术审美，形成了鲜明独特的思想风格。其作品给人一种温柔敦厚，飘逸俊朗，气定神闲的感觉。蔡士诚的书法创作深受傅抱石先生的影响，艺术上呈现深邃雅致、灵动飘逸的特点。

新闻

耿车镇新闻通讯工作有着良好的传承，革命战争年代，青年教师张实夫在白色恐怖下坚持采写稿件，先后在《拂晓报》（新四军四师机关报）发稿数十篇，揭露日本侵略者和国民党反动派的罪行，歌颂人民群众的抗日热情和不屈不挠的革命精神。乡土记者王逵泰，冒着危险采写了大量稿件宣传抗日救国。杨克玉、王焕民、王璞都做过革命宣传工作，其中王璞于新中国成立后任《铁道工人报》副总编，不但撰写了大量新闻与文学作品，还为国家培养了一批新闻后备人才。

中华人民共和国成立后，耿车地区的

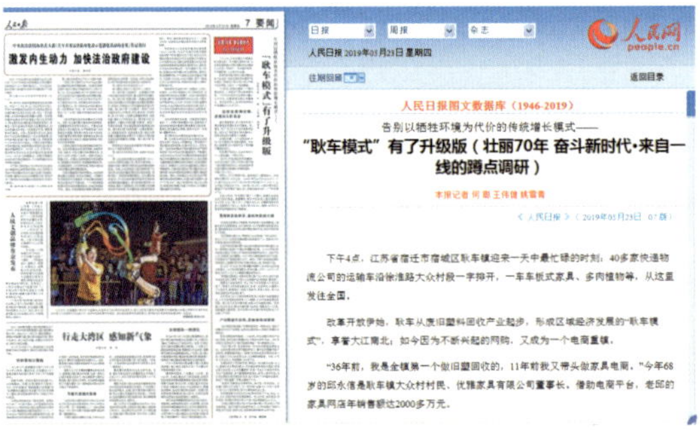

各类媒体报道耿车

中央电视台报道《耿车："垃圾小镇"的凤凰涅槃》

通讯报道工作由广播、文化条线的同志负责。1987年，耿车镇建立专职通讯报道员队伍。1999年，成立了新闻宣传办公室，建立了镇、村、组通讯（信息）员网络。21世纪以来，加强了新闻活动组织工作和业务骨干队伍建设，同国内十多家主流媒体建立信息联动关系。仅2012年以来，先后在市级以上主流媒体（报、刊、电台、电视台）发稿1000余篇，其中省级以上媒体用稿600多篇，新华社、《人民日报》、央广、央视等国家级媒体用稿200余篇。

以季德胜、李月华、李军等优秀典型为主题的人物报道，以"耿车模式""绿色转型"等重大事件为主题的经验报道在国内外产生了积极反响。其中，李月华的事迹先后在1972年8月《安徽日报》、安徽人民广播电台，1972年12月19日《人民日报》等媒体刊发播出，并在安徽、江苏、浙江等多家人民出版社出版发行，还被翻译成英文，出版到欧亚多个国家。

1986年，"耿车模式"经验报道先后多次在《人民日报》、中央人民广播电台、《农民日报》《解放日报》等国家级主要媒体刊发（播）。1988年10月16日，中央电视台新闻部以红卫村农民王成聿创业致富的事迹为素材，摄制了《现代家庭经济走向世界》系列专题新闻片。2015年后，耿车镇的绿色转型先后百余次在《人民日报》《经济日报》《中国青年报》《新华日报》等国家、省级主要媒体报道。2019年，中宣部组织开展"壮丽70年·奋斗新时代"蹲点调研采访活动。由《人民日报》、新华社、中央广播电视总台、《新华日报》等十多家主流媒体组成蹲点调研采访组深入耿车镇村、企业、居民家庭调研采访"转型发展之路"。耿车镇先后多次被省、市表彰为宣传思想工作先进单位。

戏曲艺术

耿车的曲艺文化，发端于明清时期。清乾隆年间，淮红戏、柳琴戏等流入耿车。

淮红戏　又称“旱船调”，一般以旱船、花车等为载体。在旱船表演间歇时，一生一旦上场，对歌对舞，剧情大多表现青年男女的爱情生活。在革命战争年代和新中国成立后，耿车人民为适应革命形势和党的政策宣传需要，也排演过新戏。每年春节期间，各村自行组织活动，除了在全镇巡演，还应邀到周边乡镇演出。1958年，为贯彻中央的“双百方针”，耿车公社成立业余淮红戏剧团，所属12个生产大队、各中小学校都成立了文艺宣传队。全社演员有200多人。演员中的活跃分子有曹立本、丁立功、蔡运红（女）、冯厚英（女）、刘振国、苗金侠（女）、周素侠（女）。他们演戏、生产两不误，有时在田间地头就能“来两段儿”。1960年，公社排演的《审椅子》参加全县淮红戏汇演，获得了一等奖。20世纪80年代中期推行“耿车模式”，全镇抽调演员排演了《四轮齐转夸耿车》，被县文化馆推荐参加淮阴地区的春节文艺汇演，再次获奖。

柳琴戏　与泗州戏同源，由流行民间的小演唱“拉魂腔”和“轴鼓子”相结合形成。1953年正式定名。因其在表演程式上没有过多条条框框，演员在舞台上也可即兴发挥，因此更容易普及。耿车人除了善演传统戏如《白蛇传》《珍珠塔》外，还演出现代戏，如《社长女儿》《向阳商店》等。

春节期间旱船演出

1958年9月，耿车公社在全县率先成立了业余柳琴剧团。首任团长姓蔡，王宜民主演，刘

落子舞表演

振国扮小生，所有演职员都是本地人，活动地点就在公社会堂。为便于管理，公社把演员集中在新华大队统一安排吃住。除了拨一点经费用于剧务活动，还允许剧团搞自收自支。剧团在会堂门口设售票窗口，每天卖两个钟头的戏票，五分、八分、一毛、一毛五一张都卖过，其他公社的戏迷也会过来看戏。开场时，会堂内外挤满了人。剧团还经常受邀到外地公演，甚至到地区、县里汇报演出。耿车人自创的现代戏《啥道理》，作为优秀剧目在省内巡演，1973年，演唱材料编辑而成的《啥道理——小戏曲艺选》由江苏人民出版社出版。

落子舞　俗称霸王鞭，由大人带着孩子一起演。民国时期，大众村有个会武术的张姓青年，在徐州学会了落子舞，后来传给了乡亲们。大众、湖稍村会耍落子舞的较多。

落子舞分文落子和武落子。歌的成分重一些，表演文雅、细腻的称为文落子（也叫小架落子），舞蹈的成分重一些，表演热烈、奔放、粗犷的称为武落子（也称大架落子）。耿车人一般耍的是武落子。过去日子穷，耿车人走江湖卖艺，山东、河南、安徽和本县的乡镇都去表演过，铜锣一敲，观众很快围成一圈。改革开放后，每逢年节，村里仍要组织孩娃们热热火火地耍一番。演员多为青少年，一般分为10—15岁、16—18岁两组，每个节目8—10人，另有5名候补替换。演出的节目多由舞蹈开场，和霸王锣鼓一样震撼。演员统一着战时服装，使用的道具是三尺长的竹杆，上用红绳系铜钱若干，代表将军骑着战马。演出时摆出阵形，翻转、腾挪、厮杀，颇有阵势。

苏北大鼓　由一人表演的“独角戏”，来源于周朝的“击鼓说书”，所以周庄王被奉为大鼓书艺人的祖师。耿车的大鼓书在苏北地区有一定代表性，明代就有人会唱。其传承方式以师承和家传（俗称父子腿）为主，采用口传心授的方法。道具主要就是一面大鼓、两块月牙板（铜或钢制）。表演者有说有唱，说唱并重。唱时左手摇板击节，右手击鼓。说白时放下鼓板，有时以醒木为辅助道

苏北大鼓传承人胡博为群众演出

具。大鼓书的唱词严谨，有十字句、七字句、五字句、三字句。十字和七字称“牌”，五字称“锦”，三字称“赞”。艺术特点体现在说白、喝、顿、缓、急等方面，讲的是上下句对称。唱腔有回龙调、慢赶牛、快流水等调式。艺人们既说唱流传下来的名段老段子，又结合新时期农村生活实际，自编曲目，完善唱法，不断丰富大鼓书的形式和内容。耿车苏北琴鼓演员主要有耿车居委会的沙兴曾、叶书超、叶书昌、叶俊义，新华居委会的张洪文，湖稍村的王修启、王修珠父子、王修成父女、王以状兄妹、唐典礼、蔡宜球，红卫村的唐志发、唐荣美（女），赵庄村的胡博（原名胡昌成），大众村的胡立安，大同村的陈建国和刘圩叶苌的王海堂。

胡博 苏北大鼓

耿车鲍昌盛唢呐

河蚌舞 蚌舞起源于清末，是宿迁耿车一带流传很广、趣味性很强的民间舞蹈表演形式。是根据蚌肚里出珍珠的美丽神话故事创作而成的。由逗蚌者、钓鱼人、船夫、鱼鹤和四至八只河蚌表演，还有众多表演海蚌的女子群舞。美丽少女穿红着绿扮珍珠姑娘，手舞两扇蚌壳，踩着锣鼓点，翩翩起舞，渔翁头戴斗笠，身披蓑衣，手拎渔网，身背鱼篓，当发现河蚌后，撒网捕捉，渔翁撒网捉住河蚌，河蚌拼命挣扎，想逃出网外，踩着锣鼓点下场，蚌舞黄衣红颜色调谐和，舞姿优美。后人对“蚌舞”加以发展和创新，把蟹、鳖、虾、蝴蝶等也搬上了舞台。代表性传承人有耿车居委会的赵普、祁玉柱等。

唢呐吹奏 20世纪60年代，耿车兴起一支唢呐吹奏班，班主是刘圩村的唢呐艺人鲍昌盛。这个班子擅长笙、管、笛、箫、大唢呐、小唢呐等多种乐器的演奏技巧，不但能演奏《百鸟朝凤》等传统音律、各种民间小调，还能吹奏流行歌曲，无不惟妙惟肖。徐、宿交界处，方圆几十里的人家遇到红白喜事都喜欢请他们吹奏演出。

班主鲍昌盛有个“特异功能”——用鼻子吹奏唢呐，而且能两支唢呐同时吹，被同行和乡邻们称为“唢呐大王”。鲍昌盛先后带出了20多个名气较大的徒弟。1989年，宿迁市（县级）文化、教育部门联合举办全市首届民间吹打比赛，刘圩村的吹奏班获得一等奖，鲍昌盛被评为“优秀演员”。2016年6月，宿豫区举办首届民间艺术大赛，鲍昌盛的唢呐队荣获大奖。

耿车河蚌舞表演

唢呐王鲍昌盛

手工技艺

耿车的传统手工技艺有十多种，其中最出名的有振兴木艺、大众篦子、和泰大糕、金凤虎鞋、史庄糖画等，为区级非遗。

振兴木艺　创始人蔡振兴，生于清晚期。其幼年喜绘画，所画之物形神兼备。后学得家传木工手艺，遂将画作描于家具原料之上，以雕、琢、镂、刻各种技艺，使画作在竹木器具上精彩呈现。无论花草、鸟兽、虫鱼，俱栩栩如生。所刻人物，一举一动，亦如真人一般。商贾富户起楼造屋，少不了请蔡师傅雕梁画栋；普通百姓送亲嫁女，也要请他打制嫁妆，他还因材作艺，给孩子们雕刻一些讨喜的小玩具，蔡振兴成为方圆百里声名远播的能工巧匠。

蔡振兴作业图

在蔡师傅的传带下，耿车的木工技艺有了整体提升。20世纪80年代起，耿车（尤其是大众、三义村）的工匠们学会了借助旋床加工木制品，制作的花鼓、花棒、罗汉、小狗、小猫等玩具，精致小巧，形象传神。每年的正月十五、端午节等节日，这些木制工艺品刚摆上地摊，就引来人们争相赏玩、购买。

大众篦子　大众村五组有四五十户人家，大多姓张。自清康熙年间以来，家家生产篦子，庄子被称为篦行。做工精细的篦子原先只用来梳头，后增加了艺术欣赏功能，成了宿迁地区的旅游纪念品，并销到了河南、

篦子

安徽、浙江、苏南等地。

篦子，中间有梁儿，两侧有密齿。原材料是竹子、牛骨。篦子的制作，先后要经过108道工序。其主要环节有三个。一是办齿子：即挑选上好的竹子，用篦刀启下青篦竹片，削去青皮，划成节，再用云刀抽成厚薄宽窄不同的齿子。用红、黄、绿等自然植物为染料，水煮染色，再用细线将齿子扎成坯子。在两端装上牛骨制好的档子，再“削堂子”“灌堂子”，最后用特制的牛胶沾上梁子。二是办梁子：取竹子根部，刮青后，锯成节，破成块，按梁子的样式削制。三是办档子：选韧性尤好的牛骨为原料，按篦子的标准长度锯成节，再锯成一厘米宽的小片，并细细打磨。

和泰大糕　创始人为清乾隆年间耿车集的蔡和泰。其幼时给宿城一家糕点铺当学徒，出师后回家自己创业。他将糯米大糕的制作工艺不断改进，使之在色、形、味诸方面更胜一筹，方圆数十里俱闻其名。

和泰大糕的制作流程：1.将白砂糖、猪油加入烧开的深井水进行熬炼，并不断搅拌，熬透后冷却一天；2.将糯米粉、青红丝、荞饼、桔饼、炒过的芝麻及芝麻油等配料，混合在一起搅透、拌匀；3.将混合料放进模具中压制成块，每块糕长7寸、厚1.5寸、宽2寸，再放入蒸锅蒸馏；4.将蒸馏后的糕取出，用熟面粉焐一天；5.清掉糕上的面粉，用快刀手工切片，每块糕切成均匀的120片，但都不能切透，留下薄薄的“底座”；6.将切后的大糕先用细白纸包一层，再用彩纸（酒红、粉红、绿色等）包装好。

和泰大糕白如雪、薄如纸、嗅之清香入肺，食之甘甜如饴，回味无穷。周边县市的人家，孝敬老人、疼爱孩子，都要买一些回家。亲友的小孩满月、结婚、盖房子上梁、乔迁、老人做大寿，但凡有喜事，都要到蔡家订做和泰大糕。少则6条，多则19条，用细细的绵纸绳子捆扎好，提在手里往亲友家走去，红红绿绿的甚是有排场。现在和泰大糕的传承人蔡敦林，已是第六代。

金凤虎鞋　老虎鞋是民间的吉祥物，婴幼儿穿了，据说可以辟邪。耿车制作老虎鞋的技艺在于金凤手里得到了发扬光大。从记事的时候起，于金凤就跟着母亲学做虎头鞋

于金凤虎头鞋

和泰大糕

于金凤在传授虎鞋制作技艺

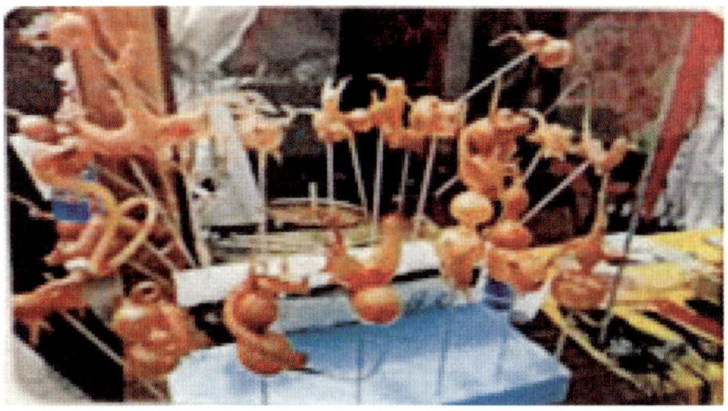

史芳玲制作的糖画

原家五香面

和虎头枕，12岁就能够上手了。1963年，她和丈夫下放到耿车。几十年来，无论生活中遇到多大变故，这份手艺始终没有丢弃，还带出了一拨又一拨手巧艺精的姑娘媳妇。

制作虎头鞋的工序有十多道。首先要剪好鞋样，制作鞋底，手工纳底；其次是制作鞋面，有丝缎、绸缎、棉布等面料；三是在鞋面上用丝绒绣出活灵活现的虎头图案；四是将鞋面和鞋帮的滚边缝合；五是在鞋面、鞋底绣花；六是鞋体的全面休整。于金凤制作的虎鞋，因手工精细，图案逼真，孩子穿着舒服，很受欢迎，被群众称为“金凤虎鞋”。

史庄糖画　大众村史庄的糖画很有名气，据说源自唐初大将史大奈。几百年来，史庄人祖祖辈辈都会制作糖画。糖画也叫糖人儿。顾名思义，就是用糖稀做成的物事或小人儿，像画一样美。糖画的制作分为平面与立体两种，原料主要是红、白糖和少许饴糖，工具乃一勺一铲。加工时，将这几种糖放在炉子上用温火熬制，熬到可以牵丝时即浇铸造型。糖画艺人用小汤勺舀起糖汁，在石板上飞快地“画画”。成型后，随即用小铲刀将糖画铲起，粘上竹签，便算是完工了。

史德生糖人

糖画的制作，是艺人经年累月练出来的。史芳玲的糖画技艺精湛纯熟，来自父辈传授。20世纪90年代，他将技艺传给了儿子史德生。小史的文化功底较好，更富于开创精神，他创作的题材不仅有花鸟虫鱼、飞禽走兽，还有古典名著、戏曲中的人物，无不惟妙惟肖，生趣盎然，形成了独特的艺术风格。

原家五香面　刘圩村原庄有4户人家擅做五香面（也叫五香粉），这种调味料方圆百里都很有名。老百姓说：“吃上一碗原家五香面调配的面条，嘴里能香上好几天。”这种说法虽有点夸张，却也说明了原家五香面的诱人之处。

据原家五香面技艺传承人原修勤老人透露，他们家五香面的制作原料远远不止5种，10种都不止。有八角、花椒、大茴香、小茴香、良姜、冰柳、丁香、桂皮、白芷等，品质都是上乘的。八角、花椒等原料需文火炒过再用，用什么锅炒，锅底下烧什么柴火，炒至几成熟，都有讲究。各味调料的配方也有严格比例，多一毫少一毫效果都不一样。把生熟调味料按一定比例配好，用小拐磨慢慢地磨成细粉，再用细箩筛一筛，调味料就做成了。装在特制的小棉布袋子里，小包装的有旱烟荷包那么大，有人来买，就按包卖。原家五香面用来包饺子、下面条、沤酱豆、烧鱼、炖肉都很适宜。

三义粉丝　三义村加工粉丝的历史，已有100多年。老宿迁及安徽泗县、徐州睢宁、邳州等地，都知道三义粉丝品质高、口感好，前来兑换粉丝的大小车辆每天都有，最多时一天卖出1万多斤。20世纪90年代，该村被淮阴市树为粉丝加工专业村，很多地方集体过来学习取经。

绿豆、红薯、玉米都可以加工粉丝。但三义村人最拿手的是绿豆粉丝。绿豆中的直链淀粉最多，煮时不易烂，口感最为滑腻，直径仅为0.5毫米左右，名之为“丝”恰如其分。加工的技术要领在于淀粉的制取。首先要选择淀粉含量较高的毛绿豆，经筛选、水洗后，将原料浸入水中1—2小时（具体时间视季节气温不同而异），使其吸水膨胀。之后磨成浆，加入酸浆水（上次发酵后过滤所得的酸液）使其发酵。24小时后，蛋白质溶解于水中，而淀粉沉淀析出。倒去上层酸浆水（留作下次发酵用），再滤取下层淀粉，晒至半干即可制作粉丝。

以前没有粉丝加工机，制作粉丝用的是漏粉斗勺。这种斗勺有许多细细的小孔，半流动的淀粉糊顺小孔成线状漏下，落入沸水锅中，立即煮熟漂浮于水面。师傅们用长竹筷取出粉丝，在冷水中浸泡片刻，再放入上层酸浆水中漂洗，脱去黄绿色，最后捞出挂在竹竿或绳上晾干即可。一般每百斤绿豆可制粉丝40斤左右。

吹糖人雕塑

粉丝晾晒

文明创建

精神文明创建是广大人民群众开展移风易俗，改造社会，提升精神素养的创造性运动，也是社会主义先进文化建设的有效形式。中华人民共和国成立后，耿车按上级党委政府要求，先后开展了“爱祖国、爱人民、爱劳动、爱科学、爱护公共财物”的“五爱”教育，在群众中推进“勤俭建国、勤俭办社、勤俭持家”教育运动。20世纪六七十年代，掀起“学雷锋、做好事”的群众运动。80年代，开展“五讲四美三热爱”以及创建“五好家庭”“五好妇女”“遵纪守法光荣户”等活动。1983年3月，开展了第一个“全民文明礼貌月”活动。90年代，特别是地级宿迁市成立后，精神文明建设标准细化。在文明城市创建方面，先后开展了治理脏、乱、差和卫生城市、双拥城市、国家级文明城市等创建活动。社会公德建设方面，开展争做“文明市民”“十星级文明户”，争创“文明窗口”，推进“三讲一树”等活动，推动了群众性精神文明建设。1992年11月，耿车废旧物资市场被评为全国文明集贸市场。2001年，全镇开展文明示范社区创建工作，为每个社区建立“六室一站”（党建室、青少年活动室、老年活动室、图书室、警务室、卫生计生室和家政服务站）。是年，耿车镇被江苏省文明委表彰为1999—2000年度创建文明乡镇先进单位。

党的十八大以来，镇党委引导干群深化社会主义核心价值观践行，抓实抓细文明创建、文明实践和文明培育，先后开展志愿活动500余次，营造更加浓厚的创建氛围。建设镇新时代文明实践所和8个村居的新时代文明实践站，开展全民阅读、“琴鼓村村行”、文艺演出进村居等文化惠民活动，大众村、刘圩村和白鹿湖村获评全市新时代文明实践示范站。投资建设文体公园、白鹿书院、耿车乡情馆、24小时图书馆等文化设施。在文体公园内设立了好人长廊和文明亭，图文并茂地展示域内道德模范事迹，每年还在

省文联送文艺到耿车镇新时代文明实践中心

全国文明村 与众不同

歌曲：耿车儿女最美

耿车村BA

此举办“中国好人”见面会、民俗文艺展演、文明表彰晚会等活动。白鹿湖公园集景观游乐、文化惠民等功能于一体，居民群众可在园内交流书画艺术、吟诗弹琴、议事研学。

开展农村人居环境综合整治以及“家家爱整洁”“五美庭院”创建等活动，评选“文明家庭”200多户。大众村获评“全国文明村”，大同村获评江苏文明村，其他各村均获宿迁市文明村称号。完成村居出入口环境改善，新增农民户外休闲场所7处，配套健身、娱乐等设施设备130余件，栽植经济林果、乡土树种1.5万株，村庄面貌全面提升。2022年，各村居基本实现以“家庭小美”带动“村庄大美”，大众村“家家爱整洁”星级家庭授星率达到95%以上。2023年，集中开展“五美庭院”宣传动员活动30余场，组织现场观摩19次，群众在亲力参与中感悟到文明创建的切身利益。2024年1月，对标浙江“千万工程”，开展“1253”环境提升工程，通过实施“九项治理”“六个改善”，实现“三大提升”和“两个转变”。

广泛开展“道德模范”树评与事迹宣教活动，引导良好的乡风民风。李军、刘信2人获得“中国好人”称号，并涌现“江苏好人”4人，“宿迁好人”2人、“最美宿城人”2人，评选“最美耿车人”50人。其中，李平于2023年被省委宣传部和省妇联表彰为“全省最美巾帼人物”。“宿迁好人”杨伟为湖南退役老兵免费赠床“只送不卖”的事迹受到中央级媒体关注。

耿车镇道德模范简介

李　军　先后被评为“江苏好人”“中国好人”、江苏省道德模范。事迹见第十章《人物长廊·人物传略》

张先荣　1941年生，耿车社区居民。“感动宿迁”2016年度提名人物、宿城最美人物。2007年11月1日，儿媳妇蔡玉侠遭遇车祸。经全力抢救，虽然活了下来，但却成了“植物人”。因肇事司机逃逸，高昂的医药费全由自己承担。张先荣花光了40万元积蓄和养老金，又借了亲戚的钱，并向银行贷款10万元，用于给儿媳妇治疗。儿媳妇出院后，张先荣不顾年迈，每天精心照料，为儿媳妇擦洗身体，做肢体按摩，陪儿媳妇“说话”。不曾有一丝懈怠，2016年夏天，病人终于恢复了脑意识。张先荣用伟大的母爱唤醒了儿媳妇。

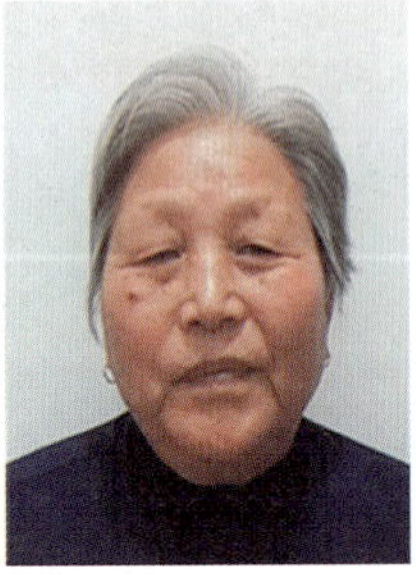

蔡　明　1967年6月生，五星村人。2015年5月21日，蔡明在镇区经营一家福利彩票站，当晚替一位客户垫款26元购买彩票。第二天，其中一张彩票中奖630万元。蔡明当即将彩票奖券送交顾客，并谢绝了报酬。2016年，蔡明获评江苏好人、“宿迁市和宿城区最美人物”。

姜保卫　1969年8月生，耿车社区人。

2013年起，姜保卫参加社会志愿服务活动。2014年10月，联合4位志愿者发起成立了宿城区星火志愿者协会。2016年10月，在宿豫大剧院组织开展“孝行天下 让爱回家”大型公益演唱会。2017年冬，带领志愿者团队到贵州开展“星火有爱 心系黔乡”爱心活动，联合地方协会组织为山区贫困家庭筹集十余吨御寒物资，并亲手把御寒物资及爱心款送到每户家庭。2019年，联合耿车派出所成立了星火义警队。先后获宿迁市优秀志愿者、宿城区五星志愿者、市优秀春运志愿者、抗疫优秀志愿者、第一届最美耿车人、第六届宿城好人等荣誉。

杨理兵　1970年2月生，白鹿湖社区党委副书记。1989年3月入伍，在部队先后荣立三等功2次，优秀士兵7次。2004年12月转业。工作敬业，热心服务群众。2022年6月8日早上，正在黄河公园晨练的杨理兵发现有老人落水，立即下河将老人救上岸，经确认老人没有大碍后方悄然离开。宿迁市见义勇为基金会为他颁发了表彰证书。其事迹被省、市多家新闻媒体报道，获评宿城好人荣誉称号。

王政敢　1970年12月生，中共党员，耿车镇民生事务局副局长。从2008年起坚持无偿献血，因累计献血54次、献血量达36700毫升，被授予“全国献血金奖”。他还带动妻子、儿子加入无偿献血队伍，用热血为生命接力。2014年被评为宿城区“最美人物”。2016年被评为宿城区“最美志愿者”，其家庭被评为宿迁市“最美公益家庭”。还先后获评首届“宿城最美退役军人”“优秀共产党员”“江苏省优秀志愿者”以及抗疫“最美乡贤”、江苏好人等。

张　坤　大众村人，1971年7月生。宿迁市众通物流有限公司总经理，宿城区乡贤协会副会长、耿车镇电商商会会长、乡贤参事会会长。2018年任大众村党委书记、村委会主任。自2002年创业起，坚持做助学、扶贫、敬老、助残等公益事业。为贫困儿童捐赠爱心午

宿城好人杨理兵

张坤：电商领头雁

最美人物李平

餐，为孤寡老人送温暖，助力贫困学子圆梦大学。在抗击疫情工作中，发动全镇乡贤、电商为社会捐款捐物计50余万元。带领转型户创立了快递物流公司，先后引进40余家快递物流企业入驻园区。工作中充分发挥党建引领作用，统筹开展生态环境综合整治，培育特色产业，厚植文明乡风，建设美丽村庄，推动大众村生态、生产、生活质量同步改善，成为宿城区乡村振兴“样板”。2022年任第六届宿城区人大代表，曾任第五届宿城区政协委员。先后获评宿城区“全民创业之星”“党员创业明星”“十佳网创公益之星”“优秀共产党员”“优秀政协委员”“五好家庭标兵户”“劳动模范”等荣誉称号。

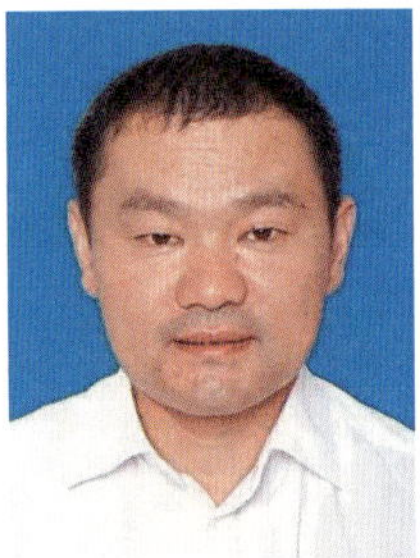

刘　信　1972年8月生，新华村人，祖籍安徽界首，宿迁市宇淇塑业公司董事长。刘信坚守“做人，诚信是本份；创业，诚信大如天”的人生信条。1991年，刘信在一次收购废品中发现一张面额5万元的存折，他费尽周折寻到失主还回存折，并谢绝了失主的答谢。2014年，因产成品价格骤降，他宁可受损百万也按原价收购原料，保证了众多个体经营户的利益。2017年，刘信当选“中国好人”、“江苏好人”、感动宿迁人物。连续当选宿城区政协第五届、第六届政协委员。企业被评为“重合同守信用企业”“诚信经营户”并被授予“突出贡献奖”。

刘信：信大如天诚立业

李　平　1980年2月出生，耿车镇人，江苏育美森生物科技有限公司总经理，宿迁市人大代表，耿车镇电商商会副会长，耿车镇乡贤参事会副会长。2017年从事花木种植经营，

2019年，通过直播平台进行销售，并将致富经验无偿传授给周边群众。在园艺生产区设立“妇女微家”三八红旗手工作室，不定期开展电子商务理论和多肉种植创业技能培训以及直播带货技巧等方面的交流活动，使130多名群众实现再就业。事迹多次被新华社、央视、新华日报、江苏卫视等媒体宣传报道，获评全国和江苏省巾帼建功标兵、江苏省乡土人才“三带”新秀、江苏省“百名巾帼新农民乡村振兴护航计划”人选、宿迁市三八红旗手等荣誉称号。2023年，被省委宣传部和省妇联表彰为全省最美巾帼人物。

杨　伟　1981年生，大众村人，宿迁琪川家居有限公司总经理。2021年11月，湖南怀化一位95岁的抗美援朝老兵定制两张实木床，杨伟却“只送不卖”。他的事迹被新华社、人民日报、央视新闻等中央媒体报道，短短几天就成为全网热搜的“网红电商”。创业活动中，他勇于转型，诚信经营，带动30多人就业。他曾远赴汶川捐款捐物救助灾民，还多次捐助本地患病儿童和孤寡老人。先后被评为“宿迁好人”“宿迁市首批红色电商创业先锋”“宿城好

好人杨伟：只送不卖

电商创业先锋 邱雨

人”等荣誉称号。

邱　雨　1985年生，中共党员，宿迁市易美佳家具厂总经理、宿迁博雅园艺有限公司总经理。2008年，邱雨放弃废旧塑料回收加工转型投身耿车镇首批家具电商，2017年，从事多肉种植和销售，先后带动客服、工人、网络直播等500多人就业和创业，有效助力乡村振兴，对耿车电商发展、绿色发展做出突出贡献。热衷公益事业，积极参与疫情防控、帮扶弱势群体，捐款捐物。获评宿迁市“创业之星”、宿城区劳动模范、宿城区优秀共产党员、宿城好人等多项荣誉称号，其事迹被《人民日报》《新华社》等多家主流媒体报道。

王亚明　1989年1月生，中共党员，耿车镇大同村党总支部书记。实干赢得群众好评。带领群众兴建文化活动广场3000平方米，铺设硬化村庄道路10公里，安装主干道路灯点亮群众出行，整治村内人居环境，关爱留守儿童、捐资助学新录取大学生、帮扶孤寡老人弱势群体，用奉献小我成就村民们的幸福生活。2016年，王亚明在大同村实施“电商+实体”发展模式，活跃网店200多个，带动村民家门口就业500余人。在他的带领下，大同村连续三年被评为“宿城区集体经济发展先进村居”，多次荣获“中国淘宝村”“省级创业型社区”“全市全民创业先进村居”等荣誉。荣获宿城区创业创新工作先进个人、宿城好人（2024年）等荣誉称号。

王皓元　2006年7月生，刘圩村人，南师附中宿迁分校初三学生。2021年1月20日晚9时，王皓元下了晚自习，在回家的路上遇到一个迷路的女童。由于女童才4岁，只知道家住哪个小区，却记不清家人的联系电话。王皓元不顾天气寒冷，肚内饥饿，牵起小女孩的手来到小区大门口等候。直到小女孩的爸爸妈妈出现，才放心回家。面对小女孩的家人，王皓元只是说“这是我应该做的”，却始终不告诉对方自己的姓名。后来，小女孩的家长根据王皓元穿的校服给学校送去了感谢信，学校经多方查找才知道这件好事是他做的。王皓元被评为2021年宿迁市“新时代好少年”。

9 风物民俗

历史上的耿车，境域内有睢水，境北有黄河。为祈求神灵护佑，耿车集建有多座庙宇，如观音庙等，各个村落还有土地庙，沿睢水建有河神庙。这些庙庵以及耿记大车店等建筑物，大多无存。由于耿车的交通区位优势，境域内商贸文化和民俗风情交融，自成特色，一些优良民俗得以传承。

二帝庙　始建于明代，遗址位于徐淮路南侧原耿车粮管所院内，供奉的是武帝和玄帝。占地约六亩，庙门朝南，门前就是街道。主建筑是三大间正殿，东西各三间厢房。全是灰色小砖砌墙、灰色小瓦盖顶，墙是白石灰勾缝。正殿中供奉关帝和玄帝塑像，两边有神态不一的十八罗汉像。正殿门前有只一米多高的铜香炉，香火日夜不熄。院内东南有一棵很粗很高的银杏树，西南角有一口老井，井沿长满了绿苔。西厢房是僧人吃饭住宿的地方，东厢房是供香客们休息的场所。四周院墙外种植松、柏树。二帝庙平时香火很盛，逢集时庙门外人流熙攘，前来烧香求神的也络绎不绝。如遇大旱大灾之年，就将关帝和玄帝像请出来，披红挂彩抬到大街上，百姓们齐展展跪在神像前求雨。

蛇医季德胜祖辈寄住在二帝庙，清光绪二十七年（1898）季德胜出生于庙内。民国时期，耿车乡公所将二帝庙正殿改成了轧花厂，厢房改成了学堂。新中国成立后，庙产被拆除。1958年，原址建成了粮管所。

耿车老街　位于耿车集圩以西，今徐淮公路南2里处。明清时期一直是周边州县的商贸中心，苏、鲁、豫、皖各地客商都曾交会于此。老街长约3里，宽七八米，是各种土特产品的畅销场所，尤以耿车盛产的高耿大豆和三义粉丝交易火爆，一年一度的骡马大会也热闹非凡。耿车集有“八大行市”，其中鸡行、粮行、木行、编器行、粉丝行、纸行都在这条街上。此外，菜市、草市、布庄、茶馆、酒楼、旅社、药店、烟店、槽坊、油坊、酱园等行业，俱在老街两旁排列。

宿道大车店　境域内的徐淮公路，直通宿城，古代叫宿道。清代中期的宿道南北，各有一家大车店，一家姓丁，一家姓王，南来北往的客商都习惯到他们家打尖歇脚。

宿道北边是丁家开的大车店（旧址在耿车医院南门），习惯上称为丁家老店。院内北面有6间草苫房子供客商住宿，西面有个大草棚，里面有石槽，用来饲喂客商的骡马牲口。东面的草棚，是牛、马、骡车停放的地方。几间前屋是客商吃喝的饭店，可随意小

孝兰宾馆

吃，也可摆上几桌酒席。大门口有个茶棚，是给过路人喝茶歇脚的。中华人民共和国成立后，丁家后人在原址拆了草棚盖瓦房，起名丁家旅社。到了20世纪90年代，又将瓦房翻建成了楼房，开起了宾馆，名曰丁家宾馆，另有一家分店叫孝兰宾馆。

丁家老店斜对门，也就是宿道南边，是王姓人家开的大车店，规模略次于丁家。王家大车店大门向北，门前也有茶棚，院内设施和丁家相似。王掌柜的饭菜做得很有胃口。中华人民共和国成立后，王家后人王永康继承祖业，继续开饭店、旅社，一手厨艺远近叫响。耿车街最有名的办酒席地儿就是永康饭店。

赵家老宅　耿车社区镇东组28号，有一幢建于清初的民宅。房子保存完好，青砖乌瓦，屋面上长着数百株瓦松。房子现在的主人叫赵新水，祖籍山西太原。其天祖父因避兵乱迁至耿车集安家，建了槽坊，以卖酒为生。中华人民共和国成立初，槽坊停业。1956年10月，赵家的5间老房子及17.6亩土

赵家老宅

地被耿车区粮管所征用，转让款为460元。当时耿车乡人民委员会、耿车区农业生产合作社、耿车区粮食收购站给赵家开了征用证明。后历经波折，政府把房产和部分土地又还给了赵家。赵新水还保存着20多件清代、民国时期的老旧家具。2010年11月，赵家老宅被宿城区人民政府列为文物保护单位。

古树名木　境域内有多株古树名木，湖稍村9组有一株柘树，高6.2米，已有208岁树龄。五星村二组有柿树2株，高8.5米，树龄已88年。数十年来，这个村庄事事（柿柿）如意。最有文化记忆的是白鹿湖公园边上，一株生长了100多年的皂荚树。树高20多米，树冠庞大，树干呈灰褐色，成了镇区的标志物。

清末的时候，便有了这棵树。过去老百姓生活困难，习惯用这棵树结的皂荚洗衣服、洗头发，效果非常好。百余年来，皂荚树给新华人带来了欢乐。大人们喜欢端着碗蹲在树底下边吃边唠嗑，孩子们围着皂荚树追逐游戏。村里每次说唱大鼓书，或是演戏、放电影，戏台或影布就搭在皂荚树下。大人孩子们老早就带着板凳过来等着看戏，村子里喜气洋洋。

天圆地方井　刘圩村七组有南北两个庄子，南边的叫前王庄，北边的叫刘庄。两个庄子各有一口古井，前王庄的井叫做天圆井，刘庄的井叫地方井。两口井相距500多米，都有数百年历史。

耿车老街（手绘）

天圆井

地方井

明朝时候，境域内遭遇了洪水侵袭，几乎冲毁了所有村庄和良田。洪水过后，逃难的人们回到家乡，用双手重建家园。原来的水井、池塘被泥沙淤平了，连吃水都成了困难。前王庄的王姓大财主动员族人在庄前挖井，由他负责伙食。刘庄的刘姓财主也如法开工。古时挖井是一项艰巨的工程，完全用人工，土方都是用筐头抬、篮头拎。挖着挖着，地下水升上来，就用舀子舀、盆子端，水排干后再向下挖。大约挖至两丈多深了，成为上口直径20多米，下口直径约3米的圆锥形大坑。然后再从底向上砌石块，砌到一米多高，再用土覆盖石块，然后再往上砌，直砌到和地面平行为止。最后放上一块又大又厚、中间有孔的大石块压在井口，当做井廊，水井就算造成了。

前王庄的井廊是圆的，取名天圆井。刘庄的井廊则做成了方的，取名地方井。寓意天圆地方、人丁兴旺。数百年来，两口井水质甘甜清爽，养育了庄里的人们。村民和睦相处，胜似一家人。

张氏墓碑　收藏于大众村张氏家族。碑刻于清同治五年（1866）三月朔三日，墓主为百忍堂宿迁黑墩张氏始迁祖张荣后裔。墓碑高1.8米、宽0.7米、厚度0.16米，碑文记载了墓主人夫妇的姓名、生卒年月及立碑的后人名字等。字体苍劲有力，字迹清晰、完整。

刘圩无名烈士墓　位于刘圩村5组，宿城区文物保护单位、青少年德育教育基地。与其他烈士墓不同的是，墓里除了安葬有革命烈士，还有两匹阵亡的战马。

1942年农历腊月初四，凌城区伪军进犯泗宿县杨圩区，新四军81团3大队和地方武装在叶群墙（现刘圩叶庄）痛击顽匪，活捉匪首吴兰田及数十名顽匪。战斗中，新四军牺牲了2名战士，地方群众将他们安葬在牺牲的地方。1945年，国民党18团一部勾结凌城区顽匪进犯杨圩区。新四军9旅25团骑兵

刘圩村无名烈士墓

部队，把敌人引至西沙河南边朱庙一带，狠狠夹击，共歼灭敌人120余人。此次战斗，新四军牺牲了1名连长、1名排长、1名战士，还有2匹战马。乡亲们把他们共同安葬在刘圩张旗杆，并把1942年牺牲的2名战士也迁葬至此。耿车乡政府多次重新修缮烈士墓园。2009年列为宿迁市文物保护单位。

沙灰窝　悠悠西沙河从刘圩村西边流过，河东岸有一片广阔的土地，南北长六七里，东西宽约一里。从前这里寸草不生，到处是一小堆一小堆的沙丘，就像沙漠一样，人们称为沙灰窝。据说沙灰窝是“黄河回家”带来的。每到春、冬两季，狂风一吹，黄沙弥漫，遮天蔽日。若是刮西北风或西南风，村民家的被子、饭桌上，都会落下厚厚一层沙土。人们的头发、耳朵里也会灌进沙土，口里发碜，眼里发涩。

为了治服风沙，中华人民共和国成立后，刘圩村人在沙灰窝里栽种抗旱腊条，在腊条行间种上庄稼。在沙灰窝低洼处、小沟里种上芦苇。经过多年繁殖，沙灰窝变成了腊条园。刘圩村的王庄、苌庄、刘庄、叶庄村民就地取材，间割腊条编筐篮，收获芦苇编席子、折子。风沙治住了，刘圩村出现了编织筐篮、牛笼嘴、囤底等农具的能工巧匠。

高耿大豆　是杂交黄豆中的极好品种，生长在睢宁县高作镇及以东的沙集、宿迁耿车一带，尤以耿车镇种植面积最广，因而得名。据《宿迁粮食志》记载，高耿大豆在明清时曾列为御用食材供应皇宫。

高耿大豆最显著的特点是，秸秆是实心的（别的黄豆秸秆心是空的），结的荚大豆粒儿也大，产量高。未成熟的青毛豆煮着吃，口感分外清香。成熟的豆粒榨油，出油率比一般黄豆至少要高出一成，炒菜也特别香。用这种豆子磨出的豆浆、豆腐脑，做成的豆腐、千张等，更是上等食材。耿车街吴家，自清朝起祖祖辈辈做豆腐，只用高耿大豆做原料。到了吴守银这一辈，更是把高耿大豆加工出了名堂。当地有两句和高耿大豆有关的歇后语，高耿大豆——实心实意；吴守银的豆腐摔地下——海（坏）不了。

耿三蔡小芽豆　生长在宿迁的耿车、三棵树、蔡集一带的杂交黄豆，因此名之“耿三蔡”。这种小芽豆株高30—40厘米，叶片比一般黄豆小，结成的豆荚长2—4厘米，宽不过1厘米，一个豆荚中一般有两、三粒豆子，且豆粒比高耿大豆小一倍。成熟的豆荚是黑色的，豆粒是金黄色的，豆嘴有纯黑、浅黑、深黄几种。这种豆子一般用来生豆芽，一斤小芽豆可生出豆芽六七斤。耿三蔡小芽豆就像耿车人的性格，看似不起眼，却非常质朴实在。耿车还有一句歇后语：耿三蔡小芽豆——中用就管。

耿三蔡小芽豆生长期

生活习俗

拜香会　古代耿车集的商家，春节要连续休工几天，直到年初五，才打开店铺迎财神，称为“晾财神门”。从这天起，四乡八集的香会组织相互走会、拜山，道个吉祥。耿车街上可以看到很多相邻州县的香会表演。

拜会的形式很有讲究。客方将至，主方人员列队欢迎，宾主双方互相拱手作揖致意。而后，主方负责人退着慢行，引导客方至客堂门前。客方人员行走步伐沉稳整齐，略显缓慢。主客双方人人凝神屏气，锣鼓声音压低，香盘、龙棍不能持之过高，以示谦逊有礼。客方向财神像焚香礼拜、颂赞祝福后，开始演出。

演出的节目有宿城的抬阁架阁，邳州的高跷、舞龙，睢宁的落子舞、狮子舞等，耿车本地的花棍、莲香，龙河的董王高跷等也年年登堂。耿车集的大型商号会用红纸包上喜钱，邀请各路香会到自家商铺门口表演，给新年增添吉祥。每场演出结束后，主方要在村口道旁排成阵势，夹道相送。有时为表示双方情谊，还会出现“三接、三送”场面。香会表演一般持续到元宵节才告结束。

赶大集　耿车在明清时期有个“四月初八骡马大会”，是一年一度的大集，周边州县的商贾都会过来赶集。日常的集市有耿车集和刘圩集（也叫张旗杆集）。耿车集是10天4个集，农历的二、四、七、九为集日，每月

赶集

有12个集。刘圩集，是10天两个集，以农历五、十为集日。

每到逢集，百姓们便早早起床，收拾完屋子，换上一身干净衣裳，三五成群，说说笑笑地就往集市上来了。赶集的目的，不单是交易生活物资，还可以享受几百年来约定俗成的精神文化生活。在集市上，可以随意闲逛，听听大鼓书，看看杂耍，和亲朋老友欢聚饮酒。集市，就是节日的盛会。

虎头鞋

穿“土裤”　“土裤”是困难时期给婴幼儿穿的。将烧热后的细沙土装在“特制”的裤子里，其作用相当于尿布或尿不湿。穷人孩子穿“土裤”的习俗，在刘圩、红卫、湖稍等村子流行了几百年。

旧时，老百姓因贫穷用不起尿布，就在孩子的开裆裤上动脑筋。两个裤角订上布条，裤腰上也订根布条。给婴儿穿裤子的时候，在裆部位置放上一捧烧过的沙土（温度适中），然后系好布条，不让沙土溢出。如果孩子尿了，就把裤子脱了，倒掉湿了的沙土，重新换上热沙土。西沙河边的沙土又细又软，吸水性强，用沙土给孩子垫屁股，也是老祖宗想出的穷办法。耿车“旱改水”之后，人们的生活水平提高了，也就不需要再给孩子穿“土裤”了。

登虎鞋　自古至今，耿车人有给小宝宝穿虎头鞋的习俗，一般是在婴儿百日或周岁的时候穿。希望孩子“登”上虎头鞋后，能够驱邪避秽，步步登高，一生平安健康，吉祥如意。

一般都是本地的传统样式，在缝制、刺绣的各个环节，都讲求寓意。如鞋底通常为两层，代表着“好事成双”；鞋底的针脚是四根线连在一起，寓意“四平八稳”；鞋面上绣的虎须要缝五针，寓意五行合一、五福临门。除了穿虎头鞋，还给孩子戴虎头帽，睡虎头枕，都是疼爱孩子的传统习俗。

农事谚语

耕种　冬耕耕得深，庄稼肯生根。春耕深一寸，顶上一遍粪。春耕多一遍，秋收多一担。早耕强似晚上肥。谷雨前后，种瓜种豆。登虎鞋直栽到秋。过了惊蛰节，春种不打歇。清明不撒谷，秋后光秃秃。冬至不点麦，把你眼饿黑。

插秧时节

沙地种花生，花落果就生。干种秝秝涝种麦。三麦种当时，宜早不宜迟。季节不等人，种田赶时分。种子年年选，稳产又高产。种子晒一下，胜过催次芽。好种出好苗，好树结好桃。种好三分收，三年好苗生。家有十样种，不怕老天哄。打铁看火候，种田抢季节。

田管　人勤地生宝，人懒地生草。家里土、地里虎（指家土肥）。叉头有火，锄头有粪。锄头底下三分水。锄头响，庄稼长，豆锄三遍荚成串。要吃大秝饼，锄地刨成井。一遍锄破皮，二遍锄刀犁。

寸麦不怕尺水，尺麦单怕寸水。人怕老来穷，稻怕秋来早。庄稼一枝花，全靠肥当家。积肥如积粮，粮在肥中藏。稻含苞，水到腰。积肥看田，追肥看苗。伏里不管稻，秋里喊懊恼。人哄地皮，地哄肚皮。

收藏　稻老要养，麦老要抢。白露砍高粱，寒露打完场。九成黄十成收，十成黄九成收。麦倒一包糠，谷倒压断仓。干收芝麻涝收豆。

仪礼习俗

传喜　耿车过去的婚俗，婚姻大事，须先经过“提亲”和“传喜”。提亲大家都懂。经过双方家长议定合婚后，即可“传喜”订婚。传喜日男方须备好喜帖、糕点、首饰、衣料等，委托“有头面”的人送往女家。其中糕点多为九样，最少不了的是十六条“和泰”大糕，取和美、安泰之意。女家亦派人送回帖及鞋帽、书笔（读书人用）等，外加一束艾和一对锡如意，取“爱妻”之意。是日，两家分别宴请媒人，称为“谢媒”。

暖房酒　婚宴前一天晚上，主人把家族内有威望的叔伯、帮忙的“大执”、厨师、礼房先生、接（送）新娘的亲朋等请到一起宴饮。主家人要分别敬酒，按婚礼的程序对各人负责的事项进行委托交办。谓之“暖房酒”。

开箱子　俗话说“新婚三日无大小”“越闹越发”。婚宴结束后，大多客人已

20世纪80年代，用自行车迎娶新娘

回。新郎、新娘进入洞房，这时候夜色已深，闹喜却才进入高潮。有“开箱子”等小游戏，就是把新娘的陪嫁箱子“强行”打开，搜抢里面的喜烟、喜糖、红包等，谁抢到就是谁的。参加的人一般是新郎的平辈，如堂兄弟、同学、朋友等，目的是分享新人的喜气。

戳窗户　在“开箱子”之后，多在子时进行。小伙伴们站在新房的窗户外面，用红筷子戳开窗户纸，并把筷子掷进新房内。边戳边大声道出吉利话，旁边还有人道“好”。正常是戳十次窗户，送十句吉利话，道十声好。十句吉利话大致是：一戳金，二戳银，三戳儿女一大群，四戳事事如意，五戳五子登科，六戳六六大顺，七戳七星高照，八戳八仙过海，九戳长久富贵，十戳十全十美。有的年轻人顽皮，过了“八戳”，直接就说：“九戳十戳俺不会，戳你两口子一头睡！”大家哈哈大笑，放了鞭炮，婚礼圆满结束。

双回门　以前，新婚夫妇在婚后第三天回女家，叫“双回门”。后来，结婚第二天就可以回娘家了。一般是女方的兄弟或父亲、叔伯过来“瞧客”，没亲兄弟或是亲兄弟不方便的，也可以叔伯兄弟代劳接请。这天中午，女方家设宴款待新人，新姑爷和出嫁了的姑娘必须坐上席。宴后，小夫妻必须在太阳落山前赶回自己的新家。

新婚第一月，凡是亲友宴请，都要让新人坐在首席。也只有新月他们才享受这个礼遇。

送奶糖　家中添丁后，当爸的要当天送糕点、糖果和99颗染红的鸡蛋到岳父母家，并在老丈人门口炸响一挂大鞭“报喜”。孩子的姥爷姥娘要准备生鸡蛋、米、面、油、糖及外孙（女）的衣物、玩具等礼物，专程送到女儿家，谓之“送奶糖”。婴儿小满月（12天）、满月或周岁，至亲好友要送钱送物表示祝贺，主家设宴款待。

扎尾巴　孩子从周岁起，每满一岁，就给他过生日，谓之“扎尾巴”。家宴的主食，除了面条，还要放几根生豆芽。喻示让孩子扎根，能够健健康康成长。孩子成人后，就不再给他“扎尾巴”啦。

做大寿　耿车人过去的习俗，人到了“半百”才可以做寿。50岁之前，只能叫生日，不能算“寿”。20世纪90年代后，改为60岁“过寿”。因为现在50岁的人，还只能算是年轻人。无论过生日，还是过寿，都是过虚岁不过实岁。大寿，更是“过九不过十”。9为数之极，乃取长寿之意。也就是说，79虚岁过80岁的寿辰，89虚岁过90岁的“大寿”。

做大寿

老人若是到了99岁，便是可以“惊动”整个村庄的大喜事，要隆重设宴款待亲邻朋友。到了百岁以后，一般不再做寿，简单吃碗寿面了事。

重丧礼　耿车的丧事礼俗，注入了更多的血肉情感。八九十岁以上的老人离世，属于“喜丧”，家人不必过于哀伤。老人临终前，儿孙要就丧事的操办征求他（她）的意见，老人提出的要求必须照办。

家有丧事，要把屋内华丽设施、装饰品收起，布置挽幛灵棚。老夫妇都不在了的，要把老人遗像或牌位也摆在灵堂，供宾朋祭奠。派出报丧的一般是本家人，到姥爷舅舅家报丧的是“孝子”，要披麻戴孝，捧着哭丧棒，见着长辈先要下跪磕头，哭着报告丧事，并告知亡人何时入殓、启程、正吊、下田（安葬）等事项，就一些细节问题征求长辈意见。

耿车还有一个丧俗，在安葬日子的选择上，如果老夫妻两个“先走了”一个，则择定阴历单日子，如果夫妻俱亡，“后走”的一个就选择双日子下田。丧礼上，要请唢呐班子助阵。鲍家班擅奏《百鸟朝凤》等传统乐曲，唢呐声从正吊开始，直到亡人入土，仪式严谨持重。以前操办丧事一般要7天，现在大多3天就走完程序，让老人早些“入土为安”。

10 人物长廊

耿车历史上名人众多，在军事、政治、经济、文化、教育、科技、医卫等界域，都出现了一些杰出人物，为国家、社会作出了突出贡献。从古到今出现了张荣、魏胜、徐用锡、季德胜、刘振黄、李月华、刘尚娴等在国内外具有较高知名度的典型人物，为耿车人文留下了浓墨重彩，为后人树立了榜样。

人物传略

张　荣　宋建炎年间人，抗金首领。原籍山东寿张县张秋镇，后入籍耿车。曾率军转战淮河一带，并于宿迁北司吾山、骆马湖、嶂山（原名张山）一带筑营阻击金兵。

南宋绍兴元年（1131），张荣从寿张县到宿迁就任县尉（负责地方治安的官员）。时宿迁刚遭金兵侵掠，县令也不知所踪，张荣决定就地组织抗金。他拿出就职文书，向群众表明身份，宣传抗金卫国的道理，当场就聚起数百义士。义军首先占据了宿迁北司吾山，在山上筑起营垒，利用周围的山形和骆马湖水势，与金兵展开游击战，收复了部分失地，队伍扩充到万余人众。

而后，张荣率部向东南方向移动，攻打淮安、兴化、泰州、南通、六合等金占区，逐个收复城池。宋室南渡淮河后，张荣被擢升为武功将军，奉命镇守承（高邮）、楚二州。在溱潼之战中，张荣隐蔽在兴化缩头湖，暗修水寨，不时派兵袭扰泰州城，金兵被诱入缩头湖围歼。此战，金将完颜忒里被杀，万户蒲察鹘拔鲁被俘，共杀死、俘获金兵万余名，主帅完颜昌收拢残部仓皇逃离。张荣乘胜收复泰州。战后，两浙安抚使刘光世上奏朝廷，提升张荣为忠勇军统制兼知泰州，并辖制兴化、承州（高邮）、楚州。张荣被誉以“张敌万”之美名，而缩头湖则因这场战役被更名为“得胜湖”。后，张荣又配合友邻部队收复了淮南东路。

张荣坚持抗金30载，鲜有败绩。据《宋史·魏胜传》所述，宋绍兴三十一年（1161），同为宿迁抗金志士的魏胜，派儿子魏昌联络张荣。两支部队在宿迁、海州一带并肩作战，打了多场胜仗。张荣在张山（今嶂山）、老营、司吾山、骆马湖等处加高营垒、增布水寨，扩军买马，成了抗击金兵的坚固屏障。是年底，宋军大举收复失地，宋金南北对峙局面形成。

宋金议和后，张荣解甲归田，隐居宿迁县黄河西之金牛墩（现耿车镇区北），殁后安葬于此处的张大林。其在泰州、兴化等地也深受敬仰，牌位被安放在岳王庙，与岳飞共享祭祀。元代，朝廷曾于县治赐立“尚义坊”，以旌表张荣。

魏　胜（1120—1164）　字彦威，南宋淮阳军宿迁耿车人，出身农家，早年曾为弓箭手。胆识过人，骁勇善战。多次抗金。阵亡后，宋廷旌表，二子亦予重用。

魏胜善用大刀，人呼“大刀魏胜”。箭术更是精湛，可左右开弓，百发百中。刚从军时，因魏胜胆大心细，多次被派出侦察敌情。他装扮成贩夫、匠人或普通庄稼汉渡过黄河，把金军兵力部署、作战特点都打探清楚，为宋军克敌制胜取得先决条件。宋绍兴三十一年（1161），金国皇帝完颜亮亲率大军南侵攻宋。魏胜召集义兵300人，北渡淮河，突袭金占涟水城。随后又率兵攻打海州（今连云港），为避免伤及城中百姓，魏胜命令士兵多树旌旗，城池四周焚烧烟火，造成大军压城的声势。而后派人向城上喊话，鼓动百姓回归故国。百姓深为所动，主动打开城门迎接义军。魏胜代理海州知州后，又收复了附近的朐山、怀仁、沭阳、东海各县。所到之处，均免除百姓赋税，开仓济民，释放犯人，得到群众的热烈拥护。队伍迅速发展壮大，旬日得兵数千。魏胜将部队分成五军，严明纪律，严格操练，多次击退来犯敌人，斩杀敌军首级数千，俘虏300余人。山东兵民前来归附者数万。

魏胜得知沂州苍山义军受到金兵围攻，亲自提兵解救。金以五员战将同时围攻他，但都被魏胜杀败。魏胜率军回守海州时，以箭矢、滚石、檑木、火炮对抗金兵，金人死伤甚多。魏胜乘胜追击敌军，不意被敌箭射中腮颊，穿鼻落齿。但他忍住剧痛，依然奋勇拼杀。此役鏖战7天，保住了海州城池。“大刀魏胜”的美名随之传扬。此后魏胜又在海州城外的新桥、沙巷等地屡创敌军。

魏胜起兵初期，全靠自己筹措粮饷军器。后经都督张浚奏报朝廷，升魏胜为阁门宣赞舍人，任山东路忠义军都统制，兼任镇江府驻扎御前军统制，才算是解决了军需。魏胜不仅在战术和战略上是一个卓越的军事家，对于兵器制造也有独到的创建。隆兴元年（1163），魏胜创制了数十辆可抛射火球的炮车，数百辆各安装几十支大枪的如意战车和装有床子弩的弩车。这些武器，对金国

魏　胜

魏胜发明的战车（仿制）

造成了很大的震慑力。朝廷嘉奖了魏胜，下令各军仿造使用。

隆兴二年，金军趁宋金议和未决之际，突然向宋营发起进攻。魏胜率军在河口（今淮阴区境域内）迎击，从早晨一直战至夜晚。其间派人向大将刘宝求援，但刘竟不发一兵一卒。魏胜孤军奋战，箭矢用尽，只能据土岗与敌周旋。夜间被敌箭射中，不幸落马而亡。时年45岁。魏胜的尸骨被亲兵运回家乡，葬在宿迁齐路墩（今宿城东南20公里处）。

宋孝宗不胜伤感，追封魏胜为保宁军节度使，赐谥号“忠壮”。在镇江府江口镇，为其建造了“褒忠”庙，又在魏胜战死的地方建立褒忠祠，使其享受朝廷春秋二祭。南宋朝廷对魏胜的两个儿子也格外优恤，封长子魏郊为武功大夫，忠州刺史，次子魏昌为“承信郎”。淳熙十五年（1188），又加封魏郊为两浙西路马步军副总管。刘宝则被朝廷降罪抄家，流放琼州。

南宋著名词人刘克庄曾谒褒忠庙，并作《魏胜庙》：天与精忠不与时，堂堂心在路人悲；龙颜帝子方推毂，猿臂将军忽死绥；洒泣我来瞻画像，断头公耻立降旗；海州故老凋零尽，重见王师定几时。

张　鹏　元代耿车北境人。张荣曾孙。事祖母、父母至孝。祖母王氏病重时，终日伺候，煎汤熬药，甚至夜间也不休息。后祖母与父亲相继病故。张鹏在墓地旁边搭了间草棚，守墓尽孝三年。等到母亲梁氏病故的时候，张鹏哀伤不已，同样住在墓旁草棚守孝三年。张鹏的儿子张玑，深受父亲影响，事亲孝养，和张鹏无二致。世人称张氏孝顺传家。

张廷美　明代宿迁顺德乡（耿车北境）人，张荣后世孙。正德五年（1510），流贼扰乱，巡捕薛侍御选民兵与敌，廷美在选中。夜半至邳州，廷美所在部队与流贼遭遇，遂督众与战。士兵们见众寡不敌，有畏缩之状。廷美大呼：“这些贼人害得老百姓很凄惨，为什么要避开他们？各位但随我后，我当前锋！”于是，张廷美突入贼阵，奋杀贼首数人。此战因没有后援，廷美力尽阵亡。战后，薛侍御将张廷美尸首作了殡殓，并作文祭之。

张仑　张宾　宿迁顺德乡（耿车北境）人。张仑为张荣第十世孙，张宾为张荣第十四世孙。张家自始祖张荣以来，合族共同居住，同吃一锅饭，同穿一样衣。家务事分配上，劳逸必均。禁止私自存储金钱物品，禁止怀着私心听人说话。婚姻嫁娶方面的花费有所节制，祭祀活动遵守一定的礼仪，凡宴饮丧葬，家族诸般事务，均订立章程加以约束，全部遵从家长统一安排。明成化七年（1471），张氏家族同居者二百余口，被朝廷旌表为八世同居义门。传至张仑、张宾，家族之荣尤以光大。清廷曾于耿车北境立同居坊，以旌表张宾。

徐用锡（1657—1736）　原名杏，字坛长，号昼堂、鲁南。耿车南境人。清代著名的理学家、史学家、诗人、书法家。著有《圭美堂集》二十六卷，集有诗十卷，文十六卷，被收入《四库总目》。一生经历了顺、康、雍、乾四世。

徐用锡

自幼聪颖好学，青年时到北京游学，遍访名师，深研四书五经六艺。后入大兴县籍。康熙三十八年（1699）中举。后结识翰林学士李光地，并拜李为师，不但经、史、性理皆通，且在乐律、音韵、历数、书法等方面都有造诣。李光地聘请他教授自己的几个孙子。康熙四十八年（1709），徐用锡中进士，后在李光地推举下改任庶吉士，授编修，协同李光地纂修《朱子全书》《周易折衷》《性理精义》等典籍。康熙五十四年（1715），朝廷举行分校会试，徐用锡任考官，因有人诬陷其“把持会试，独断专行”，被免职。乾隆初，起授翰林院侍读。以80岁高龄参与纂修《三札》（《长至帖》《韩马帖》和《新恩帖》），并给皇子辅导功课。一年后告老还乡，于家中辞世。葬于宿迁北司吾山。

蔡和泰　清道光年间耿车村人，著名糕点师。少年时在宿城糕点铺当学徒，出师后在耿车集创业。经多年研究实践，将糯米大糕的制作工艺不断改进，使之在色、形、味诸方面品位独特，深受消费者欢迎。产品被命名为“和泰大糕”，在宿城、睢宁、泗州等地均有销售。制作工艺已传至家族第七代，产品在新加坡、韩国等国家以及港、澳、台等地区亦有市场。

尹庭勋（1842—1912）　耿车人，拳师。精拳术，善用镖，百米外百发百中。盗匪闻而生畏，不敢到耿车骚扰，境域内因其而安宁。但尹庭勋的子、孙均不走正道，与土匪为伍，且屡教不改。时尹庭勋年事已高，担心日后子孙祸害地方，无人收服，遂痛下决心，亲手将儿子摔死，孙子打死，替百姓除了害。

贾庆邦（？—1913）　生于清道光年间，耿车村人。原住址在徐淮路老耿车镇政府对面，百姓称为“贾炉”。自幼从祖、父辈习得铁匠手艺，到了他这一代，已是炉火纯青。他打制、铸造的器物多达百余种，不但坚固耐用，而且美观大方，精致秀气。贾铁匠既精于技，更重于德。为人厚道，讲求信誉。鲁南、皖北、徐州等地的贩子也赶着大车到他家批购货物，以致供不应求。去世时，各地自发前来吊唁者众。

徐开璧（1843—？）　耿车村大徐庄

人。自幼家境贫苦，先后给王姓和祖姓地主当过长工。身高两米多，膂力过人。喜帮助穷人，打抱不平。1911年各地匪患较多，年近七旬的徐开壁带领儿孙，围着大徐庄修筑了高丈余、宽三尺的群墙。墙顶可行人，设有城垛，群内四角均有炮楼，装有射击孔。此后，大徐庄又叫“徐群墙”。1915年，一股土匪窜入群墙内，准备绑架庄民勒索钱财。徐开壁顺手抄起一根六七十斤重的顶门杠，将土匪横扫一片，当场打伤数十人，匪徒当即溃逃。1927年7月，以李秃爪、王焕友为首的两股土匪，纠集数百人围攻徐群墙。徐开壁时年85岁，率庄丁与匪众展开了6天6夜的激战，匪徒伤亡惨重。匪首李秃爪终被官方活捉枭首。

蔡振兴（1877—1943）　字茂亭，耿车人，木工艺师。自幼喜绘画，木艺为家学。其所做木器，形美质优。尤善于在木器上雕刻人物、花草、鸟兽、虫鱼诸物，皆栩栩如生。方圆百里，盛传其名。

刘鸣盛、刘鸣銮　系同胞兄弟，清晚期刘圩村人。素怀报国安民之心，清廷腐败，专意施善乡里，报效桑梓，培育子孙后世。

刘鸣盛，字尔瑞，以字行世。中试之后，正值甲午兵败，希望国家变法图存。辛亥革命后，积极投身政治改革，出任沭阳县民政长。革除弊政、修理田赋、兴办教育，多有建树，深为县民拥戴。后因惩治地方恶霸，反被恶霸家人买通省府官员诬陷，乃愤而离职回乡，以耕读为事。刘鸣銮，字和卿，以字行世。一生乐善好施，热心公益。其父刘修政曾带领兄弟二人及本族人丁，在村庄四周修筑一道墙圩，并在圩外挖有堑壕水沟，引水入内，以防匪贼入庄。为保卫村庄安全，刘家还购置土炮鸟铳，打制大刀标枪，自制火药土雷，训练青壮庄丁，日夜巡逻，一有匪患，立马组织抗击。1941年9月的一个深夜，大股匪贼来犯，年过七旬的刘鸣銮指挥庄丁浴血抵抗。战斗中，老人大腿中弹，只是作了简单包扎，仍强忍疼痛指挥作战。直至次日深夜，匪贼因伤亡惨重，弹尽粮绝，乃仓皇逃离。

民国初，私塾已废。为解决本族后人读书问题，刘鸣盛倡议将家族祠堂改建为刘圩小学。弟弟鸣銮首先响应，并请哥哥亲任校长，主抓教学，自己负责校产维护、后勤保障工作。原先祠堂的“公田”，悉被改作校产。刘圩小学建成后，规定凡入校之生，家贫者学杂费全免，学业优秀者皆有奖励。该小学不但吸收族中子女入学，附近乡里孩童也可就读。两年后，学生发展到百余人，教师7名。刘氏兄弟又增建了5间教室。

中华人民共和国成立后，刘圩小学被收作公校。至20世纪90年代，发展到12个班级，四五百名学生，25名教师。该校先后培养了数千名家乡子弟。除了刘氏家族的众多人才，解放军宁夏军区原政委王焕民、兰州军区原副政委张金榜、援外建筑工程师王家祥、江苏省水利工程师王爱民等，少儿时期都在刘圩小学就读过。

刘振国（1891—1946？）　字宜默。刘圩村人，刘鸣盛长子。中国机场建设的开拓者。1911年投考江宁测绘学堂，修业两年。1912年南京临时政府成立时，孙中山以两架鸽式单翼飞机为基础设立一个飞行营，随后创立中国航空学校。为了革命需要，刘振国重新报考航空学校，成为首期生。其胆识过人，学校每次首飞任务，都率先完成。然在一次飞机着陆实验中，因机械故障导致肩臂骨折。伤好后，刘振国转隶航空地勤，奉命修建机场。他从征购土地、设计图纸、施工集材到现场管理，无不亲力为之。1920年，徐州机场竣工，刘振国被任命为场长。该机场成为南北空运交通之枢纽。

“九一八事变”后，为增强空军战斗之威力，刘振国被委任在福建莆田、山西汾阳等地修建机场。这些机场对支援华北抗日发挥了很大作用。太原失守后，国民党部队节节败退，汾阳机场堆集大量军用物资。刘振国不避艰险，动员大批民间牛车载运，在敌军沿途狂轰滥炸中，终将全部物资运抵西安，受到空军部通令嘉奖。“七七事变”后，东南沿海多陷于敌手，为开辟西北地区的对外通道，刘振国再负修建新机场之重任，先后在青海的湟源、玉树等地施工。他不顾天寒地冻、风沙弥漫，克服了物资匮乏等困难，带病完成多地军用机场修建任务。

刘振国念念不忘家乡教育事业，先后介绍了多位家乡子弟到徐州公学就读，并资助学费。1924年国共第一次合作期间，国民党人顾子扬奉命到徐州招收军事学员。刘振国当即奔走筹措，动员弟弟振宗、振黄，表弟朱祥符，儿子秉虔（后改役空军）及乡谊多人赴考黄埔军校，为国民革命和抗战大业输入了中坚力量。

季德胜（1898—1981）　清光绪二十四年（1898）生于北京德胜街德胜门附近，不久因战乱随家人流居宿迁，寄住耿车街二帝庙。在耿车度过了少儿时光。祖辈靠治蛇伤、卖蛇药为生。季德胜为第六代蛇药传人，他历尽艰辛研制蛇药，中华人民共和国成立后把制药秘方无偿献给国家，成为在亚非拉诸国闻名的蛇药专家。中国医药科学院特邀研究员，江苏省二、三、四届政协委员。

季德胜自小就与蛇打交道，父亲季明扬外出，就把襁褓中的儿子留在屋里，门口放两条拔去毒牙的地皮蛇看家。两岁时，父亲就拿无毒蛇给他“玩”，有时还把蛇盘在他的脖子上。5岁时，就学习捉蛇的技能。6岁那年，因生活窘迫，一家人流落到南京卖蛇药。当时瘟疫流行，母亲得了伤寒病无钱医治，竟死在了南京水西门外的土地庙里。紧接着，两岁的弟弟也病饿而死。全家只剩下父子二人形影相依。

季德胜

20岁时，季德胜已经熟掌握蛇药配方和捕蛇技能。这一年，父亲为了百姓帮助除掉一条屡害人命的大蟒

东方蛇仙季德胜

蛇药专家季德胜

季德胜全家福

蛇，不幸受伤亡故。季德胜决心用血肉之躯守护和发展祖传的医药技术。从此，他只身挑起白木药箱和两篓毒蛇，行走千里，过着跑码头、闯江湖的生活。在长江沿线城市，经常“表演”以身试毒、生吞毒蛇等绝技，季氏蛇药总是被争相抢购。

1940年，季德胜辗转到达无锡，在惠山街、关帝庙等处摆摊卖药。有个日本药商盯上了他，想要季德胜跟他到日本去，合伙开医药株式会社，或用重金购买季氏药方。季德胜严词拒绝。几天后，季德胜遭到了坏人的暗算，被一伙伪保安队打得遍体鳞伤，过了一个多月伤情才有所好转。

为了进一步开发蛇药性能，季德胜先是经苏北走山东，辗转进入东北蛇岛，观察毒蛇习性。后又折返南方，近距离同眼镜蛇、金环蛇、海蛇、竹叶青等毒蛇“打交道”，终于制成了一种能抑制各种蛇毒且疗效更快的蛇药。季德胜带着这种蛇药，先后走了闽、浙、粤、桂等九个省份，经过大量病例使用，可谓是无毒不克。该蛇药后被命名为“季德胜蛇药”。

1946年，季德胜回到无锡，与一位沈姓姑娘结成伴侣。1947年，他们的大儿子出生了，取名荣生。一家人来到如皋岔河镇，到父亲坟上祭奠。1948年春，季德胜带着老婆孩子在南通天生港中山圩的土地庙里居住。

到了1956年，季德胜有了4个儿女，生活

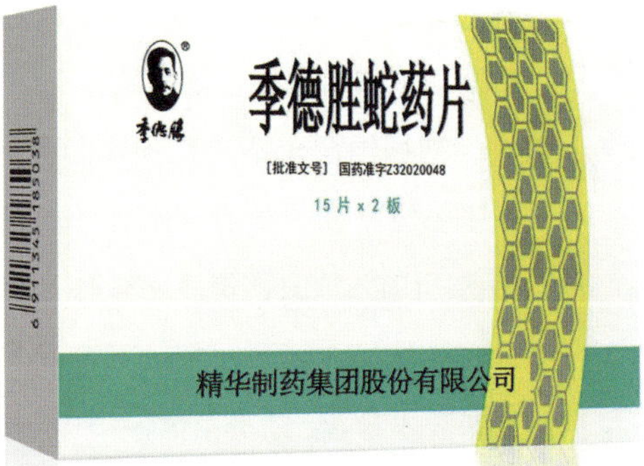

季德胜蛇药片

季德胜先生诞辰120周年学术研讨会在人民大会堂举行

的担子越来越重。南通市卫生部门了解到他家的情况，决定包销季氏蛇药。过了几个月，市领导又专程看望了季德胜一家，帮他们免费在城里找了三间住房，并在市中医院增设蛇伤门诊，请季德胜当坐诊大夫。季德胜深受触动，感到全家成了新中国的主人。一个晚上，他主动找到卫生局领导，提出将五世祖传的蛇药秘方和经他总结提炼的新药方，毫无保留地奉献给国家。市领导对季德胜的无私奉献精神给予了高度肯定，安排医药师陪同季德胜到野外采集药物标本，参照《本草纲目》《中国植物志》等书，对药草进行分析、鉴定和验证。使一个祖祖辈辈依靠家传口授、在民间应用了300多年的蛇药秘方，有了系统性文字记载。南通市成立了以季德胜为首的蛇药研究小组，同时筹建南通制药厂（今精华制药集团），组织批量生产季氏蛇药。1957年，制药厂建成，第一年就还清了借款，实现了盈利，并增添设备，扩大了生产规模。

1958年，“季德胜蛇药”畅销东南亚、非洲14个国家和地区。是年，江苏省卫生厅颁给季德胜“发扬祖国医药传统”奖状，国务院卫生部授予他“卫生医药技术革命先锋”奖状，中国医药科学院聘他为特邀研

季德胜

究员。季德胜蛇药片药方被列为国家一级机密。各级新闻媒体、影视摄制组也来到南通，采访制作季德胜的先进事迹。是年8月，季德胜刚好60岁，他受邀出席中央卫生工作会议和全国群英会，受到刘少奇、周恩来、朱德、邓小平等党和国家领导人的亲切接见。周恩来总理用力握着“老乡”的手说：“你的医技和蛇药对人民是有功劳的，人民不会忘记你。你要不断前进啊。”

牢记总理的教导，季德胜在实践中不断攻克医疗难题，他用“七叶一枝花”制成酒精浸液，既可清创外敷，又能消炎解毒，是世界蛇药研制的一大突破。1960年8月，周总理点名季德胜去武汉抢救被毒蛇咬伤的空军某部飞行员，当他赶到时，病人已处于严重休克状态，生命垂危。季德胜俯身用嘴吮出了蛇毒，然后搽上了特制蛇药，患者奇迹般地脱离了危险，并很快痊愈归队。《解放日报》曾用整版篇幅予以报道。

1965年，季德胜67岁，依然精神矍铄，多次带队踏遍浙、皖丛山，采收用以研制蛇药的药草。然而“文化大革命”中，“季德胜蛇药”被贴上了“四旧”标签，工作被迫停止。1981年10月18日下午，季德胜老人因心脏病突发不幸离世，享年83岁。这一天，是老人的生日。

20世纪80年代，季德胜的事迹除了被摄制成影视和新闻纪录片在城乡上映，还见于多部文学作品。据统计，从1957年建厂到1997年企业搬迁改制40年间，季德胜蛇药片共为国家创造了数亿元的利润。耿车镇为纪念这位人物，将一条街道命名为德胜街。

2018年10月13日，季德胜诞辰120周年学术研讨会在北京人民大会堂举行。全国人大常委会原副委员长、中国关工委主任顾秀莲，两院院士、国医大师等专家学者，国家卫健委相关领导近百人参加研讨，缅怀季德胜先生为我国中医药事业作出的杰出贡献。

王述泰 王　锦　王述泰（？—1940）字鼎新，生于清晚期，湖稍村王老和庄人，地方抗日武装负责人。王锦系王述泰长子，生于1928年。承继父志，参加抗日活动，解放战争中成长为政工干部，离休前为山东省高院审判员。

王述泰早年外出求学，获中师学历，曾在耿车任小学教员多年，边教书边宣传革命进步思想。“卢沟桥事变”后，率先组织民间武装开展抗日活动，经常于夜间袭扰日伪军。日军多次组织抓捕王述泰均未果。1940年正月初五上午，耿车据点的数十名日伪军再次突袭王老和庄，王述泰得报后旋即转移。扑了空的日军纵火焚烧了他家的房屋，掠走财产，又抓走三名无辜村民。三日后，日军将三名乡亲活埋处死。王述泰听闻后，既痛心又愤怒，更坚定了对敌斗争的决心。

由于汉奸获悉了行踪，同年深秋，王述泰被日军抓捕。面对侵略者的名利诱惑与死亡威胁，他始终不屑一顾，痛骂日本帝国主义狼子野心。日军将王述泰残忍地杀害于宿迁城下。此后，烈士遗孀陈英含辛茹苦地抚养儿子王锦和三个女儿。

父亲就义时，王锦只有12岁。他树立了

同日伪反动势力血战到底的决心。13岁就参加了本乡基干民兵，苦练军事技能，跟着大人一起打游击，先后同日伪军作战数十次，屡有战绩，被乡亲们赞为“有勇有谋的小英雄”。1945年2月，王锦正式加入革命队伍。由于他文化基础较扎实，组织上安排他到华东军区荣军管理局、革命伤残军人速成学校担任教员。后任教育干事、巡视员、教务主任、副校长等职。

1955年秋，王锦转业到山东省高院任审判员。他自修了法律大学课程，承办了大量民事案件。1958年“整风运动”及“文革”中，均受到冲击，被下放农村劳动、教书。1979年奉调返回原单位，继续担任审判员。他加强法律与政策的学习运用，为纠正冤假错案发挥了积极作用。后任山东高院副庭长（主持工作）、审判委员、研究室副主任、专职党委副书记等职。1985年7月离职休养。

王逵泰　陆裕臣　二人系夫妻，湖稍村人。王逵泰（1896—1984），字鲁泉。幼年读私塾，1919年肄业于宿迁师范，随即考入上海中华职业学校。1923年考入黄炎培创办的上海中华职业学校，后就任吴淞铁工厂绘图员。1929年离沪返乡，在窑湾、耿车等校执教，后任耿车小学校长兼《宿迁报》乡土记者，冒着危险采写稿件宣传抗日。期间经亲戚牵线，与陆裕臣结为夫妻。

抗战初期，王逵泰领导创建了湖稍初级小学，并任校长。他以学校为掩护，开展抗日地下活动。妻子陆裕臣通晓民族大义，在丈夫的影响下，多方配合革命行动。把家中的房子作为泗宿县城工部联络站，接送地下工作者；参与搜集情报，向党的上级机关传递信息；动员进步青年学子参军参政，扩大革命力量；发动群众抗租抗税，打击地主封建势力；编写乡土教材教育群众，抵制日本奴化教育。这些工作都取得了卓著的成效。并负责照顾好往来情报人员的生活，为他们的活动放哨。有时也要做交通员的工作，迈着小脚，化妆穿越敌伪封锁线，把情报及时送到同志手里。

1941年，王逵泰当选苏皖边区淮北分区泗宿县参议员，公开参与抗日民主政权建设。1945年抗战胜利后，任宿迁县第一任文教股长。1946年解放战争开始，王逵泰遵从组织安排，打入耿车乡公所任文书，掩护中共地下工作者过往通行。时间久了，引起国民党区公所怀疑，被拘禁审查数日，终因未被抓到证据不了了之。1948年苏北第二次解放后，王逵泰历任江淮公学（雪枫中学）教导主任、泗洪中学校长、泗洪县3—6届人大代表、县1—2届政协委员等职。1984年12月病逝。数十年里，陆裕臣始终义无反顾地和丈夫站在一起，为共和国的解放和建设事业默默奉献。

刘振宗（1903—1929）　刘圩村人。自幼胸怀大志，聪颖过人。1924年与族弟振黄、族侄秉哲等同时考入黄埔军校第三期步科。同期学员共313人。

刘振宗在校学业勤奋，训练刻苦，凡典、范、令诸科成绩俱佳，在宿迁籍学员中起到了很好的带头作用。毕业后，被分配到陈诚所

刘振宗

部，先后经历东征、北伐诸役，每战必奋勇向前，悍不畏死，深受师首长赏识。以战功多次受到嘉奖，历任排、连、营长。其带兵有方，赏罚分明，官兵折服，所率部队几乎每战必胜。1929年，刘振宗奉命移师河南省确山县。11月下旬，率部讨伐军阀唐生智。时已浴血奋战五昼夜，部队损耗较大。但刘振宗秉持不成功便成仁的决心，仍身先士卒，英勇向前。30日，在乘胜追击中，不幸中弹殉国，时年仅26岁。

朱敦云（1903—1942）　梨园村人。1940年初任中共宿迁县委秘密交通员，后任泗宿县埠子区委书记。曾多次利用“抬棺出殡”等方式，为新四军地方武装城西游击队、睢宿大队运送武器弹药。1942年9月，朱敦云前往三棵树乡地下联络员耿玉之家通知取武器，因叛徒出卖，被埋伏的日军打伤抓捕。敌人用尽酷刑想从朱敦云口中得到中共情况，但朱敦云宁死不说。敌人又把他带到耿车梨园村，把他的家人和乡亲集中起来，以“放狼狗咬”相威胁。这时，朱敦云看到了人群中的父母妻儿，但仍然不吐一字。日军放出4条狼狗扑向朱敦云。英雄忍住剧痛毫不屈服，直至壮烈牺牲。1997年，其子朱本道将朱敦云和朱本生（朱敦云侄子）两位烈士的遗骨由杨圩子迁葬耿车镇徐圩革命烈士陵园。

刘振黄（1904—1938）　字炎民，刘圩村人。原第89军33师198团团长，率部打响了宿城保卫战。其父刘鸣盛，兄刘振国。16岁时，刘振黄到徐州公学读书，各科全优，尤爱文学，擅长作诗填词。每以岳飞、陆游、辛弃疾等爱国诗人的豪壮诗词自勉。

刘振黄

1924年，刘振黄考入黄埔军校三期步科班，次年10月参加了第二次东征。1926年1月军校毕业后，刘振黄被分配在国民革命军第一军顾祝同团见习。时广州大沙头航空军官学校建成，刘振黄又考入该校，成为第一期学员。时隔不久，北伐战起，刘振黄主动请缨，仍回顾团并任排长。1927年5月，国民革命军中路在江西与孙传芳部激战。刘振黄因表现顽强，战功显著，被提升为连长。后在龙潭战役中多次率兵出奇制胜，被擢升为营长。正当北伐军节节胜利之时，国民党右派先后制造了“四·一二”“七·一五”事件。刘振黄向上级力陈周恩来提出的“团结奋斗，枪口一致对外”主张，却被以“通共”之名褫夺兵权。直到1935年底，才在江苏省保安司令部担任教育科长。

1937年夏，抗日战争爆发。刘振黄请命杀敌，先任第97旅副旅长，转战于苏皖淮北地区。日寇初占睢宁时，刘率部反攻克城，歼敌甚多，并活捉了汉奸维持会长邵丕。是年9月调任第89军198团团长。该团由各县保安队临时拼凑而成，仅700余人枪，军事素质和武器装备均处劣势。部队在洪泽县蒋坝整训，以提高战斗力。

1938年11月中旬，占据睢宁的日军欲东犯宿迁，宿城守备空虚。国民党江苏省政府主席韩德勤却仅调出198团应敌，且不拨给一枪一弹。刘振黄回到驻地，只用了半个小时做准备，即率部急行200里，在天黑之前赶到宿城。因宿城位于黄、运两河之间，他把防区分成南、西、北三段防线，安排立即修筑工事，在运河上架设了浮桥，并炸毁了城西废黄河上的桥梁，以阻日军东进。当时，国民党宿迁县大队的三个中队，二、三中队已随县长鲁桐轩逃跑，仅剩一中队100多人协同作战。

17日，日军侦察部队先行对宿城东、西、南三个方向实施了武装侦察。20日晨，3000名日军分四路进犯。该部系步、骑、炮、坦协同的野战部队，其一路由敌骑兵作前锋，占领运东顺河集，封锁城北、城东守军退路；一路经龙虎坝、杜家庄一线前出，到钱山陵一带与守军对峙；一路在坦克掩护下，渡过废黄河经古城，占领城南黑鱼汪、傅庄，相机进攻宿迁南圩门；最后一路沿城西直扑西圩门。日军飞机对城内设施及城外守军阵地狂轰滥炸，重炮也不停轰击。守军因没有重型武器，防卫很是被动，工事大都被摧毁。仅依靠步枪、冲锋枪与日军战斗，苦战一天，伤亡甚重。刘振黄多次向韩德勤通电请求增援，韩始终敷衍。

是日下午，西圩门有被日军突破的危险，刘振黄命令警卫排速去增援，警卫排长不放心刘团长，请求留下几人保护他。刘振黄大喝："这是命令，违令者就地枪决。"警卫排长只得含泪赶往西圩门。是时，北线阵地被敌人几轮进攻后，县大队一中队伤亡过半。傍晚时分，日军冲入城内。日军边向活着的战士补枪，边冲击北圩门第二道防线。刘振黄的身边仅有几个随从，警卫排长也英勇牺牲。他们冒着密集的弹雨赶到第二道防线，指挥剩余守军撤入圩内据守。又经一夜苦战，南、西、北三个圩门相继失守，刘振黄腿部中枪。

21日黎明，宿城沦陷。刘振黄带领剩下的几个官兵来到东关口运河边，命令大家跳河突围。说罢带头跳入冰冷的河中，官兵们紧随其后。这时，敌人追兵已到，朝着河面扫射，天上的飞机也不停轰炸。刘振黄与团副吴绍文等不幸中弹牺牲。刘振黄时年34岁。

刘振黄殉国后，57军所属两个团于12月1日夜兵分三路攻打宿城。此役杀伤日军150余人，烧毁汽车27辆及其他武器辎重。

张梓扬（1905—？）　耿车人，曾用名张戴春。1928年3月加入中国共产党，领导成立耿车镇农民协会，曾任耿车区委书记。1928年初任耿车小学教员，后相继在凌城、杨圩、刘圩、杜楼等学校任教。在22年的革命岁月中，以教师身份作掩护，为党的组织建设、工人运动、农民运动等做了大量有益的工作。1950年任埠子小学校长，后在宿迁县总工会等单位任职。

王允圣（1911—1960）　字一尘，耿车村人。1926年入国民革命军广州某部随营学校，1932年考入黄埔军官学校洛阳分校一期。毕业后历任国民革命军52师某部中尉排长、上尉连长。参加过淞沪会战、南京保卫战。台儿庄战役后，因伤改任89军117师698团第一营少校营长，同年秋调任33师198团上校团长。抗战后期，调苏北水上清剿指挥部，任少将参谋长。1948年调123军，任军官教导团团长。1949年调28军任副军长兼参谋长。1950年赴台湾，1960年病逝。

徐遵德（1912—1993）　三义村人。抗战期间加入民兵组织，后任村民兵副队长。1943年10月加入中国共产党。1947年5月的一天，身体高烧未退，便组织民兵成立支前小组，到睢宁县王官圩抬担架抢救伤员。在战场上他们先后抢救了多名伤员。晚上，又抬着一位解放军重伤员，准备送到解放军后方医院去。当时他又累又饿，高烧加重，走起路来摇摇晃晃，但仍咬牙坚持。当走到睢宁和宿迁交界处的南沙河边时，水深齐腰，却无桥无船。徐遵德脱下衣服，和队友用肩扛着担架，硬撑着蹚过河水，把伤员送到后方医院。自己却一下子倒在了医院门前。后，耿车区民主政府授予徐遵德“支前模范”称号。

吴　英　朱须安　朱须友　系同时就义的三位革命烈士。吴英（1919—1946）原名吴增光，安徽蒙城（今濉溪县临涣镇）人。1941年调泗宿县工作，历任潘山区沈桥乡轮训队负责人，杨圩区组织干事、组织部长、区委书记。期间，发动群众打击敌伪，发展抗日骨干入党，组织群众生产自救，战胜春荒。牺牲后安葬于耿车。朱须安（1905—1946）、朱须友（？—1946）为叔伯兄弟，均是红卫村人。朱须安1943年参加革命，1944年任泗宿县杨圩区仝圩乡指导员。朱须友是仝圩乡通讯员。

吴英烈士墓

1946年11月中旬，国民党军队向解放区大举进攻，泗宿形势恶化。11月28日，杨圩区委书记吴英受命东撤，他带领朱须安、朱须友等人从朱湖（现泗洪县朱湖镇）沙岭北上，以便东渡运河寻找组织。他们昼伏夜行，天亮前到达杨圩附近小陈庄后分头行动。吴英、朱须安、朱须友三人投奔杜楼原乡队长王某。不想王已投靠敌伪，将吴英三人诓在家中后向敌乡公所报告。吴英三人不幸被捕。敌人先是诱降，见他们不为所动，便严刑拷打。然而折磨了整整一天，三人始终未透露半点组织机密。敌人于29日晚挖好坑，威胁将他们处死。三位英雄怒斥敌伪分子的丑恶行径，慨然跳入坑中，英勇就义。

张实夫（1920—1947） 刘圩村人，中共党员。因家境贫苦，两岁时被父母送到耿车集的外祖父家代为抚养。8岁入耿车小学读书，1935年毕业后又读了两年私塾。1944年1月到刘圩小学当教员。期间，张实夫以教师身份作掩护，开展党的地下工作。

1944年6月，张实夫到耿车小学教书，他秘密发动群众，扩大中共统一战线。日伪军下乡扫荡时，他带领学生分散隐蔽，或转移到野外树林、汪塘边上课。冬季办识字班，免费教乡亲们认字。平时还利用逢集日，组织年龄较大的学生，在街道边设立识字卡，对群众进行识字教学。一些大字不识的贫农不但脱了盲，还明白了抗日救亡的道理。张实夫酷爱写作，经常深入日伪统治区了解情况，写成通讯稿，以“半农”等笔名投往新四军第四师主编的《拂晓报》，每月投稿20多篇。激发了人民群众的抗日决心。

1946年，张实夫任耿车小学校长。不久解放战争爆发，中共在泗宿县的主力撤往淮北，张实夫主动留在家乡继续做党的群众工作。除了亲自抓校内教育教学，还积极配合乡村干部做支前、救灾等中心工作，并挤出时间为《拂晓报》供稿。是年底，反动地方武装还乡团活动越发频繁。1947年正月十四日，张实夫到刘圩小学隐蔽起来作斗争。当日夜里，还乡团一伙十余人冲进学校，将他捆绑起来拉到学校东北的一座坟旁杀害。张实夫时年仅27岁。

陈少南（1921—1940） 原名传诏、召南，新华村人。他积极组织抗日活动，做了大量卓有成效的革命工作，年仅19岁被反动分子抓捕杀害。

1935年秋，陈少南考入私立宿迁新生中学。1938年经共产党员陈筹介绍，赴鲁南垛庄干校学习，并加入中国共产党。次年1月，由苏皖特委分配到宿北开展工作。1939年秋，他随苏皖纵队南下，被任命为宿迁县第四区区委书记，在潘山、徐圩一带发展党员，建立党支部，并组建抗日自卫队和青年救国会。为开辟皖东至山东根据地的交通线，他常常只身往返敌占区开展工作，在叶圩、徐圩、陈圩、耿车等10处设立地下交通站，使皖东北经邳、睢、铜至鲁南根据地的交通线渐次打开，又动员爱国青年13人赴山东抗大分校学习，为革命工作积累了骨干力量。

1940年冬，陈少南由皖东北北上活动，在途经泗宿县戚圩时，被具有反动倾向的大地主戚某抓捕。陈少南向戚某宣传中国共产党的抗日主张，指出当汉奸残害同胞绝没有好下场。戚某被打动，想为自己留条后路。但在座的伪乡长徐飞、匪首王存江等力主不放。陈少南终被杀害。烈士遇难时毫无惧色，昂首挺胸，高唱国际歌，从容就义。

1942年2月11日夜，新四军第4师9旅26团在旅长韦国清指挥下，主攻伪宿迁县第三区公所，杀害陈少南的伪区长和伪警察分局局长等20余人被歼灭。不久，参与杀害陈少南的凶手徐飞、王存江也先后伏法。

刘昭诚（1921—？） 曾用名张学义，三义村刘宅人。1940年参加革命，1941年2月加入中国共产党。离休前任中共安徽省委组织部副部长、省顾问委员会委员。

1940年春，刘昭诚在耿车一带进行秘密抗日活动。同年6月参加苏皖总队学员队北上山东，到抗大一分校学习。1941年6月毕业后，任新四军9旅25团政治处管理员，并帮助地方工作。1943年秋任宿一区区委委员，1944年任睢宁县杨集区副区长、区长。是年，刘昭诚带领地方武装打击敌伪，半年内“三战三捷”。1945年秋任睢宁县碾盘区、朱集区区长。抗战胜利后，1946年先后任睢北干部大队长兼政委、干部中队指导员、睢北中心区委副书记。1947年2月随军支前，先后任渤海区章历县旧军区委书记、灵北县委委员、县公安局长等职。1948年6月起，先后任邳睢铜联防办事处公安局长、睢北工委书记、珠海区委书记、邳睢县委副书记、睢宁县县长等职。

1950年冬，刘昭诚调任淮阴专署主任秘书、党组成员。1952年春，任邳睢县委代理书记。此后，先后任新沂县委书记、徐州地委委员、财经部长、徐州地委副书记兼铜山县委第一书记、东海县委第一书记等职。1963年春，调华东局监察组任办公室主任。1967年1月，去五七干校劳动。1970年秋以后，先后任安徽省革委会政工组副组长、滁州地委常委，定远县委书记、地委副书记、地区革委会副主任，淮南市委副书记、阜阳地委副书记、地区革委会主任、地委代理书记，安徽省委组织部副部长等职。1987年离职休养。

杨克玉（1921.5—？） 杨庄人。1939年投身革命，参加过抗日战争、解放战争和抗美援朝，师级干部。曾主政吉林铁路局，1985年12月离休。

杨克玉

1937年考入宿迁中学。1939年5月，在泗县大庄区新四军创办的青年救国训练班学习，同年7月加入中国共产党。10月，分配至新四军六支队任宣传员。1941年，先后任阜宁四区区中队政治指导员、阜宁总队副教导员等职。1945年1月起，在新四军3师卫生部及东北人民解放军39军卫生部任组织干事、教导员、副政委、政委。1949年8月起，先后任39军后勤部政治部主任、教导大队政委、政治部组织处长、117师政治部主任和军干部部长等职。先后参加了四战四平、三下江南及辽沈、平津和解放大西南诸战役，一直随军打到镇南关（后名友谊关）。在朝鲜战场参加了五次大的战役和“三八线”上坑道战、上甘岭战役等。

1959年，杨克玉转业地方，先后任大连机床厂副厂长，长春机车厂党委书记，吉林铁路局局长、党委书记，铁道部东北铁路办事处副主任、党组副书记等职。1977年至1980年，主政吉林铁路局。时值“拨乱反正”，恢复生产秩序的关键时期，杨克玉带领10万余名职工，较好地完成了各项任务，保证了2300余公里的铁路运输线正常运行。

刘秉果（1928—2020） 刘圩村人。1953年考入江苏师范学院（苏州大学前身）体育专科，1957年毕业后留院任教，1980年到徐州师范大学任教，为体育系教授。一生致力于体育理论的研究、教学与传播，有专著十余部。

刘秉果

1984年，刘秉果应邀为国家奥委会编辑宣传品《体育画册》。1987年编著《中国古代体育史话》。1989年，主编中国第一本《中国古代体育史》，将各种武术、击剑、足球、马球、田径、游泳、冰上运动、举重、投壶、棋类等体育运动在中国的发展作了较为全面、权威的普及宣传。

2002年3月16日，世界球王贝利到中国访问，74岁的刘秉果在长城脚下为外国友人安排了一场汉代蹴鞠（cùjū）演示。贝利方知足球起源于中国，当场和中国足球队前主教练米卢蒂诺维奇一起加入了演练。2004年，刘秉果编著《蹴鞠——世界最古老的足球》。人们更全面地了解到，足球起源于中国的黄帝时期。是年5月24日下午，西班牙摄制组为了制作一部讲述足球发展史的文献片，专程请教刘秉果，并在徐州西郊九里山下的汉城里，拍摄一场“蹴鞠大战”——“汉代足球”赛。7月，亚洲杯足球联赛在中国举办。中国队获得亚军。国际足联正式承认蹴鞠是足球的鼻祖，足球起源于中国。同年，刘秉果还编著《捶丸，中国古代的高尔夫球》一书。他引用大量史料，阐述了早在1000多年前的宋代中国，就已经有了捶丸游戏。而捶丸，就是最早的高尔夫球。

王范秀（1928.12—？） 刘圩村王庄人。卫技7级。1942年中学读书时即参加革命，1947年加入中国共产党。1943年结业，后分配到泗宿县总队（独立团）卫生队工作。1945年参加解放宿迁、埠子、睢宁、凌城等战斗。解放战争期间随部队从苏北转战山东，调华东野战军卫生部第七后方医院工作。先后参加了泗县保卫战、宿北战役、白塔埠战役、莱芜战役、孟良崮战役以及解放开封（第一次）、解放济南、淮海战役、渡江战役、解放上海等战役战斗。期间被华东野战军卫生部评为“优秀医务工作者”。1950年所在208医院跟随九兵团赴东北参加抗美援朝，作为后方医院驻扎长春。后分配到总参谋部通讯部通讯学院，担任苏联专家及高级将领的医疗保健工作。1966年学院转属地方，先后任校医院科主任、副处长、院长等职务。1988年离休，享受厅局级待遇。

张锡元（1935.2—2019.4） 耿车村人。副研究员。幼年读书刻苦，考入宿迁中学，任学生会主席。高中毕业考入扬州摄影学校，曾任南京电影制片厂专职摄影师。60年代调回家乡，先后任宿迁县文教局科员、副局长、井头乡乡长、乡党委书记、宿迁县委宣传部长、淮阴市计生委副主任、卫生局副局长、淮阴市第一人民医院党委书记。1985

张锡元

年2月，任宿迁县副县长。1987年12月，任县级宿迁市委常委、常务副市长。1989年5月下旬，江苏省中小学清除危房改善办学条件工作会议在宿迁召开，张锡元在会上作《唤起干群一百万，勒紧裤带办教育》的发言在全省引发反响。1995年退休。张锡元在任期间，注重实践，体察民情，为群众解决了一些医疗、教育等方面的实际问题。

李月华（1938—1971）　耿车人。幼时随父亲过着漂泊行医的生活。1955年去安徽省泗县，先后在曹场、草沟、丁湖等乡卫生院，任保健员、医生。1971年，为抢救产妇母子带病工作，因劳累过度殉职。2021年，李月华入选宿迁市首批革命先烈和先锋模范人物。

李月华

为了方便群众看病，李月华把家安在医院旁边。病人多时，腾出自家床铺给病人用。她家炉子昼夜不灭，无偿供病人家属烧水煎药、做饭。几年时间，家庭病床先后接待过150多位病人。1962年冬，邻居赵二姐生病，无奶水喂养婴儿。李月华给亲生儿子断了奶，喂养赵家小孩半年。1967年8月的一天，一对农民夫妇带婴儿来看急诊，经会诊是肠套叠。她立即主刀手术，几个小时后婴儿得救，而李月华却因过度劳累而昏倒。1971年8月30日，是李月华高烧的第三天。上午坚持着给一个农民看完病，她的体力已经透支，体温升到了摄氏41度。晚10时许，当得知一个产妇孩子落地两小时胎盘未下，大量出血生命垂危时，她硬撑着下了床，请丈夫扶着自己给产妇做了胎盘剥离手术。手术刚做完，她便昏了过去。因体力消耗过大，李月华病情急剧恶化，终因抢救无效离世，年仅33岁。

李月华去世后，父母准备把她接回老家耿车安葬，但当地群众不忍，恳求将李医生安葬在她殉职的地方——丁湖乡。1972年7月1日，中共宿县地委追认李月华为中共党员。7月26日，下发《关于向李月华同志学习的通知》。8月3日，《安徽日报》发表社论《向李月华同志学习》。随后，《白衣红心——李月华》在《安徽日报》、安徽人民广播电台刊播。12月19日，《人民日报》在二版整版刊登了新华社长篇通讯《人民的好医生——李月华》，全国各地迅速掀起了向人民的好医生李月华学习的热潮。朝鲜、日本等国家也印发了宣传李月华事迹的小册子。

蔡士诚（1941.11—2014.8）　耿车村人。高级教师，宿迁市原民盟盟员，江苏省

蔡士诚

书协会员。1964年于宿迁中学高中毕业，1968年毕业于南京师范大学中文系，之后下放耿车公社参加农业生产。1974年被抽调到宿迁县水利部门工作，1979年调入宿迁中学任教，直至退休。其知识渊博，多才多艺，曾任教语文、历史、体育、书法等多门学科，多次被评为优秀教务工作者。

张云才（1945.11—2018.7） 大同村人。1968年9月参加工作，历任耿车村小民办教师、晓店中学教师、埠子中学教师、埠子高中副校长、校长兼党支部书记。1989年10月任宿迁中学校长，并先后任校党支部书记、党总支书记、党委书记。1993年被评为淮阴市先进工作者，1999年4月获江苏省五一劳动奖章，2002年4月获全国五一劳动奖章。2005年退休。任宿迁中学校长期间，大力推进教育体制改革，实行中层正职干部竞争上岗、教职工全员聘任，成功创建国家级示范性高中。

张云才

李　军（1968—2018） 大众村人。1989年参加工作，1990年入党。曾任大众小学代课教师，1989年12月起，历任大众村团支部书记、民兵营长、大众村党支部副书记、村委会主任等职。2013年6月，任大众村党支部书记、村委会主任。2016年6月任大众村党委书记。2016年11月至2018年1月，任耿车镇副镇长、大众村党委书记。

李　军

在生态环境整治工作中，大众村率先完成废旧物资回收加工业的关停清理。在经济业态转型中，他引导企业主将废塑生产加工向板式家具转移，创新“支部+电商”工作法，突出党建引领，将传统销售模式向网络销售模式转变，使大众村成为全镇发展电商产业的“领头羊”，跻身全国首批“淘宝村”。全力推进“美丽乡村”建设，带领村民改造提升生态环境，提升群众幸福指数。李军先后获评宿城区“建区20周年功勋人物”、江苏省农村基层党建工作突出贡献奖、宿迁市优秀共产党员、感动宿迁“人物”、宿迁道德模范、“江苏好人”“江苏省道德模范提名奖”“中国好人”等荣誉称号。2018年1月30日，因病医治无效去世。宿迁黄河畔英雄园有其雕塑展陈。

中国好人李军

人物简介

王焕民　1928年10月生，又名王范起，红卫村人。宁夏军区原政治委员，少将军衔。1944年5月参加革命，1945年5月加入中国共产党。解放战争时期先后任文书、宣传员、文化教员、政工股干事，立三等功一次。曾参加益林战斗、众兴战斗、淮海战役、渡江战役等。1950年3月至1956年3月，先后任连指导员、团政治处干事、营教导员等职。后入解放军政治学院学习，毕业后任186团政治处副主任。1960年6月任62师政治部干部科长，1964年任62师181团副政委，1966年任62师炮兵团政委，1968年调任兰州军区某独立团政委，1969年任12师45团政委，1970年任陆军55师副政委，1978年调任陆军20师政委，1983年任宁夏军区副政委。1985年8月，任宁夏军区政委。

王焕民

1956年，被中央军委授予独立奖章和解放奖章，1988年被中央军委授予少将军衔。1990年被中央军委授予独立功勋荣誉奖章。同年6月离休。2013年10月出版《王焕民、王焕新将军书法作品集》。

王　瑚　1930年10月生，湖稍村人。1946年5月参加革命，同月加入中国共产党。解放战场上成长起来的医卫工作者。曾任上海市闵行区人民政府副区长等职。

解放战争期间，先后在宿迁淮北二中、华东二期卫校、上海市卫生人员训练所学习。1947年2月至1949年9月，先后在山东和平医院、华野九纵26师卫生队、三野卫生部前卫手术队、解放军上海市军管会等单位从事医护工作。参加过道头阻击战、兖州战役、济南战役、淮海战役、渡江战役等，多次立功受奖。

中华人民共和国成立后，一直在上海市医卫系统工作，多次被评为先进工作者。1958年12月下旬，作为上海市爱国卫生运动代表团成员进京开会，受到毛泽东、刘少奇等党和国家领导人接见。1960年2月起，先后任上海市闵行区文教局副局长、闵行区中心医院副院长、院长、党总支书记，区卫生局党组书记、区人民政府副区长、区政协副主席。1977年任上海市第七届人民代表大会代表，1991年任上海市第七届政协委员。

黄爱民　1930年12月生，刘圩村二组人，曾用名黄明友。童年在叶茬刘圩小学读书。1949年毕业于淮安水利学校。1950年参加工作，1954年加入中国共产党，1956年任省属淮安闸管理所所长。1965年以后先后任江苏省灌溉总渠管理处主任，淮沭新河管理处主任，省水利厅副处长，省水利厅副厅长，江苏省秦淮河管理处主任，省淮安第三抽水站工程主任。多次为家乡兴办公益事业，协调并捐助资金修建桥梁、电灌站和水泥路。

刘秉霞　1935年生，又名薛兴霞，笔名孟丝，刘圩村人。抗日英雄刘振黄女儿，世界著名旅美华文作家。幼年在刘圩村生活，父亲不幸阵亡后，家境困难，被母亲送到南京姨母家代为抚养。姨母一家对其十分疼爱，视如己出。后改随姨父薛姓，名兴霞。1949年与姨母一家移居台湾。台师大英语系毕业，学士学位。之后赴美留学，获博士学位。先后出版小说集《生日宴》《白亭巷》《枫林坡》、散文集《漫游沧桑》《泪溅维加斯》等十余部。在美国普林斯顿大学、匹兹堡大学图书馆任职多年，经常举办或参加民众读书活动，向美国青少年推介优秀的中国文学作品。她还在新泽西州创办了书友会，将“以书为友、以书会友、以友为书”作为协会宗旨，推动了中西文化交流。

刘昭英　1936年10月生，原名刘超，别名刘效成，三义村人。1960年加入中国共产党。中国知名传统医学博士。专长于心脑血管病、风湿类风湿关节痛和小儿科疾病。曾获99世界传统卫生组织WTHO圣塔莫尼卡明星人才基层杰出医生等称号。

1955年6月，刘昭英毕业于宿迁县大兴中学，1956年考取中央军委财务学校。工作期间自学中医，继而行医。1972年冬，申请调黑龙江省大兴安岭呼中林业局医院工作，任中医主治医师。他多次深入大兴安岭原始森林观察、研究天然药物，发现了野生灵芝、云芝、褐多孔菌等具有重要药用价值的原始真菌500多种。先后在国内和国际学术会议就野生灵芝的医疗功效发表演讲21场，在各种学术刊物发表论文20余篇，学术论文32次获各级荣誉奖励，其中国家级奖项两项。他创立的“方组轮服法治内科疑难危重症”填补了当代中医临床实践中的空白，获1990年全国农村中医药优秀论文特等奖，1995年美国世界传统医学“国际荣誉”奖。科研成果“大兴安岭原始森林多孔菌治风湿性关节痛有奇效”获96北京“华佗杯”金奖和“当代华佗”称号，并获1996年美国旧金山第三届世界传统医学大会优秀成果突出贡献国际金奖，1999年获世界传统卫生组织WTHO圣塔莫尼卡科技进步三等奖。2000年入录《美国世界传统医学科学院传统医学博士学位论文第二集》。

1992年，刘昭英的医药科研简历被收入《知名中青年中医药师名录》。是年10月，作为中国医学代表团成员赴美国出席第二届世界传统医学大会暨世界传统医学优秀成果交流颁奖大会，荣获“超人杯”金奖，并被授予“民族医药之星”称号。其事迹先后载入《中国传统医学名医特技大典》《中国跨世纪专科名医大典》《当代世界传统医学杰出人物》中英文版等大型典籍中。

张怀来　1938年生，新华村张庄人，中共党员，微波通信研究专家。1960年，张怀来毕业于北京邮电学院，后任南京邮电学院（南京邮电大学）处长。

微波通信是指使用波长在1毫米至1米之间的电磁波进行的通信，一直是国际远距离通信的主要手段，对应急和军事通信的作用十分重要。我国对微波通信的科学研究高度重视，其中南京军区承担了“TGHZ数字微波通信设备”研制工作。军区领导将该项目的设计任务交给了张怀来，由他负责该机总体设计。张怀来带领专家组夜以继日地工作，克服了多道难题，终于圆满完成设计任务。1978年3月18日，中共中央在人民大会堂召开全国科学大会，张怀来负责的科研项目光荣获奖。不久，他承担的“8GHZ模拟微波通信设备”研制成果，在江苏省第一届科学代表大会上再次获奖。

陈先智　1939年12月生，曾用名陈先知，耿车人。1960年宿迁中学高中毕业，考入华东水利学院。1965年起，先后在上海工程设计院、宿迁县港务处工作。1979年调连云港建港指挥部，1983年任该部工程处副处长。1985年底，经中国港湾工程公司借调科威特工作两年，任项目副经理。1988年被授予高级工程师职称。

陈先智

刘尚娴　1941年12月生，籍贯刘圩村，生于上海。1963年毕业于北京电影学院，著名电影表演艺术家、导演。其祖父为机场建设专家刘振国，父亲是原水电部电力专家刘秉森。因在故事片《英雄儿女》中的出色表现，被分配到八一电影制片厂演员剧团。另出演《怒吼吧，黄河》《火种》《拳击手》《关于爱的故事》等影视片，导演《风雨下钟山》《情留此山中》《中国刑警》等影片十余部。丈夫沈国瑞，曾任八一电影制片厂录音师，先后参加了数十部故事片、军教片的音响效果和录音制作。

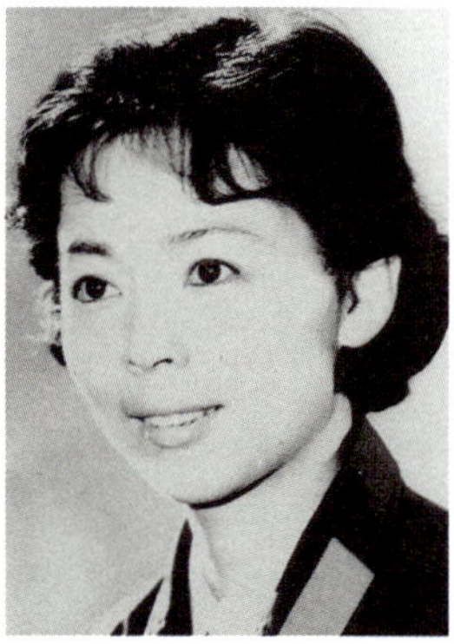
刘尚娴

朱瑞基　1941年11月生，花厅村人，中共党员。曾为贵州省哲学学会会员，全国历史唯物主义研究会会员，全国马克思主义哲学史学会会员。

朱瑞基

1956年毕业于耿车小学，后考入宿迁中学。1961年考入北京大学哲学系。1968年8月，在贵州省委办公厅工作。1970年11月，调贵阳市第二制药厂。1973年3月，调贵州大学哲学系任教，1984年任该系副主任，1985年晋升为副教授、教授。先后在省内外学术刊物发表论文30余篇，其中1986年发表的《社会主义精神文明基本特征》获贵州省哲学学会优秀论文一等奖。并参与《马克思主义原理》和《党的群众工作大辞典》等书籍的编撰工作。

赵伦忠　1944年10月生，赵庄村人，中共党员，全国优秀教师。幼年在耿车读小学，1964年宿迁中学高中毕业后，考入北京航空学院自动控制系。1969年8月，分配至航空部南京511厂，任工程师、技术主任等职。1983年9月，调任连云港职业大学机电系主任、教授，连云港市机电技术应用研究所所长，全国高等专科学校机制和液压协会理事等职。1977年，设计并主持制造的检测仪，填补了国家空白，达到世界先进水平，获江苏省和航空部优秀科技成果奖，个人获南京市科技先进工作者称号。1979年，当选为第五届全国青年联合会委员。1985年，获连云港市政府嘉奖。1988年，获江苏省高校优秀教学质量二等奖。1989年被授予“全国优秀教师”称号。

赵伦忠

王焕新　1948年1月生，曾用名王范兰，红卫村人。少将军衔。1968年6月参军，历任班长、排长、宣传干事、军政治部秘书、团政治委员、师政治部主任、师政治委员、集团军政治部主任、副政委等职，后任兰州军区联勤部政委。1998年被中央军委授予少将军衔。先后发表学术论文50余篇，其中11篇在全国或军区获奖，2009年出版《王焕新文稿选》。四次荣立三等功，被兰州军区表彰为优秀党务工作者，基层建设先进个人。

王焕新

高行楼　1948年4月生，耿车村人，经济师。1990年以来先后担任耿车机电厂、装饰板厂等企业负责人。制定改革方案，压缩非生产人员数量，加大企业技改投入，先后与国内一些科研机构、大专院校建立密切合作关系，联手开发了浮雕、柔光、滞燃装饰板等新产品，打开市场销路。产品先后被评为“中国高新技术产品博览会金奖”“全国林业名特优新博览会银奖”，有两个被列为

高行楼

国家星火计划项目。其多次被评为乡镇企业系统安全生产工作先进个人，2000年被授予“江苏省劳动模范”称号，2003年5月获全国“五一劳动奖章”。

叶盛旺　1954年11月生，新华村（今白鹿湖村）人。毕业于上海外国语学院意大利语专业。1978年8月参加工作。历任邮电部西安第四研究所翻译，宿迁县宿城镇团委书记，宿城镇党委副书记，耿车镇党委副书记，卓圩乡党委副书记、乡长，卓圩乡党委书记，县级宿迁市计委党委书记，宿城区计经委主任、系统党委书记等职。1999年1月，任宿城区副区长。2002年12月，任宿豫县副县长，后任宿豫区委常委、副区长；宿豫区政协主席、宿迁市彩塑工业园党工委书记等职。2014年退休。

叶盛旺

黄莉新　1962年8月生，刘圩村人。工学博士学位，高级工程师。1983年6月加入中国共产党，7月参加工作。1987年起，先后任江苏省水利厅工程管理处闸站科副科长、科长、副处长、处长。1997年6月起，先后任江苏省水利厅厅长助理、省防汛防旱指挥部办公室常务副主任，水利厅党组成员，厅长、党组书记等职。2003年2月起，先后任江苏省副省长、省政府党组成员，省委常委、副省长，省委常委、无锡市委书记，省委常委、南京市委书记，省委常委、常务副省长、省政府党组副书记兼省行政学院院长等职。2018年1月起，先后任江苏省委副书记、省政协党组书记、主席，省政协党组书记、主席。2022年1月任浙江省政协党组书记、主席。2023年12月，任上海市人大常委会党组书记。2024年1月，任上海市人大常委会党组书记、主任。中共十八大、十九大代表，十八届、十九届中央候补委员，十三届全国政协委员，十四届全国人大代表。

黄莉新

张守跃　1963年3月生，号三平书生，耿车村人。中国书法家协会会员、江苏省书协常务理事、宿迁市文联副主席、宿迁市书协顾问。国家二级美术师。1982年考入淮阴师专化学系。1985年毕业，先后在蔡集中学、双

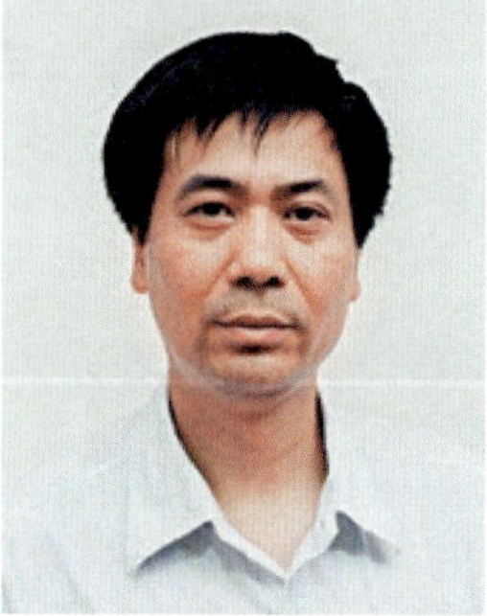

张守跃

庄中学、宿迁中学任教。2007年12月调入宿迁市政协。作品先后获第二届中国书法兰亭奖、全国首届青年书法篆刻展览等十余次大奖或入展。2015年出版书法论文集《书法微言》。被授予江苏省中青年“德艺双馨”文艺工作者、宿迁市优秀科技专家、宿迁市“德艺双馨”文学艺术家等称号。

胡　博　1963年3月生，赵庄村人，宿迁市非物质文化遗产苏北大鼓代表性传承人。中国曲艺家协会会员，中国民间文艺家协会会员，宿迁市曲艺家协会副主席，宿迁市说唱艺术委员会主任、宿城区民间文艺家协会副主席、说唱委员会主任。江苏高级乡村振兴技艺师（副高职称）。1980年拜师学艺从事苏北大鼓创作演唱。1982年参加宿迁曲艺队。参加周末书场、琴鼓村村行等宣传演出近千余场。代表书目《走马春秋》《兵吞六国》《昭君和番》《随唐演义》《薛丁山征西》《罗贵下山》《金枪北宋》《辞云走国》《三打巴山》等。创作《红色坠胡》《再看耿车》《单身赴宴》《三个老头论电梯》等曲艺作品200余篇，多次荣获国家级、省级优秀精品剧目奖、优秀编剧、优秀导演、优秀演员等奖。发表曲艺论文《守正创新:推动新时代中国曲艺之乡高质量发展》《当代曲艺人在弘扬优良传统传承红色基因中的新作为》等10余篇，参加《中国民间工艺集成》《中国民间文学大系》）江苏卷编撰工作。为江苏省乡土人才“三带”新秀、江苏省群众文化“百千万工程”优秀文艺骨干、宿迁市“千名拔尖人才”第二层次培养工程培养对象、市带徒传技标兵。

胡　博

冯　岩　1965年1月生，赵庄村人。1985年5月加入中国共产党。1984年7月起，先后任宿迁县黄墩乡农技站技术员，站长，党委宣传委员，组织委员，党委副书记、乡长，井头乡党委副书记、乡长，侍岭乡党委副书记、乡长，侍岭乡党委书记等职。1997年2月起，先后任宿城区委常委、宣传部长，宿城区委副书记、宣传部长、政法委书记，泗阳县委副书记、组织部长，泗洪县委副书记、县长，泗洪县委书记，泗洪县委书记、县人大常委会主任等职。2011年6月起，先后任宿迁市副市长，市委常委、副市长，市委常委、副市长、市委统战部部长，市委常委、统战部长、政法委书记，市政协党组副书记等职。2022年2月，任政协宿迁市委员会主席。江苏省十一次党代会代表，省十届人大代表，省十一届政协委员。

冯　岩

赵晓莉　1969年5月生，耿车村人。1991年8月参加工作。1994年9月起，先后任原宿迁市经委副科长、宿城区计经委副科

赵晓莉

长、宿迁市质监局副科长、科长等职。2003年2月起，先后任宿豫县质监局局长、党组书记，宿迁市质监局局长助理，副局长，局长、党组书记等职。2019年1月任宿迁市国资委主任、党委书记。

骆志弘　1970年8月生，五星村人。研究生学历，硕士学位。1992年8月参加工作，2000年7月加入中国共产党。曾任宿迁市委督查室主任、市委办综合五处处长。2010年11月起，先后任市委研究室副主任，泗阳县委常委、王集镇党委书记，市政府副秘书长、市政府研究室主任、市大数据管理局局长等职。2022年3月任宿迁市人民政府秘书长。

骆志弘

张　彤　1971年10月生，耿车村人。省委党校在职研究生学历。1992年6月加入中国共产党。1990年9月参加工作，先后任淮阴师范专科学校教师，宿迁市委（县级）办公室秘书、共青团宿豫县委书记、共青团宿迁市委副书记、泗洪县委常委、组织部部长等职务。2005年12月，任共青团宿迁市委书记、党组书记。2007年11月，任泗阳县委副书记、常务副县长、县政府党组副书记。2008年12月，任江苏省妇联副主席。2011年8月，任徐州市委常委、宣传部部长。2013年6月，任淮安市委常委、组织部部长。2018年3月任淮安市委副书记。同月，任江苏省妇联主席、党组书记。2023年3月，任江苏省人力资源和社会保障厅党组书记、厅长。7月，任南通市委副书记、市政府副市长、代市长。8月，任南通市委副书记、市政府党组书记、市长。第十四届全国人大代表，江苏省第十三届人大代表。

张　彤

刘　扬　1974年4月生，三义村人。本科学历，硕士学位。历任宿迁市（县级）国税局直属所、办公室办事员；宿迁市国税局城区分局办事员、副股长，人事科科员；宿迁市科技局副局长、党组成员；沭阳县委常委、宣传部长；2009年7月任宿迁市委办副主任、市档案局局长、党组书记；2011年11月任宿迁市委宣传部副部长、市委外宣办（市政府新闻办、市网管办）主任，市委市政府新闻发言人（网络发言人）；2014年3月宿迁市委宣传部副部

刘　扬

长、宿迁日报社社长、党委书记；2017年11月先后任任紫金保险宿迁中心支公司党委书记、总经理，江苏分公司党委委员、副总经理兼宿迁分公司党支部书记、总经理，江苏分公司党委委员、副总经理，总公司三农事业部总经理兼江苏分公司党委委员、副总经理。现任紫金财产保险股份有限公司副总裁、党委委员。

朱　智　1987年11月生，大众村人，2009年毕业于北京航空航天大学材料科学与工程学院，2014年北京大学化学与分子工程学院博士毕业，2014年至2022年攻读美国麻省理工学院博士后，获研究员职称。2022年回国，任东南大学能源与环境学院动力工程学院青年首席教授、博士生导师，为国家高层次青年人才、华为紫金学者。主要研究领域为锂离子、钠离子电池关键材料及其电化学体系构建、储能电池故障诊断与安全状态检测，以及电池材料自修复与回收技术等。率先提出并在固体材料中构建了“高氧离子”储能新机制，开拓了多种包括纯氧阴离子、富锂锰正极、高电压钴酸锂以及层状氧化物钠离子正极材料等一系列具有高安全、高比能的锂离子、钠离子电池材料新体系。第一作者发表包括Nature Energy（2篇）、Energy & Environmental Science、Advanced Materials及Advanced Energy Materials等顶刊论文多篇。主持国家自然科学基金，南京市择优人才等项目。研究成果得到了《The Economist》等著名经济学杂志的专题报道和推广。任Materials Today Energy等期刊编委和J. Power Sources等期刊审稿人。

朱　智

周欣茹　2001年10月生，新华村人。中国女子摔跤运动员，摔跤世界冠军。2012年入宿迁市体育运动学校摔跤队。2016年入江苏省队和南京市重竞技运动学校。2018年10月，在第三届世界青年奥运会女子自由式摔跤65公斤级决赛中，作为中国唯一选手，仅用49秒便以10∶0比分战胜乌克兰选手夺金，实现江苏女子出战青奥会零的突破，央视报道《周欣茹：一个人代表一支队伍》。曾获江苏省第十九届运动会青少年部女子自由式摔跤冠军，亚洲少年锦标赛亚军；2019年第二届全国青年运动会决赛冠军，中国杯国际式摔跤团体赛冠军；2023年全国国际式摔跤锦标赛亚军，亚洲U23摔跤锦标赛金牌和全国国际式摔跤冠军赛女子自由跤季军等荣誉。2018年11月，周欣茹回到母校耿车中心小学作分享。

周欣茹

世界冠军周欣茹

名人履痕

费孝通（1910—2005） 苏州吴江人，著名社会学家、人类学家、民族学家、社会活动家，第七、八届全国人大常委会副委员长，政协第六届全国委员会副主席。

费孝通

1928年考入东吴大学医预科，1930年转入北平燕京大学社会学系，1933年考入清华大学研究院，1936年在伦敦大学经济政治学院学习社会人类学。1938年先后任云南大学、西南联合大学、清华大学教授，1944年加入民盟。1981年获英国皇家人类学会赫胥黎奖章。1982年被选为伦敦大学经济政治学院院士，又被澳门东亚大学授予社会科学博士学位。1985年任北京大学社会学研究所所长。1988年获联合国大英百科全书奖。

1986年5月10日，费孝通专程到耿车乡考察，肯定了耿车“四轮驱动，双轨并进”的经济模式。9月27日，全国小地区发展战略研讨会期间，费孝通专门为耿车乡题词：“大胆探索，因地制宜，为乡镇企业创造新的模式。”此后，费孝通又多次在重大会议场合或著述中阐释、推广“耿车模式”，为耿车乃至全国农村经济的发展起到了宏远的指导作用。

于光远（1915—2013） 原名郁钟正，1937年加入中共后改名于光远。上海人，中国社会科学院研究员，著名经济学家。1934年考入清华大学物理系。1935年参加“一二·九”学生运动。1939年起历任中共中央图书馆主任，北京大学图书馆系教授，中共中央宣传部理论宣传处副处长，中国科学院哲学社会科学部委员、常委，科学规划委员

于光远

会副秘书长，科学技术委员会副主任。1975年后，历任国家计委经济研究所所长、中科院副院长兼马列主义毛泽东思想研究所所长、中顾委委员等职。2006年当选中国社会科学院荣誉学部委员。

于光远对于“耿车模式”的理论总结和实践探索倾注了大量心血。1986年4月与宦乡、李崇淮等经济学家到耿车乡调研。充分肯定了“耿车模式”，认为“四轮驱动”既改革和发展了集体企业，又发展了在集体服务和管理下的联户办、户办企业，调动了老百姓的创业积极性，搞活了经济。耿车人民勇于创新、艰苦创业的精神也要好好发扬。9月24日，国家经委、国家科委等十几个单位在北京举行“耿车模式”专题研讨会，于光远亲自主持会议。耿车的经济发展经验被正式定义为“四轮驱动，双轨并进，大轮带着小轮飞，小轮推着大轮转，大的抓住上水平，小的分散进家庭”的“耿车模式”。1987年1月，于光远再次到耿车调查并题词：“为发展我国农村经济创造出一种可供选择的很好的模式。”

徐守存（1938—2012）　宿迁三棵树乡（现宿城区项里街道双河社区）人。原耿车乡、耿车镇党委书记，耿车经济体制改革与实践的领军者，“耿车模式”倡建者。1959年9月，徐守存考入江苏师范学院（现苏州大学）中文系，1963年7月毕业后在宿迁县大兴中学任教。1970年8月，调县文教局工作。1980年8月，任县纪委办公室主任。1983年4月，任耿车乡党委书记，1987年2月，任耿车镇党委书记。1987年5月，任县委党校校长。1990年2月，任宿迁市（县级）人大常委会副主任。1999年10月退休。

徐守存

徐守存注重调查研究，刚上任耿车乡党委书记，就到一个被称为“314”的村民小组调查农业产量低的根源。他克服重重困难，带领干部群众在西沙河上建起三座电灌站。当年粮食产量提高了20多倍。在发展工业方面，乡党委研究决定，采取集、个体经济一起上的方式，更多地激发群众创业活力。从起点较低的家庭经营开始，促进农民增收致富。针对集体经济薄弱的状况，乡党委确立了以示范型骨干企业引领发展的思路。人造板厂扭亏增盈后，为集体经济的发展树立了样板。耿车乡“双轨并进，四轮齐转”的经济体制改革模式成型后，1986年9月，耿车镇受邀进京参加“小地区经济发展研讨会”，徐守存在会上作了主题发言。耿车模式与苏南模式、温州模式一起，并列成为中国区域经济发展的样板。

徐守存谈耿车模式

古代军职人员一览表

表 17

姓　名	朝　代	居住地	曾任职务	备　注
魏　郊	南宋	耿车西南	忠州刺史；两浙西路马步军副总管	魏胜长子
魏　昌	南宋	耿车西南	承信郎	魏胜次子
胡　元	清	孝九图	辽东指挥	
焦　忠	清	顺八图	贵州卫指挥	
黄　淮	清	孝九图	金吾卫指挥	
顾　祥	清	孝九图	山东鳌山卫指挥	
赵官保	清	孝九图	金吾左卫指挥	
张　英	清	顺八图	燕山右卫指挥	
靳　清	清	顺九图	留守右卫指挥	
唐　贞	清	顺九图	金吾右卫指挥	
靳　聚	清	顺九图	金吾右卫指挥	
丁　成	清	顺八图	惠州卫指挥	
陆仟家	清		燕山卫千户	
伍　聚	清	顺十图	辽东卫千户	
张　原	清	顺十图	临清卫千户	
吴买住	清	顺十图	济宁卫千户	
叶讨儿	清	孝九图	孝陵卫	
桑　贵	清	孝九图	镇江卫	

党、政、军干部名录（部分，截止2023年）

表18

姓名	出生年月	村居	任职	备注
王修文		耿车村	泗宿县耿车区委书记、宿迁县委委员、宿迁县委书记	又名王绍武、王二
陆品山		陆后园	1928年耿车党组织创建人	又名陆永松
刘秉哲	1905	刘圩村	国民党陆军28军军长	
刘振亚		刘圩村	国民党陆军第八预备役师副官	刘振宗弟
刘秉森		刘圩村	水电部高级工程师	刘宜默子
李玉堂	1921	新华村	宁夏军区石嘴山军分区政委	1940年参加革命
周　奎	1922		西安市403厂厂长	1940年参加工作
张西环			南京化学工业公司党委书记	
叶敬德	1924	新华村	解放军第一航空学校政治部主任	1943年参加工作
王　璞		湖稍村	1943年参加革命。任济南铁路局理论教员、《铁道工人报》副总编等职	
杨士喜			黑龙江哈尔滨市公安局长	
顾城业	1929		解放军149医院副政委	1945年参加工作
常凤瑞			南京市电子局劳资处长	
王　庭	1930	湖稍村	中共江苏省委宣传部处长	1949年参加工作
刘秉鑫	1937	刘圩村	宿迁职业中学高级教师	刘振黄子
张金榜			兰州军区政委	
张俊业		大众村	曾任赣榆县副县长、原宿迁市国土资源局局长	
王世昌			宿迁县委党校副校长	
王家祥		刘圩村	广州军区某部政委，后出国援建巴基斯坦。	
王志平	1955	红卫村	曾任宁夏吴忠军分区副政委，大校军衔。2013年1月退休	
姚正华	1957.7	五星村	五星村党支部副书记、大队长，耿车镇党委副书记，宿城区副区长等职	
王　坤	1963	湖稍村	宿迁市国资委副主任	
张延来	1963	新华村	宿迁市公安局副局长，高级警司	
朱卫东	1967.8	花厅村	宿迁市政协农业农村委主任	
刘金山	1970.11	耿车村	曾任宿迁市政府副秘书长，洋河新区党工委副书记、管委会主任等职	
张　磊	1971.8	耿车村	宿迁市地震服务中心副主任	
蔡士军	1972.9	耿车村	现任泗洪县副县长、党组成员，县公安局党委书记、局长、督察长	
蔡　敏	1978.10	大众村	宿迁市国资委副主任	

副处级以上客籍干部名录（截止 2023 年）

表 19

姓　名	出生年月	任　职	备　注
徐景良		曾任宿迁县委副书记、耿车公社党委书记等职	
周德华	1950.11	1992年6月—1994年12月任耿车镇镇长，2003年任宿豫县委常委	
李奎文		1986年至1989年，先后任耿车镇镇长、党委书记。后任宿城区区长	
申湘琴	1958	1989年底至1993年初任耿车镇镇长。曾任宿迁市信访局局长、省信访局信访督查专员等职	女
叶　锋	1963.8	2002年7月至2003年12月任耿车镇党委书记、人大主席。曾任宿迁市委宣传部副部长、文明办主任，宿迁市财政局局长、二级巡视员等职	
解永生	1964.19	2001年2月至2002年7月任耿车镇党委书记。曾任江苏农民培训学院党委书记、宿迁市政协经科委主任等职	
彭　伟	1970.12	1999年12月至2004年3月，任耿车镇镇长。现任沭阳县县委书记、沭阳经济技术开发区党工委书记	
徐光良	1972.12	2015年5月起到2021年1月，任耿车镇党委书记、耿车循环经济产业园党工委书记、宿城经开区党工委副书记。现任宿豫区委常委、宿迁高新区党工委副书记、管委会副主任	
张再先	1974.10	2010年7月至2015年6月先后任耿车镇镇长、党委书记、循环经济产业园党工委书记。现任宿城区委常委、政法委书记、统战部部长	
赵　杉	1976.9	2010年12月至2012年12月，任耿车镇党委书记。现任宿迁市文旅集团董事长	
李　威	1979.8	2021年1月至2023年6月任耿车镇党委书记、耿车循环经济产业园党工委书记。现任宿迁市经开区建设局局长	

革命烈士英名录

表 20

姓　名	性别	出生年月	籍贯	参加革命时间	政治面貌	牺牲时职务	牺牲时间地点原因	备注
王友才	男	1922.4	大同大队王庄	1942	1939年入党	新四军9旅25团2连连长	1942年6月铁路西因战牺牲	—
王兆云	男	1920.3	五星大队蔡大汪庄	1940.2	党员	新四军27团2营5连战士	1942年12月失踪	1958年4月追认
张　明	男	1926.7	徐圩大队徐庄	1941	—	新四军9旅26团5连战士	1942年失踪	1958年追认
赵洪德	男	1903.7	红卫大队唐庄	1943.6	—	新四军某部战士	1943年失踪	1958年4月追认

续表

姓　名	性别	出生年月	籍贯	参加革命时间	政治面貌	牺牲时职务	牺牲时间地点原因	备注
许文章	男	1927	新华大队何庄	1944	—	杨圩区队战士	1944年泗宿县许圩战斗牺牲	—
朱敦云	男	1909.7	梨园大队顾陆庄	1935	党员	泗宿县埠子区委书记	1944年泗宿县埠子被捕牺牲	—
王修恕	男	1905.7	梨园大队东张庄	—	—	泗宿树仁乡大徐村自卫队长	1945年4月泗宿大徐村战斗牺牲	—
马文标	男	1922	三义大队王庄	1944.7	—	苏皖边区独立团4连战士	1945年7月睢宁县桃园战斗牺牲	—
王国铨	男	1918	湖梢大队陈庄	—	—	泗宿县刘圩乡农会主任	1945年7月泗宿小赵庄战斗牺牲	—
朱本坤	男	1917.8	大众大队朱庄	—	—	睢宁县杨集永顺乡民兵	1945年杨集蔡牌坊战斗牺牲	—
张永志	男	1926.4	五星大队刘宅	—	—	新四军9旅27团2连战士	1945年7月海州因战牺牲	—
王旭乐	男	1921.10	新刘大队刘圩	—	—	民工	1945年8月凌城区刘土楼战斗牺牲	—
陆裕俊	男	1921.3	刘圩大队陆庄	—	—	民工	1945年8月凌城区刘土楼战斗牺牲	—
李金华	男	1925.9	刘圩大队陆庄	—	—	民工	1945年8月凌城区刘土楼战斗牺牲	—
佟登朝	男	1917.5	新刘大队袁庄	1943.1	—	泗宿县独立团排长	1945年8月安徽灵璧县因战牺牲	—
王振帮	男	1921.9	红卫大队后大王宅	1942	—	华中野战军9纵81团战士	1945年9月徐州后马圩战斗牺牲	—
许丙香	男	1915.10	梨园大队王双庄	1945.9	—	新四军4师骑兵团战士	1945年10月安徽张楼因战牺牲	—
蔡效前	男	1921.8	徐圩大队花厅	—	—	民工	1945年睢宁县刘土楼战斗牺牲	—
朱本生	男	1923.6	梨园大队顾陆庄	1943	党员	新四军后方医院卫生员	1945年陇海路因战牺牲	—
周守印	男	1914.10	红卫大队后周庄	1943.6	—	苏皖军分区5连战士	1945年安徽灵璧因战牺牲	1958年4月追认
王纯法	男	1919.2	红卫大队周群墙	1940.6	—	新四军四师战士	失踪	—
栾永富	男	1924.12	梨园大队周庄	1943	—	泗宿县独立团班长	1945年安徽灵璧县因战牺牲	—
李达焕	男	1918.12	傅圩大队李庄	1944	—	睢宁县杨集队班长	1945年泗宿县南史庄战斗牺牲	—
傅先芝	男	1909	傅圩大队傅圩	1943	—	睢宁县杨集区队炊事员	1945年泗宿县双蔡圩战斗牺牲	—

续表

姓　名	性别	出生年月	籍贯	参加革命时间	政治面貌	牺牲时职务	牺牲时间地点原因	备注
梁家山	男	1914.7	徐圩大队周油坊庄	1944	—	泗宿县杨圩区队战士	1946年9月泗宿县段庙战斗牺牲	—
朱须安	男	1905	红卫大队王庄	1942	党员	睢宁县刘圩乡指导员	1946年11月睢宁白庙被捕牺牲	—
朱须友	男	1920.9	红卫大队油坊庄	1943.6	—	睢宁县凌城区通讯员	1946年11月睢宁白庙被捕牺牲	—
刘保国	男	1918	刘圩大队刘庄	—	1942年7月入党	睢宁县双桥乡队副队长	1946年12月泗宿县因战牺牲	—
潘长青	男	1918	三义大队代庄	1944.12	—	华中军区2纵队6团副排长	1946年东台县因战牺牲	—
衡辉	男	1921.8	三义大队杨庄	1943	—	睢宿大队卫生所所长	1946年失踪	1958年8月追认
丁先从	男	1926.8	三义大队丁庄	1942	—	苏皖边区31团战士	1946年失踪	1958年2月追认
王永连	男	1926.7	红卫大队小李庄	1944	—	华中野战军9纵81团战士	1946年安徽省竹山因战牺牲	—
周岐凤	男	1922.7	韦庄大队东街外	1942	—	解放军123团战士	1946年吉林省四平失踪	1958年4月追认
吴家群	男	1922.6	大众大队吴庄	1944	—	新四军3师20团战士	1946年失踪	1958年追认
朱振吉	男	1927.7	徐圩大队徐圩	1945.6	—	泗宿县杨圩区队战士	1947年6月泗县刘圩战斗牺牲	—
曾玉彬	男	1918.8	红卫大队大王宅	1946.7	—	华野2纵5师13团6连班长	1947年8月山东省南麻因战牺牲	—
杨思敬	男	1923.10	徐圩大队散杨庄	1946.3	—	华野九纵81团4连战士	1947年8月徐州后马圩战斗牺牲	曾名杨元静
杨思云	男	1915.9	徐圩大队散杨庄	1943.5	1938年8月入党	华野9纵81团4连战士	1947年9月徐州后马圩战斗牺牲	—
张宗武	男	1921.3	梨园大队张庄	1942	党员	淮北骑兵大队排长	1947年10月安徽蒙城因战牺牲	—
于彩芝	男	1927.4	梨园大队顾陆庄	1946.3	—	解放军26团7连班长	1947年东海县白塔埠因战牺牲	—
王世纯	男	1923.9	三义大队关庄	1943.6	—	睢宁县杨集区队战士	1947年杨集区新民集战斗牺牲	—
徐士东	男	1927.9	梨园大队徐庄	1946.7	—	解放军某部通讯员	1947年9月失踪	1961年12月追认
张家龙	男	1933.11	韦庄大队小赵庄	1948.9	—	解放军某部战士	1948年9月失踪	1958年2月追认
蔡允政	男	1926.5	耿车大队耿车街	1948.7	—	华东警备旅48团8连战士	1948年11月五河县潘村战斗牺牲	—

续表

姓　名	性别	出生年月	籍贯	参加革命时间	政治面貌	牺牲时职务	牺牲时间地点原因	备注
彭登奎	男	1927	三义大队杨庄	1946.9	—	华野13纵39师116团班长	1948年淮海战役牺牲	立二等功一次
王士宗	男	1926.8	湖梢大队王庄	1942.2	—	苏北兵团某部战士	1948年淮海战役牺牲	—
倪怀珠	男	1919.10	梨园大队东街头	1946		华野12纵战士	1948年山东梁山口因战牺牲	—
何庆早	男	1928.6	新华大队东何庄	1948	—	皖北军区警卫团战士	1949年合肥市因战牺牲	—
王金浙	男	1919.4	湖梢大队王庄	1942.2	—	志愿军21军61师181团战士	1950年朝鲜水落山因战牺牲	—
常云培	男	1925.2	渠东大队黄庄	1948.11	—	志愿军某部副班长	1950年失踪	1961年12月追认
李建君	男	1926.8	梨园大队王双庄	1949.6	—	志愿军21军61师181团战士	1951年4月朝鲜古南山因战牺牲	—
彭思武	男	1925.10	大众大队李庄	1949.7	—	志愿军某部战士	1951年朝鲜因战牺牲	—
李家庆	男	1920.8	刘圩大队张旗杆	1947.4	—	志愿军25军74师221团3连战士	1953年3月朝鲜因战牺牲	—
秦玉金	男	1937.12	大众大队秦庄	1960	1960年入党	6087部队88分队副班长	1964年6月山东莒南因公牺牲	—

说明：摘自《宿迁县革命烈士英名录》

获表彰人物一览表

表21

姓　名	籍贯(单位)	名　称	时间	表彰单位
王焕民	红卫村	独立奖章和解放奖章	1956	中央军委
赵伦忠	赵庄村	全国优秀教师	1989	
王焕民		独立功勋荣誉奖章	1990	中央军委
王焕新	红卫村	三等功		兰州军区 先后4次
王焕新		优秀党务工作者		兰州军区
张云才	大同村	淮阴市先进工作者	1993	
高行楼	耿车村	淮阴市劳动模范	1996.7	
张云才	大同村	江苏省五一劳动奖章	1999.4	
姚方友	耿车林业站	全国绿化先进工作者	2001	
高行楼		江苏省劳动模范	2001.4	

续表

姓　名	籍贯(单位)	名　称	时间	表彰单位
高行楼		第四届全国乡镇企业家	2001.12	
高行楼		苏北星火产业先进工作者	2002.1	
王成聿	红卫村	江苏省乡镇企业家	1996	江苏省乡镇企业局
张云才		全国五一劳动奖章	2002.4	中华全国总工会
高行楼		全国五一劳动奖章	2003.4	中华全国总工会
陆裕纯	刘圩村九组	中国人民抗日战争胜利70周年纪念章	2015.9	中共中央、国务院、中央军委
张　健	耿车村	宿迁市劳动模范	2009.04	宿迁市委、市政府
李　军	大众村	江苏省2016-2017年度农村基层党建工作突出贡献奖	2017	
邱永信	大众村	全国淘宝村优秀带头人	2018.10	阿里研究院
徐光良	镇党委	淘宝村杰出推动者	2019.08	阿里研究院
王　赞	湖稍村	全国淘宝村优秀带头人	2019.08	阿里研究院
李　平	耿车村	全国巾帼建功标兵	2021.2	全国妇联
李　平	耿车村	江苏省最美巾帼人物	2023.04	江苏省委宣传部、江苏省妇联等
唐江山	赵庄村	全国第二届十大杰出青年律师	2017	
石国伟	大众村	江苏省优秀大学生村官	2017.12	江苏省委组织部

获高级职称人员一览表

表22

姓　名	籍　贯	职　称	单　位
李德胜	耿车村	中国医学科学院特约研究员	南通制药厂
张锡元	五星村	副研究员	宿迁市(县级)人民政府
陈先智	耿车村	高级工程师	连云港建港指挥部
刘秉果	刘圩村	教授	徐州师范大学
朱瑞基	花厅村	教授	贵州大学
赵伦忠	赵庄村	教授	连云港职业大学
陈国防	大众村	教授	美国圣约翰大学
朱　智	大众村	教授、博导	东南大学
刘秉鑫	刘圩村	中学高级教师	宿迁市(县级)职业中学
刘尚岭	刘圩村	中学高级教师	宿迁市(县级)职业中学
陈　梅	刘圩村	高级工程师	秦淮河管理处水文站
黄利亚	刘圩村	教授级高级工程师	江苏省水文水资源勘测局
黄莉新	刘圩村	高级工程师	上海市人大

续表

姓　名	籍　贯	职　称	单　位
黄利文	刘圩村	高级工程师	江苏省食品总公司
蔡士诚	耿车村	中学高级教师	宿迁中学
杨玉梅	三义村	中级编辑（记者）	新华日报全媒体视觉中心
董　瑞	三义村	中级工程师、二级建造师	浙江大学常州工业技术研究院 浙江英集动力科技有限公司
李　忠		中学高级教师	耿车初级中学
张卫民		中学高级教师	耿车初级中学
周继威		中学高级教师	耿车初级中学
许　鹏		中小学高级教师	耿车中心小学
陈　刚		中小学高级教师	耿车中心小学
王　英		中小学高级教师	耿车中心小学
朱向菊		中小学高级教师	耿车中心小学
杨　柳		中小学高级教师	耿车中心小学
刘银凤		中小学高级教师	耿车中心小学
王娟小		中小学高级教师	耿车中心小学
丁园园		中小学高级教师	耿车中心小学
陈苇苇		中小学高级教师	耿车中心小学
朱　洁		中小学高级教师	耿车中心小学
尹金巧		中小学高级教师	耿车中心小学
王　雷		中小学高级教师	耿车中心小学
石绵绵		中小学高级教师	耿车中心小学
赵　健		中小学高级教师	耿车中心小学
臧公管		中小学高级教师	耿车中心小学
陈绍筠		中小学高级教师	耿车中心小学
张　密		中小学高级教师	耿车中心小学
单坤明		中小学高级教师	耿车中心小学
郭　伟		中小学高级教师	耿车中心小学
李作明		中小学高级教师	耿车中心小学
卞利敏		中小学高级教师	耿车中心小学
耿玉叶		中小学高级教师	耿车中心小学
熊金奎		中小学高级教师	耿车中心小学
司　龙		中小学高级教师	耿车中心小学
张　俭		中小学高级教师	耿车中心小学
蔡同猛		中小学高级教师	耿车中心小学

附　录

『耿车模式』的前前后后

由于各地的条件不同，形成乡镇企业发展的路子各异。费孝通先生认为不同的发展路子，就是不同的发展模式。从乡镇企业的所有制结构和经济形式划分，当时有两个模式最具有代表性，一是苏南模式，以乡村集体企业为主；二是温州模式，以个体、私营企业为主。那时，我在淮阴市（现为淮安市，下同）政府任市经济研究中心总干事、市政府副秘书长，国务院农村发展研究中心（与中共中央书记处农村政策研究室合署办公）聘我为研究员，《解放日报》聘我为特约记者。我协助市委、市政府领导分管乡镇企业，去过苏南、温州、阜阳等地区考察，又经常深入本市农村调研乡镇企业，发现宿迁县（现为地级市）耿车乡发展乡镇企业的经验值得总结推广。

耿车是革命老区，耿车人民为抗日战争和解放战争的胜利做出过巨大牺牲和贡献，但耿车也是远近闻名的“要饭乡”。直到1978年，农民还推着集体单一经营农业的“独轮车”，“捆在一起穷”，人均纯收入只有41元。党的十一届三中全会以后，推行了家庭联产承包责任制，很快解决了温饱问题。从1984年起，乡党委、政府勇于创新、积极探索发展乡镇企业的新路子，全乡多层次的乡镇企业迅速崛起，一直保持旺盛发展的势头，1985年乡镇企业产值比1983年增长3. 8倍，农民收入年递增33%，加快了农民脱贫致富的步伐。耿车乡成为淮阴市乡镇企业发展的“新状元”。1986年3月，我经过多次调研，写了耿车乡发展乡镇企业的调

本文作者李阳和费孝通在一起

查报告。总结耿车乡发展乡镇企业的经验是“四轮驱动，双轨运行”。就是乡办、村办、联户办、户办，四个轮子一起转，集体经济和个体、私营经济协调发展。怎样协调发展？做法是：“大的集中上水平，小的分散进家庭，大轮带着小轮飞，小轮推着大轮转。”抓大的是指对45个乡村集体企业推行招标承包经营责任制和股份合作制，并与上海、苏南先进企业、大专院校发展多层次、多形式的经济技术联合，逐步形成城乡一体化的新格局。搞活小的是指以党员、干部为骨干，发挥本地能人的作用，坚持艰苦创业，全乡办起2548个联户办、户办企业。各村以一业、一品为主，形成收旧、木业、纸业、豆制品、编织、烟花、建材、建筑等10个专业村，有1200多户农民从事废旧塑料收购、运销，村办企业加工成塑料制品。处理大轮和小轮关系，是指乡、村集体企业和联户办、户办企业合理分工，互为补充，互相服务，协调发展。乡工商服务公司、村户企业服务站对企业积极扶持，正确引导，提供信息、供销、资金、技术服务，促进乡镇企业迅速健康地发展。

1986年2月，我去北京参加全国一次经济发展战略研讨会期间，将耿车乡发展乡镇企业调查报告送给中央书记处农研室谢华副主任，他认为很好，介绍我再送一份给杜润生主任。杜主任看后说：“耿车乡发展乡镇企业的模式与苏南、温州不同，值得研究。”不久，中央书记处农研室将我写的调查报告标题改为发展乡镇企业的“耿车模式”下发全国。2月5日，《解放日报》头版刊登了我写的调查报告，标题改为：苏北淮阴乡镇企业推出“耿车模式”。

1986年4月，著名经济学家于光远、宦乡、李崇淮来淮考察，我参加陪同到耿车乡调研。于光远在市直机关作报告中讲“耿车模式”提出“四轮驱动”很好，既改革和发展集体企业，又发展在集体服务和管理下的联户办、户办企业，把老百姓的积极性调动起来，把经济搞上去，这是涉及所有制结构创新问题，值得好好研究。耿车人勇于创新、艰苦创业的精神也要好好发扬。

1986年5月，著名社会学家、全国政协副主席费孝通和全国政协常委罗涵先、江苏省委研究室主任朱通华来淮考察，徐燕市长和我陪同到耿车乡调研。费老在耿车乡下企业、看市场、访农民，问得很细。他在市直机关作了苏南模式、温州模式、耿车模式的比较研究报告，我遵嘱将录音整理稿寄给他，很快在《瞭望》杂志发表，后又编进他的著作选集中。他认为，“耿车模式”并不是“苏南模式”和“温州模式”简单的相加。在基本特点上，它既不具备苏南模式集体经济的基础，也不具备温州模式的大市场。耿车模式更适合那些缺乏工业基础的农村，对提高农民收入能发生良好效果。乡、村、联户、户四个层次办企业，四个轮子一起转，苏南和温州都没做到这一点。在苏南，家庭工业这一个轮子就太小了，不怎么转动；温州模式中，集体的轮子又没有家庭工业这个轮子转得快。耿车乡村还有集体的服务机构，这是农业双层经营结构转移到草根工业上来，是一个新事物。“耿车模式”是很值得研究的。

1986年5月16日《人民日报》刊登了我写的“耿车模式”诞生记，发表了江畅同志写的短评：好一个“耿车模式”！省委政策研究室《调查与研究》发表了我写的耿车乡调查报告，标题改为《略论乡镇企业的苏北模式》。9月上旬，我应甘肃省委、省政府邀请，在该省省级机关和省辖市干部大会上介绍“耿车模式”。9月24日，国家经委经济管理研究中心、国家科委科技促进发展研究中心等十几个单位在北京举行“耿车模式”研讨会，于光远主持，我应邀到会介绍了“耿车模式”，新华社当日发了新闻稿，9月26日《人民日报》采用，报道题目：“耿车模式有较大适应范围，首都专家学者肯定耿车乡发展乡镇企业的经验”。于光远为“耿车模式”题词：“为发展我国农村经济创造出一种可供选择的很好的模式。”费孝通题词：“大胆探索，因地制宜，为乡镇企业创造新的模式。”《经济参考》《新华日报》《农民日报》省、市《社会科学》杂志等陆续转载了我写的“耿车模式”调查，薄一波题写书名《中国社会主义新农村的雏形》一书，收编了我写的“耿车模式”调查报告。1987年2月14日

《农民日报》报道：全国乡镇企业理论研讨会研讨苏南模式、温州模式、耿车模式的主要特点。

1994年10月18日，费孝通副委员长出席淮海经济区第九届市长专员会议时，问我耿车镇和淮阴市近年乡镇企业的发展情况，我作了简要汇报。他说欠发达地区发展乡镇企业可以借鉴“耿车模式”。1998年4月21日，江泽民同志在江苏省考察乡镇企业时说：“深化乡镇企业改革，坚持公有制为主体、多种所有制经济共同发展，充分发挥机制灵活的优势。多年来，乡镇企业一直是乡办、村办、联户办、户办，即所谓四个轮子一起转，现在又加上股份制、股份合作制等，各种所有制经济共同发展，调动亿万农民和社会各方面的积极性。”

1987年至1990年，我先后在江苏乡镇企业工作会议、全省经济学会会议、苏北经济发展战略研讨会、淮海经济区发展战略研讨会、陇海兰新经济促进会上介绍“耿车模式”，针对当时对“耿车模式”的争议，我着重介绍了耿车乡乡、村集体企业改革和联户办、户办企业的做法，谈了自己对联户办农民股份合作经济和户办个体、私营经济的认识，特别讲了如何看待私营企业雇工经营问题。遵照国务院贫困地区经济开发领导小组办公室通知，我9次去苏州农干校为全国贫困地区县级领导干部培训班讲课，讲贫困地区乡镇企业如何起步，并结合讲课介绍“耿车模式”。领导小组办公室为此向我颁发了荣誉证书。当时全国到耿车乡参观的有40多万人次。淮阴市委、市政府在宿迁县召开了现场会，要求因地制宜推广“耿车模式”，推动全市乡镇企业迅速健康地发展。

如今，在新的历史起点上，在科学发展观的指引下，耿车镇和苏北乡镇企业继续崛起，出现了新型集体经济、股份合作经济、外资经济、个体私营经济新的“四轮驱动”，令人欣喜不已。耿车模式在发展变化之中，“耿车模式”体现的耿车人勇于创新、艰苦创业的精神永远值得发扬。

原载2015年第2期《铁军》，作者李阳。

好一个『新耿车』——从耿车蝶变看『两山』理念

耿车镇地处宿迁市宿城区西郊，素有“宿迁西大门”之称。耿车很出名，40多年前，耿车因穷思变，从废旧塑料回收加工产业起步，闯出了欠发达农业地区发展乡镇企业、振兴农村经济的路子，著名社会学家费孝通先生总结为“耿车模式”，与“苏南模式”“温州模式”“泉州模式”并称为中国区域经济发展四大样板，《人民日报》长篇报道《“耿车模式”诞生记》，配发短评《好一个“耿车模式”》。40多年后，耿车又精彩蝶变，在习近平生态文明思想指引下，毅然决然告别了以牺牲环境为代价的传统发展方式，坚定践行“两山”理念，壮士断腕去污减塑，把昔日的“破烂镇”“垃圾镇”变成了闻名全国的“电商镇”“生态镇”，一个绿色发展的新耿车挺立于苏北大地。

为深入探究耿车蝶变，近期省委研究室结合在学习贯彻习近平新时代中国特色社会主义思想主题教育中开展典型案例解剖式调研的部署要求，专门成立调研组，深入耿车镇进行了为期5天的蹲点调研，召开了10余场座谈会，走访了市区镇三级党政干部、村干部、老党员、普通群众、能人大户60多人，围绕耿车转型发展进行探讨。我们深刻感到，耿车蝶变之路，是耿车人民在习近平生态文明思想引领下走出的一条生态觉醒之路、产业涅槃之路、人民幸福之路；耿车蝶变，根本是发展理念、发展路径、发展方式之变。这条路生动昭示了，习近平生态文明思想蕴含强大的真理力量和实践伟力，只要我们坚定不移沿着习近平总书记指引的方向走下去，人与自然和谐共生完全可以成为江苏现代化建设的鲜明特色、显著优势。

观察耿车蝶变，绕不开“耿车模式”。“耿车模式”缘于耿车的“穷”，到改革开放风云初起的1978年，耿车仍处于推着集体单一经营农业的“独轮车”“捆在一起穷”的困境，人均年分配收入只有38元。1983年1月，中央1号文件为创办私营企业开了绿灯，时任耿车乡党委书记徐守存带队到浙江考察，回来后引导群众办起了塑料加工厂。大众村老党员邱永信带头干了起来，当年收入高达10多万元，成为第一个“从垃圾堆里挖出黄金”的脱贫典型。轰动效应下跟随者众，

内部刊物
注意保存

（总450期）

调查與研究

第 三 期

中共江苏省委研究室　一九八六年一月十六日

略论乡镇企业的苏北模式

——从宿迁县耿车乡谈起

李 阳

党中央关于"七五"计划的建议指出："发展乡镇企业是振兴我国农村经济的必由之路"。乡镇企业的崛起，打破了城市——工业、农村——农业的传统格局，找到了具有中国特色的发展农村工业和小城镇的新模式。而乡镇企业如何发展？从所有制结构和经济形式来划分，全国又有两个模式：一是"苏南模式"，大多是乡村集体企业。二是"温州模式"，大多是家庭企业。现在宿迁县耿车乡又创造出了将苏南与温州经验互相结合的新模式，即以乡、村企业为骨干，户办、联户办企业为基础，集体、个体相结合，四轮齐转，双轨并行的"复合

— 1 —

1986年1月16日《调查与研究》

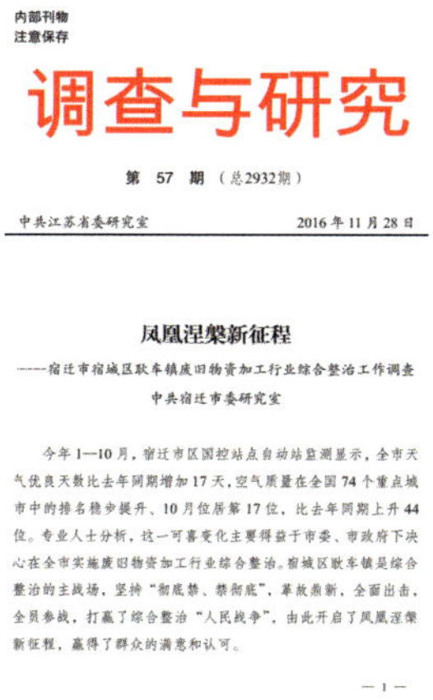
内部刊物
注意保存

调查与研究

第 57 期（总2932期）

中共江苏省委研究室　2016年11月28日

凤凰涅槃新征程

——宿迁市宿城区耿车镇废旧物资加工行业综合整治工作调查

中共宿迁市委研究室

今年1—10月，宿迁市区国控站点自动站监测显示，全市天气优良天数比去年同期增加17天，空气质量在全国74个重点城市中的排名稳步提升、10月位居第17位，比去年同期上升44位。专业人士分析，这一可喜变化主要得益于市委、市政府下决心在全市实施废旧物资加工行业综合整治。宿城区耿车镇是综合整治的主战场，坚持"彻底禁、禁彻底"，革故鼎新，全面出击，全员参战，打赢了综合整治"人民战争"，由此开启了凤凰涅槃新征程，赢得了群众的满意和认可。

— 1 —

2016年11月28日《调查与研究》

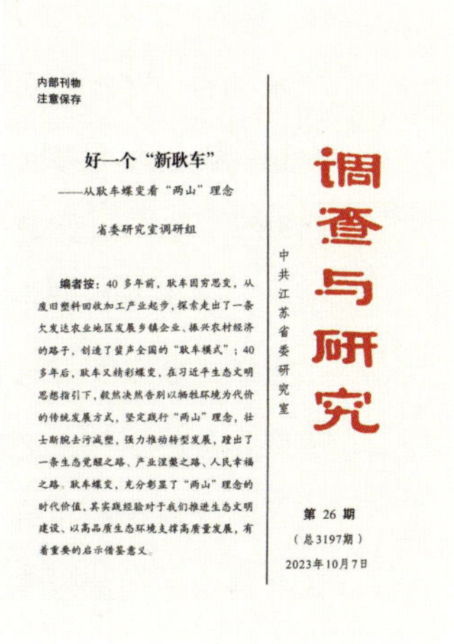
内部刊物
注意保存

好一个"新耿车"

——从耿车蝶变看"两山"理念

省委研究室调研组

编者按：40多年前，耿车因穷思变，从废旧塑料回收加工产业起步，探索走出了一条欠发达农业地区发展乡镇企业、振兴农村经济的路子，创造了蜚声全国的"耿车模式"；40多年后，耿车又精彩蝶变，在习近平生态文明思想指引下，毅然决然告别以牺牲环境为代价的传统发展方式，坚定践行"两山"理念，壮士断腕去污减塑，强力推动转型发展，蹚出了一条生态觉醒之路、产业涅槃之路、人民幸福之路。耿车蝶变，充分彰显了"两山"理念的时代价值，其实践经验对于我们推进生态文明建设、以高品质生态环境支撑高质量发展，有着重要的启示借鉴意义。

调查与研究

中共江苏省委研究室

第 26 期
（总3197期）
2023年10月7日

2023年10月7日《调查与研究》

废旧塑料回收加工迅速成为当时全乡的支柱产业，形成了乡办、村办、户办、联户办"四轮齐转"，民营经济、集体经济"双轨并进"的"耿车模式"，带富了一方百姓，创造出了巨大经济社会效益。最高峰时，耿车年加工废旧塑料近300万吨，加工户达8000多户，10万人吃"垃圾饭"，企业总产值达80亿元，农民收入年递增33%，形成了以耿车为中心、辐射周边近100平方公里的废旧物资回收加工集散地，昔日的"穷耿车"一跃变为苏北乡镇企业发展的"排头兵"。

应该说，当时的"耿车模式"顺应了全国乡镇企业发展大潮，推动了基础薄弱的农村经济腾飞和农民群众增收致富，是特定历史阶段的需要，符合特殊背景的实际。但是，这一依托废旧物资回收加工业、长期低端粗放发展的模式，在解决温饱的同时，也引发了极为严峻的环境和社会问题。老百姓都说"耿车没有垃圾桶，耿车就是垃圾场"，彼时的耿车"废旧塑料遍地堆，黑烟废气满天飞"，到了"恐怖"程度。全镇一年产生垃圾超5万吨，房前屋后、路上沟边到处都是垃圾，一些加工户家中堆放的废旧物资甚至超过1人高，几无立锥之地。一年排放污水达280万吨，沟渠河塘之水都是五彩的，水流之处寸草不生，地下水深达几十米皆不可饮用，土壤往下挖几米还是乌黑酸臭的，有的土壤砷含量达到60.1mg/kg、超出标准值2.4倍。PM2.5检测常年爆表，丙烯腈等有毒气体浓度严重超标，焦臭气味令人窒息。每年因恶性肿瘤死亡人数占比远高于周边地区平均水平约7—13个百分点，很多家庭"赚了点钱又全部花到了治病救命上"。同时，废旧塑料回收加工形成的严重排他效应，使周边板块食品加工、电子产品制造等对环境要求高的项目一概落不了地，其他项目投资有的因"耿车味"按下"暂停键"。与耿车镇一路之隔的海天醋业深受其害，办公室不敢开

窗，规划中的项目取消、原定的生产线压缩。“水陆空”立体式污染之下，耿车人不住耿车镇，耿车人不喝耿车水，耿车人过年不想回耿车，耿车人娶媳妇不敢往家带，耿车孩子有的甚至在襁褓中就跟着父母拣垃圾。美国留学的耿车大同村青年李玟曾在给宿迁市主要领导的信件中这样写到：“我想回家，但家已不是原来的模样。”人口结构失衡、青年人才外流等问题越来越严峻，原本很多引才措施、民生实事也都因生态环境问题而“归零”，对政府公信力、城市吸引力产生了很大负面影响。

要生计还是要生态？要眼前还是要未来？环境透支的耿车该何去何从？宿迁人在深入思索，耿车人亦在痛苦抉择，“耿车模式”需要蝶变新生。

——直接地看，耿车蝶变缘于环境问题的倒逼。废旧物资加工回收虽然属于循环经济范畴，但由于长期处于低端环节，耿车人与自然的矛盾已经尖锐到了无以复加的地步。宿迁市委市政府深刻认识到，如果“耿车模式”的四个“轮子”和两条“轨道”继续围着废旧物资回收加工产业“转”下去，将注定是饮鸩止渴、竭泽而渔、难以为继，不仅没有任何出路，而且危害子孙后代的生存和发展。不全面整治、不彻底改变、不根本转型，耿车就没有未来。

——深层次看，耿车蝶变缘于美好生活的要求。耿车生态之殇非一朝一夕形成，新世纪以来从镇到区、再到市都采取过很多方式抓整改促转型，但收效并不明显，反而愈演愈烈，由废旧塑料向各类废旧物资、由“土垃圾”向“洋垃圾”拓展，究其原因还是舍不得废旧物资回收加工产业这个赖以生存的“命根子”。时过境迁，这一产业早已行情不再、利润微薄，而其带来的环境污染严重破坏了群众正常生产生活、损害了群众身心健康和生命安全，引发了大量的信访群访，耿车及其周边群众对根治污染的呼声越来越高、对真正幸福美好生活的期盼越来越强。

——根本上看，耿车蝶变缘于“两山”理念的指引。习近平总书记深刻指出：“我们既要绿水青山，也要金山银山。宁要绿水青山，不要金山银山，而且绿水青山就是金山银山。”党的十八大以来，以习近平同志为核心的党中央明确提出大力推进生态文明建设，努力建设美丽中国。浙江余村等地在“两山”理念的引领下，走出了生产发展、生活富裕、生态文明的新路。中央的要求、思想的引领、实践的榜样，让迷惘的耿车人幡然醒悟，为耿车发展指明了前进方向。

纵观耿车蝶变，这是一个思想破冰、理念转变的艰巨过程，也是一项科学谋划、统筹推进的系统工程，更是一段耿车人自我革命、勇创新业的奋进历程。这一历程，大致可以分为三个阶段：

第一阶段（2012—2015）
靶向发力解思想之“结”让“两山”理念成为耿车前行的“领航灯”

习近平总书记深刻指出，对人的生存来说，金山银山固然重要，但绿水青山是人民幸福生活的重要内容，是金钱不能代替的。耿车环境污染问题早就已经引起宿迁各级党委、政府的高度重视，市区镇三级曾多次组织实施环境整治和转型升级。2002年，耿车就尝试通过“内培外引”鼓励村民搞塑料深加工，但由于投入大、风险高，应者寥寥，一段时间之后又是“涛声依旧”。2012年，耿车被国家环保部列为全国八大重点环境整治区域，为尽快治理污染问题，耿车采取生产向园区集中、居住向小区集中、交易向市场集中的“三集中”发展循环产业的思路，投资建设了循环经济产业园，引导废塑回收加工大户到园区集中生产，但因为产业面广量大、加工环节分散，加之许多中小家庭户从事的是房前屋后简单分解、清洗等前道工序，大都不愿付租金入园，使得园区运转并不太顺利，也无法从根本上解决污染问题。进入新时代，以习近平同志为核心的党中央作出了一系列关于生态文明建设的新思想新战略和环境治理保护的新部署新要求，特别是2015年中共中央、国务院《关于加快推进生态文明建设的意见》正式发布，“两山”理念被正式列入生态文明建设的顶层设计，成为我国生态文明建设的重要指导。宿迁和耿车更加深刻认识到，过去那种只针对问题表面、不触及矛盾实质的“救火式”整治，并不能从根本上改变现状，唯有下定决心“彻底禁、禁彻底”，才能全面根治耿车生态之殇。但“彻底禁、禁彻底”谈何容易？动真格时仍然无异于“拿刀子割肉”，经营大户强烈抵触，经营小户骑墙观望，支持整治者忧虑将来生计，推进整治工作的党员干部没有信心，压力和阻力可想而知。对此，宿迁从解开广大党员干部群众思想上的“结”入手，于2015年初掀起了一场声势浩大的立体宣传发动攻势。

一是算好“四本账”，破除畏难思想。宿迁市委、市政府召开学习会、专题会，以严谨的科学态度、详实的数据分析，和广大党员干部细算政治账、经济账、生态账、民生账，引导大家深刻认识“生态环境保护既是重大经济问题，也是重大社会问题和政治问题”；废塑污染产业不整治得不偿失，耿车发展不彻底转型没有出路，进一步强化抓生态文明建设的政治责任，带头坚决纠正与新发展理念不相符的片面认识和惯性思维，带头坚决扭转不惜牺牲生态环境换取一时经济增长的政绩观偏差。

二是给予“定心丸”，打消忧虑思想。组织镇村干部和废旧物资回收加工大户赴“两山”理念提出地浙江余村考察观摩。正是这次考察，让大家受到深深震撼，余村践行“两山”理念的现实图景，让大家从疑虑到向往。随后，组织党政招商团赴广东、浙江、福建等地招商引资，先找好“新鸟”再腾“旧笼”，为产业转型做充分准备；第一时间将党委、政府扶持转产就业创业的政策和各项保障帮扶救济的措施传递出去，让群众对整治后有事可做、有班可上、有稳定收入来源真正吃下“定心丸”。

三是依靠“情和法”，解决抵触思想。综合整治前，市区两级公安、国土、环保、水

从耿车蝶变看"两山"理念

务、法制办和乡镇干部对照《城乡规划法》《环境保护法》《土地管理法》《水污染防治法》《治安处罚法》《供电监管办法》等法律法规深入研究，对可能发生纠纷的节点提前预警，对打击违法经营行为提前进行宣传。同时，推动宿迁市中级人民法院专门在宿城区设立生态保护审判庭，对污染严重、拒不配合的人和事进行依法打击、公开处理和曝光。

四是宣传“做到家”，消除观望思想。发放《整治通告》和《致废旧物资回收加工经营户的一封信》，组织7000余名党员干部入户走访10万余次，与所有经营户推心置腹谈利弊得失，引导其签订自行取缔承诺书。依托各类媒体搭建宣传矩阵，将“离开废旧塑料，我们还可以这样过”“如果爱一个人，就让他远离废塑”等正面引导信息和环保违法案例等反面震慑信息传递到每个人，全面激发群众“逐绿向美”之心。

一系列深入细致的思想动员，犹如绿色发展理念的“先手棋”，把绿色发展种子撒播进了耿车人的心田，让既要金山银山更要绿水青山、既要富裕生活更要身体健康的观念成为共识，让耿车人从旧思想、旧路子中逐步转变过来，自觉支持、主动投入全面整治工作。

第二阶段（2015—2017）系统施策攻整治之“坚”让废塑污染成为耿车发展的“过去时”

思想之“结”逐步解开的同时，全面推进综合整治也被摆上重要议事日程。耿车废旧物资回收加工产业面广量大、根深蒂固，整治注定是一场大仗、硬仗、苦仗，确立什么样的目标、采取什么样的方式，节奏如何把握、力量如何整合，保障怎么到位、稳定怎么维护、整体怎么调度，什么机制最有效、什么时间启动最合适，都是需要认真考量的问题。2015年12月，宿迁市委、市政府主要领导分头带队进行实地调研后，多次专题研究会办，精心谋划对策举措，鲜明提出“依法根治、集中整治、长效治理、标本兼治”的总原则和“彻底禁、禁彻底”的总要求，专门成立综合整治指挥部，市长亲自挂帅，下设“一办六组”，全面统筹调度全市政策、资金、项目等各方面力量，集中时间精力协调推进综合整治工作，一场“向耿车废塑污染说不、向生态绿色发展转型”的人民战争正式打响。

多措并举全面“整”，确保一步到位。为干净利落打好这场攻坚战，宿迁精准选择目标时点，明确要求实现“春节前全面停止生产、全面出清货物”的目标，目的就是既让返乡过年的人看到大变化、家家户户干净过大年，又让大家借春节团聚之机谋划新生计、新出路。整个攻坚战在依法依规、积极稳妥的基础上，按照“促、治、堵、疏”四字作战方式全面展开。“促”，引导对象自行整改。发布整治公告，明确整改对象；领导挂钩、组织力量逐户宣传，确保综合整治工作通知到位；根据整改对象的思想变化和整改进展分类施策，或法律震慑，或政策说服，或案例警示，引导整改户由被动整向主动改转变。

"治"，限期予以彻底取缔。对废旧物资回收加工经营户以及交易场所自行整治不彻底、不到位的，集中开展综合整治行动，由公安、环保、国土、住建、水务、供电等组成联合执法小组，在法律法规范围内，予以强制整改。对于工商、土地、环保等手续完备的规模企业，引导进入集中区或产业园。"堵"，全市联动全面根治。采取先"堵源头"、后"清库存"的方式，确保不增新量、出清存量。由公安、交通、城管卡口设点、联合执法，彻底堵住市外流入渠道，各县同步开展整治，彻底堵住市内流窜渠道，发改、工商、城管、消防通力合作，彻底堵住项目引进渠道。组织专门力量，采取自清自运、干部包干、政府代清、依法取缔等方式，对所有废旧物资进行出清，分步分类予以处置，实现春节前全部安全处理完毕的目标。"疏"，长效治理防止反弹。在全力以赴做好治和堵的同时，要求经信部门牵头制定一揽子引导计划，引导产业转型，实现"二次创业"；扶持转移就业，帮助实现"再就业"；对家庭困难从业人员登记建档，做好扶贫济困工作。

雷霆之力带来了猛药之"效"，仅用20天时间，就完成了全面停止生产、全面出清货物的"两个全面"目标；仅用66天时间，4889户废旧物资回收加工经营户全面清理到位，96个交易货场全部关停，2462户设施设备全部拔除，累计清运废旧物资150多万吨，一个存续30多年的低端产业从此画上句号，一个充斥着废塑味的"旧耿车"彻底翻篇。更为难得的是，整治期间全镇无一起到市和区上访集访事件，并在整治结束后连续7年无一起行政诉讼和行政复议案件。

双管齐下同步"转"，确保安置到位。全面整治过程中，市区镇三级不是简单的"一禁了之"，而是坚持"破立同步"，加快转变发展方式，让新兴绿色产业成为"接力者"，以"换新轮、走新路"保障"彻底禁、禁彻底"，推动全镇重塑产业之"基"。一方面，锚定产业转型方向。市区两级汇聚多方智力搞调研，镇村两级组织开展"绿色发展"大讨论，立足实际明确了塑料精深加工、家具电商、花卉苗木三个重点产业转型方向，引导体量较大的废旧塑料回收加工户沿着塑料精深加工产业链绿色转型，鼓励有基础的经营户发展家具电商、商贸物流，组织部分仍未找到转型方向的经营户和群众到沭阳取经发展花卉苗木产业，引进多肉种植等现代农业企业。当年第一个"从垃圾堆里挖出黄金"的邱永信，又一次领先迈出了步子，第一个做起了家具电商，再次成为耿车老百姓的"转型带头人"。另一方面，确保每户迅速转产。66天综合整治犹如一场旋风，吹走了垃圾，也重创了百姓的生计，当时80%以上的耿车人面临再创业、再就业的严峻挑战。区、镇两级政府第一时间公布产业发展目录和负面清单，同步出台相关投资奖补机制、贷款贴息政策，协调解决转型企业缺地、缺钱、缺技术、缺销路等实际困难；各村专门设立劳务服务组，协调周边企业招工、争取以工代赈机会、创造公益性岗位，推动全镇居民应业尽业、应工尽工；户、联户发挥能人作用，整合资金资源组团创业，提升办厂能级，分享办厂、销售、配送等资源和渠道，手把手教乡亲开网店，以一带十、以十传百，掀起转型转岗热潮。不到1年便实现3500余户顺利转产转岗，转型占比达73%，当年耿车镇实体企业达567家，网店数量突破2000家，所有村居全部创成“淘宝村”，一举攻下了产业转型“最难一战”。

一着不让科学“治”，修复生态疮疤。30多年废旧物资回收加工产业给耿车留下的“生态疮疤”触目惊心，镇党委政府提出，综合整治开展到哪里，生态环境就要改善到哪里。为此，耿车制定水土修复计划，以“深呼吸、看绿化、见清水”为标准，下大力气进行生态修复，努力重现天蓝地绿水清的美丽景象。治气上，实施废气主污染源防控，开展燃煤锅炉、畜禽养殖等专项整治，设置家具企业集中烤漆房90余座，在工业园区建起废气收集处理系统，控制烟尘污染；治水上，筹集2亿元启动修复常年被垃圾覆盖的各类水体，累计排查治理黑臭水体56条、疏浚清淤12万方，完善耿车片区污水管网配套工程，所有住户生活污水应收尽收，保证水系畅通、水质清澈；治土上，明确不允许在原来可能有毒性的土地上建住宅、种粮食，启动两轮土壤污染情况调查，采取置换浅层污染土壤、改善深层污染土壤、大规模种植乡土树种等措施，进行土壤修复，从根本上消除井水不敢喝、种粮不能吃的污染问题。经过持续努力，耿车的“生态疮疤”逐步消失，黑臭水体全面消除，“耿车味”销声匿迹，“耿车蓝”常驻定居，空气优良天数比例达80%以上，先后荣获全国卫生镇、省生态镇、省生态文明建设示范镇等荣誉称号。大众村村民戴丽这样说：“真想不到耿车能有今天，我们出去谈业务，面子都挣得足足的！”

如果说，以废旧物资回收加工为支撑的“耿车模式”，是耿车人“挖穷根、摘穷帽”的创新创造，那么这一场惊心动魄的整治攻坚战，则是耿车人以“两山”理念重塑一个绿色“新耿车”的行动宣言，耿车在“舍”与“得”之间作出了坚定正确的选择。

第三阶段（2017年至今）
整体谋划育发展之“新”让生态绿色成为耿车转型的“主旋律”

耿车人深刻认识到，绿色发展是生态文明建设的必然要求，是解决污染问题的根本之策，更是永续发展的必要条件和人民群众对美好生活追求的重要体现。耿车坚持把推动产业发展和群众增收协同共进、人居环境和自然生态美美与共作为实现乡村振兴的新支点，不断厚植高质量发展的绿色底色。

推动产业二次攀登。2017年，随着废旧

物资回收加工综合整治取得阶段性成效，耿车产业加快向家具电商、塑料精深加工、花卉苗木转型，但由于转得快、转得急，也带来了新的衍生问题，比如许多创业主体仍以户为主，产品定位较低，技术含量不高，配套设施不全，特别是板材加工、家具喷漆等又造成新的污染。耿车从叫停户外喷漆作业、建立集中喷涂中心入手，拓展到家具产业全链条查处环保违法行为倒逼提档升级，延伸到塑料精深加工向食品级产品研制、多肉种植向新品种培育等高技术含量环节转型，打响了产业向高向新绿色转型“第二战”。根据三大主导产业发展需要，新建电商物流园、生态农业示范园，鼓励引导经营户向园区集中、抱团发展，支持企业开展外观专利和实用型专利研发，提升产品附加值；引进激光技术研发应用等技术密集型产业，建设激光产业园，推动激光产业向产业链上下游拓展。如今，循环经济产业园集聚了企业30家，有一半为塑料精深加工企业，年纳税超1000万元；电商物流园集聚电商企业500余家、物流企业近50家，形成了家具电商产业链；生态农业示范园集聚现代农业企业30余家，培育多肉植物500余种，年销售额达12.6亿元；激光产业园集聚企业90余家，建成激光产业全产业链条，实现年开票销售23.8亿元，四大园区共吸纳周边群众就业近万人。当初深受污染之害、投资信心不足的海天醋业新上陈醋、香醋2个产品生产线，新增8条全自动包装线，同时又在宿迁追加投资60亿元，新投建海天酱油、天将生物、天玻包装项目。在海天的影响下，宿迁食品加工产业加快集聚，蒙牛、西麦、维港、长霖等十几家食品企业及其配套公司相继落地投产。

全面建设美丽乡村。2017年，党的十九大提出实施乡村振兴战略，耿车以此为契机，扎实推进“美丽乡村”建设工程，努力推动生产、生活、生态“三生融合”发展，让居民“望得见山、看得见水、记得住乡愁”。坚持以农房改善为龙头，实施镇区“六个一”工程，规划建设生态经济示范镇，一体推进公共空间治理、农村人居环境改善等重点工作，深入开展清洁家园、清洁田园“双清工程”，率先实现农村垃圾分类全覆盖，基本实现道路、集镇、村庄、庭院“四清洁”，打造出美丽大众、水墨刘圩、田园红卫三个美丽乡村，其余全部建成省级人居环境整洁示范村，建成300亩白鹿湖生态公园、复原“白鹿渔歌”景观，新植各类苗木300余万株，建设6条水清岸绿景美的生态廊道。耿车生产生活条件、生态环境、公共服务得到极大改善，“绿色GDP”也涨起来了，民宿、乡情馆、农事体验等文旅项目接踵而至，多肉节、采摘节、乡村大舞台等特色旅游活动交替上演，成为周边群众假日休闲的新晋“网红打卡地”。

人不负青山，青山定不负人。2022年，耿车地区生产总值达到33.88亿元，居民人均可支配收入突破3.6万元，分别是2016年整治前的1.71倍、2.51倍。推窗可见绿、出门能遇景，水里有鱼游、树上有鸟栖，已经成为耿车人的生活常态。事实证明，全面整治并没有影响耿车的经济发展，而是倒逼耿车在产业转型中转出了速度、质量和效益，转出了绿色发展新动能，也转出了“绿富和美”的新生活。

五天蹲点调研中，我们与耿车干部群众谈过往、聊现在、畅想未来，在电商名村大众“创业求变勇向前”的活力、水墨刘圩“茆屋槿篱傍水涯”的悠然、田园红卫“薄暮蛙声连晓闹”的闲适、白鹿湖畔“轻歌欸乃出蒹葭”的美景中体味着耿车之美，对耿车蝶变的感受与思考也不断变得立体起来。耿车从“求生存”到“求生态”、从“盼温饱”到“盼环保”、从“垃圾堆里讨生活”到“绿富和美新生活”的过程，真切反映出他们对“两山”理念认识深化、行动内化、实践转化的铢积寸累、日就月将。

10年前，耿车在废旧物资回收加工中迷失了方向，在向“金山银山”的狂奔中失去了“绿水青山”，以牺牲环境为代价的发展走进了死胡同。耿车人饱尝生态之殇的反噬，从“富了口袋、毁了生态”的切肤之痛中清醒过来，深切感悟 “没有生态，就没有一切”的道理，体悟到“宁要绿水青山，不要金山银山”的真谛，从而壮士断腕，实现凤凰涅槃。

10年来，耿车在生态觉醒中成长，在革故鼎新中嬗变，“两山”理念深植进每个耿车人心中，时刻提醒着他们用心用情守护好家门口这片来之不易的绿水青山。在家具产业造成新污染的时候，他们果断采取措施推动二次转型，引领产业向绿色、高端、智能方向发展，努力探索“既要绿水青山，又要金山银山”的发展路径，实现了产业生态化、生态产业化的良性互动。

如今，耿车发展思路理顺了、生态环境变美了、生活条件更好了，老百姓的幸福感获得感安全感更加真切和充实，他们坚持用环境治理守住绿水青山，用绿色发展换来金山银山，进入了高质量发展和高水平保护相辅相成、相得益彰的新阶段，“绿水青山就是金山银山”在耿车变成生动现实。

耿车蝶变，充分彰显了“两山”理念的时代价值，其实践经验对于我们推进生态文明建设、以高品质生态环境支撑高质量发展，有着重要的启示借鉴意义。耿车蝶变之所以成功，首先，在于坚定正确的信仰信念。耿车发展的蝶变史，就是耿车人坚定信仰、忠实践行习近平生态文明思想的奋斗史。耿车人在艰难抉择中认定这一思想，在痛苦转型中体悟这一思想，在自觉践行中笃信这一思想，推动着耿车绿色发展之路越走越宽广。其次，在于为民利民惠民的根本立场。宿迁和耿车坚持以人民为中心的发展思想，无论是开展环境整治，还是推动转型发展，都是从群众利益出发思考问题、站在群众立场处理问题，真正为了群众、全面发动群众、广泛组织群众、深入引导群众、切实依靠群众，不断满足人民群众对美好生活的向往。第三，在于党员干部的模范作用。40多年前的“耿车模式”是在党组织、广大党员示范下创造的，40多年后的耿车蝶变，第一个停止生产的是党员，第一个出清物资的是党员，第一个拆除厂房的是党员，第一个卖掉设备的是党员，第一个搞电商的还是党员。正是各级党员以上率下、冲锋在前，尖锐矛盾和疑难问题迅速得以化解，整治工作势如破竹、取得实效。第四，在于系统科学的工作方法。涉及数万人生产生活生计的耿车废塑整治攻坚战之所以顺利推进、没有发生一起群体性事件，绿色转型“转”出了高质量发展的新天地，离不开市区镇三级上下联动，离不开决策、执行、保障等协调配合，离不开整治行动与产业转型、全民创业、生态建设的系统谋划，离不开依法整治与理性说服、人文关怀的统筹推进。第五，在于久久为功的战略定力。整治废旧物资回收加工产业是繁重任务、更是复杂工程，推进过程殊为不易，调研论证、依法行政、科学决策急不得，精准发力、聚力攻坚、强力推进慢不得，既要有坚定的战略决心，也要有高度的战略耐心，才能形成说了就算、定了就干的硬作风，形成实干到底、苦干到成的好局面，最终达到理念和行动、目的和效果的高度统一。

因此，耿车蝶变的意义，不仅仅体现为一个区域的环境改变、产业转型、发展嬗变，更体现为基层干部组织推动经济发展和社会治理工作的思想信念、根本立场、领导方式以及科学方法。耿车蝶变的意义是深刻而多元的。

蹲点最后一天，我们访谈了当年耿车废旧塑料加工、试水电商“第一人”邱永信的儿子邱杰。对于今后的发展，邱杰脸上满是自信的笑容，给我们留下了深刻印象。子承父业、接续创业、做大做强，这样的故事在耿车还有很多，也让我们深切感到，初心、使命、梦想在这片土地上不断交织延伸、传承弘扬，深刻展现着耿车人自强不息的精神、敢试敢闯的品格、创新求变的豪情，而这也正是支撑耿车涅槃重生、跨越发展的内在动力。

奋进新征程，我们坚信，在习近平新时代中国特色社会主义思想指引下，耿车蝶变的创新史一定会不断书写下去，无数个这样的发展蝶变也必将共同谱写出“强富美高”新江苏现代化建设新篇章！

原载2023年10月7日省委研究室第26期《调查与研究》，转载2023年11月13日《江苏政研》微信公众号。作者为江苏省委研究室调研组：徐　洪　罗纯超　陈大伟　顾　震。

耿车赋

西楚胜地，古集耿车，倚黄傍运，二水婆娑。连下相、接徐州，俨然宿城之门户；控骆湖、抱国开，璨若苏北之明珠。七村两居之民，居安业乐；方圆近百之地，银流金聚。励精图治之名域，要冲锁钥之通衢。

史载耿车之肇也，宋元间，有民耿氏推独轮之车至此，开荒谋生，勤织恳耕。稼穑方兴，屋舍乍起，从之者渐众，同之者成里。诚鸿蒙之初辟，实集镇之先迹。明万历五年，建集立市，名之曰“耿车集”。建国后，始制为乡，再制为镇，迄今镇龄二十九年矣。

《诗》云“耿耿”，注以“儆儆”；《楚辞》言“耿”，谓其正直；《说文》解“耿”，析之以“光”，悉云其心之惕厉、其志之刚强。斯镇以“耿”为名，昭其天意乎！耿车百姓，敢为人先，百折不挠。先摘“要饭”之旧帽，继创“四轮”之样板，复博“淘宝”之名噪。革命老区，英杰辈出；文脉绵迥，独领风骚。张义民屯兵抗金，誉并魏胜；刘振璜设防击倭，迅若飞猱。沙场文藻，王焕民立功受勋；“耿车模式”，徐守存首创掀涛。一代蛇医季德胜，允推杏林之游侠；三平书生张守跃，固为书坛之凤毛。此皆星月之耿耿、乡梓之佼佼者也。

车者，舆轮之总名。斯镇以“车”为名，尽其人事哉！夫车无轮而不行，人无力而何

田园红卫

绿色家居产业园

大众和美乡村

耿车生态农业示范园

功？若夫建集初始，以独轮筚路蓝缕，世代耕读，沐雨栉风。奈何危堤患水，碱地难丰！虽有“高耿大豆”之产，未免逃荒要饭之穷。积贫成困，民如飘蓬。长夜不寐，此心耿耿。乃知穷必思变，变则能通。于是乎乘改革开放之东风，追乡镇企业之虬龙，脱独轮之捆绑，弃单一之经营。铺公、私并运之“双轨”，乡镇经济协调发展；驱乡、村、联、户之“四轮”，草根企业健康运行。改独而用双，铸全国之样板；去一而取四，夺乡镇之状元。

至若“四轮”齐转之盛也，废旧塑料回收产业一柱独高，财富盈盘，落落大满。然而论其弊端，则草长莺飞难见，天蓝水绿难返。污水浸之，黑烟漫之，垃圾堆之。饮食住行，杂厕其间；生民家园，俱为所染。有识之士，无不为之摧胸破胆，扼腕而叹！邑之主政者悯民生之多艰，谋久远以康安。反复再四，欲断其乱，专项整治，力挽狂澜。尔乃仰市、区之长策，举镇村之全力，联合执法，日夜鏖战。“三大目标”，强推转型升级；“两个彻底”，必还琼姿靓颜。其弃旧也，若壮士之断腕；其从新也，如凤凰之涅槃。父老见之，齐额手而称庆；草木闻之，共发萌以言欢。

不破不立，今昔成代谢；且废且兴，往来有清浊。当是时也，斯镇革故鼎新，探电商之机窍，倾扶持之多措；谙创业之奥旨，促集聚以良策。全国淘宝镇横空出世，省级集聚区剑利光烁。正饬轮以归生态，将腾翼而翱寥廓。请看明日之耿车：星河兮耿耿，吾民致远兮有车。路漫漫兮风雨莫我阻，雄关如铁兮上下求索。洁我舆轮兮展双翼，奋高飞兮势嵯峨！

（作者　孙个秦）

省级以上媒体刊发耿车的宣传报道名录（部分）

省级以上媒体刊发耿车的宣传报道名录（部分）

表 23

序号	媒体	时间	版面	篇　名
1	人民日报	1986.01.02	第 2 版	耿车剪影（沈进）
2	人民日报	1986.05.16	第 2 版	“耿车模式”诞生记——宿迁县耿车乡发展乡镇企业的调查（李阳）、好一个“耿车模式”（江畅）
3	人民日报	1986.09.26	第 2 版	“耿车模式”有较大适应范围，首都专家学者肯定耿车乡发展乡镇企业的经验
4	人民日报	1986.11.29	第 3 版	江苏省宿迁县耿车乡丰富多彩文化活动陶冶情操（图片新闻）
5	人民日报	1987.04.24	第 4 版	收破烂的姑娘
6	人民日报	1988.11.14	第 2 版	淮阴农村家庭经济方兴未艾
7	人民日报	1992.06.23	第 2 版	宿迁耿车建设市场促进商品流通
8	人民日报	1999.01.08	第 2 版	耿车镇韦庄村棉农售棉（图片新闻）
9	人民日报	2002.09.03	海外版	小镇新歌
10	人民日报	2015.04.26	第 11 版	电子商务让江苏宿迁大众村漂亮转型——破烂村成了淘宝村
11	人民日报	2017.08.17	第 11 版	全面建小康，苏北在发力——宿迁市耿车镇绿色发展生态富民
12	人民日报	2016.08.25	第 6 版	江苏宿迁耿车：昔日拾荒 今天电商（图片新闻）
13	人民日报	2019.03.27	第 12 版	江苏宿城耿车：村官直播当销售（图片新闻）
14	人民日报	2019.05.23	第 7 版	告别以牺牲环境为代价的传统增长模式——“耿车模式”有了升级版
15	人民日报	2020.09.01	第 14 版	宿迁市耿车镇“塑料村”变身记
16	人民日报	2020.12.07	第 13 版	各地把为民服务中心作为基层治理的重要阵地——耿车办事不出村 议事解纠纷
17	人民日报	2021.02.19	第 6 版	江苏宿迁耿车镇电商创业者邱雨——“带大伙致富，一直是我的心愿”

续表

序号	媒体	时间	版面	篇　名
18	人民日报	2021.02.25	第6版	带着泥土芬芳 触摸发展脉动——与奋斗者同频共振
19	人民日报	2021.06.07	第7版	江苏宿迁耿车麦田抢收
20	人民日报	2021.10.21	第18版	江苏协商议事会开到田间地头(耿车垃圾分类协商议事)
21	人民日报	2022.08.13	第2版	江苏奋力建设强富美高新江苏——耿车从垃圾围城到知名电商镇生态镇蝶变
22	人民日报	2022.11.17	人民网	江苏省宿迁市大众村:因文明与"众"不同
23	人民日报	2023.04.25	第5版	江苏宿城耿车镇提升治理效能 精准服务民生
24	人民日报海外版	2023.06.14	第2版	江苏宿迁耿车收割机抢收小麦
25	人民日报	2023.09.12	第14版	用好秸秆资源 助力绿色农业–耿车秸秆打捆离田
26	人民日报	2024.03.06	第1版	坚定信心、鼓足干劲、勇挑大梁——习近平总书记重要讲话在江苏广大干部群众中引发热烈反响(耿车)
27	中央广播电视总台	1986年9月		耿车之路
28	CCTV13	2019.04.24	朝闻天下	壮丽70年奋斗新时代——耿车"垃圾小镇"的涅槃重生
29	CCTV2	2019.05.13	经济半小时	壮丽70年奋斗新时代——耿车"垃圾王国"变形记
30	中央广播电视总台	2019.06.07	中国之声	江苏宿迁耿车:一年网销9个亿,多肉控,看这里!
31	CCTV13	2019.11.10	新闻直播间	江苏宿迁:创新为民协商制度 促进社会治理
32	CCTV4	2022.02.10	记住乡愁	刘圩村:美丽经济敲开幸福门(第八季)
33	CCTV17	2024.02.15	三农长短说	江苏宿迁耿车 绿色转型 村里宜居又富民
34	光明日报	2021.07.14	第10版	苏北村庄亮堂起来了
35	光明日报	2023.12.25		宿迁"美丽经济"描绘乡村建设新画卷 –耿车绿色转型发展
36	新华社客户端	2019.05.27		耿车迎绿重生(视频)
37	新华社客户端、新华网	2017.09.01		江苏耿车:绿色发展逆袭"废品小镇"
38	新华社客户端	2017.12.18		要钱还是要命? 这个"废品小镇"用行动给出了答案
39	新华每日电讯	2019.05.03		江苏耿车从废塑加工场到创业梦工厂
40	新华社客户端	2022.08.22		江苏宿迁耿车:农房改善助力乡村振兴(视频)
41	半月谈	2019.07.01		党旗引领下的绿色转型之路——耿车镇党委引领绿色发展纪实
42	新华社、央视、人民日报等客户端	2023.11.30		只! 送! 不! 卖!
43	新华社客户端	2020.09.04		小康之美温度李平的心头肉 耿车人的小康梦(视频)

续表

序号	媒体	时间	版面	篇　名
44	新华社客户端	2020.04.10		宿迁耿车：当直播成为一种新农活儿
45	新华社	2021.07.03		江苏宿城：耿车之变从“垃圾镇”中重生“生金”更“生绿”
46	半月谈	2020年	第4期	宿迁耿车向绿之变
47	新华网	2023.02.03		江苏宿迁耿车：推进生态文明建设助力绿色发展
48	新华社客户端	2023.08.16		江苏宿迁耿车镇党建+生态绿书写乡村振兴幸福答卷
49	新华社客户端	2024.06.18		江苏宿迁耿车：作家进校园 书香润心灵
50	经济日报	2014.05.22		打通农村快递“最后一公里”
51	经济日报	2019.05.18	第8版	江苏宿迁耿车返乡创业促就业（图片新闻）
52	解放日报	1986.02.05	头版	苏北淮阴乡镇企业创造出耿车模式
53	解放日报	1986.12.08	头版	耿车乡“四轮齐转”推动全县百轮飞
54	文汇报	1987.05.19	第2版	“四轮驱动”带起“百轮竞飞”——淮阴推广“耿车模式”广泛发展乡镇企业
55	农民日报	2015.07.15	第8版	江苏宿迁耿车：将自制家具“搬进”互联网
56	农民日报	2015.11.20	第7版	宿迁耿车7名大学生村官创办“创客咖啡馆”
57	农民日报	2016.09.02	第7版	村官夫妻共谱新“鸳鸯蝴蝶梦”
58	农民日报	2019.06.02	头版	耿车“三变”（上）——在拼搏与担当中探寻快速发展新路径
59	农民日报	2019.06.04	头版	耿车“三变”（下）——在生态优先与创新主导中踏上高质量发展新征程
60	农民日报	2021.03.02	第6版	鱼米水乡村美人和——江苏省持续改善农村人居环境显实效-耿车刘圩水美乡村
61	农民日报	2021.04.28	第8版	江苏宿迁耿车：三次创业，日子终于过出了滋味
62	中国青年报	2017.03.22	第5版	宿迁耿车：废品镇变身淘宝镇
63	中国国防报	2021.12.09	第2版	“不卖只送”抗美援朝老兵订床遇奇事
64	中国环境报	2019.06.24	头版	从“遍地垃圾”中重生—— 以“含绿量”提升“含金量”“三生融合”的新“耿车模式”
65	中国环境报	2020.11.26	第26版	江苏宿迁耿车镇取缔废旧塑料产业，以电商发展打造绿色转型样本
66	中国妇女报	2019.04.25	头版	从“垃圾镇”到美乡村——江苏耿车的“绿色逆袭路”
67	中国妇女报	2023.05.15	第8版	构建善治格局续写新时代“耿车模式”新传奇
68	中国新闻网	2020.07.20		走进宿迁宿城“水美乡村”感受“乡愁印记”
69	中国新闻网	2022.09.08		打造宜居宜业美丽乡村 江苏宿迁耿车绘就乡村振兴新画卷
70	中国新闻网	2023.06.28		江苏宿迁刘圩村：“垃圾村”嬗变中国美丽休闲乡村
71	新华日报	1985—1987年	头版等版面	《异军突起》《“四轮”并转的传动链》《四轮并转双轨并进“耿车经验”花开宿迁》《淮北踩出自己的致富路》等新闻报道
72	新华日报	2015.12.09	第2版	推“耿车模式”转型农村电商

续表

序号	媒体	时间	版面	篇　名
73	新华日报	2016.04.16	头版	守护好生态——宿迁挥别“耿车味”
74	新华日报	2016.06.14	第7版	13个月，见证“耿车模式”嬗变
75	新华日报	2016.09.02	第15版	宿迁耿车淘宝村的创业故事（影像）
76	新华日报	2019.02.09	头版	挥别耿车味拥抱耿车蓝——耿车镇搭乘电商快车探路绿色发展
77	新华日报	2019.05.09	头版	壮士断腕，断了25000人的“垃圾饭”——宿迁市耿车镇绿色转型实现凤凰涅槃透视(上)
78	新华日报	2019.05.12	头版	找回乡村宜居宜业捧回“金饭碗”——宿迁市耿车镇绿色转型实现凤凰涅槃透视(下)
79	新华日报	2020.07.08	第5版	没有“大动作”的刘圩村示范了什么
80	新华日报	2020.10.14	第3版	宿迁耿车：昔日“破烂村”演奏变美致富曲
81	新华日报	2021.06.02	第4版	党建引领走出生态文明发展路，续写新时代“耿车模式”新传奇
82	新华日报	2021.03.29	第12版	宿迁耿车镇与徐州沙集镇一河之隔，却在争当标杆上频频“较劲”，两个老典型的升级擂台赛
83	新华日报	2021.10.29	第15版	“四轮”齐转 转出了耿车小康路
84	新华日报	2023.05.09	第4版	坚持镇当市建 让幸福来敲门 耿车打造宿迁“西部新城”
85	新华日报	2023.04.13	第4版	昔日“垃圾加工场”今日“创业梦工厂”
86	新华日报	2024.01.31	第5版	“垃圾小镇”的绿色蝶变
87	江苏卫视	2018.12.11	江苏新时空	生态优先助力江苏发展高质量
88	江苏人民广播电台	1986年5月下旬	新闻	耿车的起步之路（系列报道）
89	江苏卫视	2020.01.13	江苏新时空	刘圩村的“新模样”：农房改善筑起村民小康梦
90	江苏卫视等	2020.11.20		时代报告剧《石头花开 信任》
91	江苏卫视	2021.10.20		记忆100——耿车模式变形记
92	江苏卫视	2022.10.20	江苏新时空	撸起袖子加油干 风雨无阻向前行 党的二十大报告在江苏引发热烈反响(耿车镇）
93	江苏卫视	2023.04.04	江苏公共新闻	江苏“最美巾帼人物”李平：经营美丽经济 带动“绿色增收”
94	江苏卫视	2022.08.14	江苏新时空	“中国这十年·江苏”主题新闻发布会持续引发热烈反响 牢记嘱托踔厉奋发 扛起新使命谱写新篇章(耿车)
95	江苏卫视	2023.08.06	我苏网	宿迁耿车镇党委：党建赋能 电商小镇绿色逆袭
96	群众	2017年	第15期	弃老路走新群众路：耿车转型启示录
97	党的生活	2019年	第5期	大众村：让群众尝到电子商务发展的甜头
98	中国落实2030年可持续发展议程进展报告	2019年		江苏宿迁耿车：数字经济引领乡村振兴
99	调查与研究	2023年	第26期	好一个“新耿车”——从耿车蝶变看“两山”理念
100	瞭望新闻周刊	2024年	第19期	耿车变身记

大 事 记

清代及以前

战国时期，作为漕运航道的泗水、睢水流经耿车。

秦代，耿车属下相县。

晋义熙元年（405），耿车属宿预县。

南宋时，宿迁县有耿车集。

宋建炎元年（1127），张荣在宿迁组织义军抗金。

宋隆兴二年（1164），抗金名将魏胜阵亡殉国。

元至元年间，元朝旌表抗金英雄张荣，并为之树“义民”牌坊和“尚义”牌坊。

明代，耿车集属淮安府管辖。明代成化七年（1471），因张荣后裔八代和睦同居，被朝廷旌表为义门，并树“义门”牌坊和“同居”牌坊。

明万历五年（1577），《宿迁县志》舆图中标注“耿车镇”。

是年，耿车设社学，名“公义”。

清雍正十一年（1733），耿车随宿迁划属徐州府管辖。

清道光初年，管序诗倡建耿车集圩。

清光绪二十四年（1898），中国著名蛇医季德胜出生在耿车的二帝庙。

清光绪三十三年（1907），公义社学改称耿车公学。后又改称耿车高等小学、耿车集小学校。

民国时期

1912年，宿迁改为十七市乡，耿车集属义勇市和埠子市分辖。

1917年，境域内先后遭遇旱灾、冰雹，秋熟作物损失严重。

1921年，境域内遭遇雨涝，秋熟庄稼几乎无收。

1925年，耿车通长途电话干线。

1928年3月，耿车建立中共党小组。第一次会议在耿车西张庄举行。

4月，耿车建立中共党支部。

是年，耿车建立农民协会。

△　耿车地区中共党员发展到80人，成立耿车区委，王绍武担任区委书记。

1930年5月，江苏省委派李慈（李干成）任宿迁县委书记，李慈到耿车指导党建工作。

1938年11月22日，日军侵占宿城，国民革命军第89军198团团长刘振黄率部守城，后壮烈殉国。

1940年10月，中共泗宿工委和泗宿办事处成立，耿车南境属泗宿工委领导。

1942年12月，中共睢宿工委成立，耿车北境属其领导。

1945年8月，耿车境域内第一次解放。

1948年，徐州运输公司、私营山东汽车站均在徐淮公路开通徐宿往返客班，并在耿车设立站点。

7月12日，耿车第二次解放。

1949年5月，耿车隶属宿迁县杨集区。

中华人民共和国成立后

1952年，耿车在全县首批建成公立卫生所。

1953年，横贯耿车的原海郑公路修复完成，被命名为徐淮公路。

1954年，宿迁县邮电局设立耿车邮电支局。

1956年2月，宿迁县区乡调整，原杨集区改为耿车区。

1957年1月，宿迁县撤区并乡，耿车乡、永顺乡、树仁乡组成新的耿车乡，后成立乡人民委员会。

1958年1月，宿迁县实行撤区并乡。耿车区被撤销，设立耿车乡。

是年3月，宿迁县委召开冬春季“五大生产运动”评比大会，耿车被评为“全面先进乡”。

是年8月，季德胜出席在京召开的全国医药卫生先进工作者代表大会，受到党和国家领导周恩来、刘少奇、朱德的接见。

是年秋，耿车改建新大街。

是年，耿车人民公社成立。

1959年，耿车会堂建成，座位为铁架翻板椅850座。

1960年，耿车初级中学建成。

1964年，耿车公社开展“农业学大寨”“工业学大庆”运动。

1966年8月，耿车公社革命委员会成立。

1968年12月，耿车公社办起合作医疗，所有大队均设立合作医疗卫生室。

1970年，皂河灌区九支渠贯通耿车，境域内全面实施“旱改水”。

是年，耿车乡村小学发展到24所，教职员工约200人，在校学生7000多人，学龄前儿童入学率达到94.7%。

1974年7月19日，徐淮公路宿城至耿车段竣工，全长15公里，为宿迁县第一条柏油路。

1976年，耿车成立电影放映队。

1980年

7月，宿迁县公安局在耿车设立派出所。

是年，耿车公社先后上马农机配件、服装、机电等项目，社队企业实现总产值950万元，跨入全县先进行列。

1981年

蛇医季德胜在南通逝世，享年83岁。

1982年

全面推行家庭联产承包责任制。

1983年

耿车恢复乡村建制。

1984年

耿车乡实现集体工业产值过千万元，为1159万元。

1985年

耿车乡实现乡、村、户、联户企业产值过三千万元，达3042万元。

1986年

耿车乡成为淮阴市乡镇企业总产值排行榜上的“状元乡镇”。是年，全乡19个村基本构成“一村一品”，并形成收旧、木业、建材等“十大专业村”。

3月，淮阴市政府副秘书长李阳到耿车调查乡镇企业发展情况，将耿车的创新做法提炼成“四轮驱动，双轨并行”。

4月10日，中顾委委员、著名经济学家于光远到耿车参观考察乡办企业，对耿车乡的“四轮双轨并进，大小有机结合”发展模式给予充分肯定。

是月，淮阴市市长徐燕在会议上肯定了耿车乡“四轮双轨并进，大小有机结合，大的集中上水平，小的分散进家庭”模式。耿车乡受到表彰。

5月10日，著名社会学家费孝通到耿车考察，认为耿车乡的发展模式带动了产业结合，认为这是苏北加快发展的有效途径。

是月12日，费孝通在淮阴市“两会”上作《乡镇经济的多模式与“多模式”发展战略》报告，后载入《行行重行行》一书及《瞭望新闻周刊》等书刊。

是月16日，《人民日报》二版头条刊登长篇通讯《耿车模式诞生记》，同时配发短评《好一个“耿车模式”！》。

是月，中央高级记者代表团一行15人，由人民日报社副总编带队，到耿车乡采访。

9月，耿车乡党委书记徐守存受邀进京参加“全国小地区发展战略研讨会”，期间组织了“耿车模式”发展研讨会。《人民日报》、人民广播电台等媒体作报道。

△　著名社会学家费孝通为“耿车模式”题词。

11月，新华社《经济参考》刊登了《“耿车模式”调查》。是年冬，国内各地到耿车镇参观学习的达12万人次。

1987年

1月，著名经济学家于光远为耿车模式题词：“为发展我国农村经济创造出一种可供选择的很好的模式。”此后，耿车模式和“温州模式”“苏南模式”并行，成为中国区域经济发展的不同样本。

2月，耿车撤销乡建制，改为耿车镇。

1988年

7月3日，宿迁包头东风钢铁厂联营稀土合金厂在耿车试产成功。该厂为苏北第一家稀土合金企业。

10月16日，中央电视台新闻部电视摄制组在红卫村农民王成聿家，拍摄《现代家庭经济走向世界》系列专题新闻片。

1989年

2月21日，新刘村建起宿迁市第一家村级影剧院，首次试映成功。

9月11日，江苏省委副书记邓宏勋视察耿车废旧物资贸易市场、五星村办企业和耿车中心小学，走访了农民家庭。

12月，耿车镇学龄前儿童入学率100%，“普九”工作在宿迁市领先。

是年，耿车镇被列入宿迁市农业机械化试点先行乡镇。

△　耿车建成新华、湖稍、镇东工业园区，并成为华东地区最大的再生资源回收加工集散地。

1990年

耿车镇投资扩建了废旧物资贸易市场，年购销量万吨以上。

11月，国务院研究室研究员余国耀及中科院部分研究人员在淮阴市委领导陪同下，考察耿车工业。

1991年

5月，淮阴市农业生产工作现场会在宿迁召开，与会人员参观了耿车镇棉花移栽、统供种现场。

△　耿车废旧物资贸易市场被评为全国文明集贸市场。

1993年

5月5日，中外合资宿迁金康钢铁有限公司开业。该公司由耿车稀土合金厂与加拿大客商和淮阴市轧钢有限公司共同投资100万美元联合建成。

是年，宿迁市人民法院在耿车镇依法宣布耿车塑料厂和农机修造厂破产，为全市首例。

是年，《江苏名镇志》（江苏古籍出版社）收入耿车镇条。

1995年

3月14日，五星村被宿迁市委评定为“明星村”。

是年，耿车镇被淮阴市政府评为棉花收购先进单位。

1996年

7月19日，地级宿迁市成立。耿车镇属宿豫县。

1999年

5月21日，宿迁市“走近百万农户、百万当家人”法治宣传教育经验交流会在耿车镇召开。

8月13日，全省落实“收支两条线规定经验交流会”在宿迁召开，与会人员参观耿车镇“票款分离”管理办法图片展。

2001年

宿豫县实行村级区域调整，耿车镇19个行政村合并为10个行政村，2个居委会。

2002年

1月17日，耿车镇与张家港市塘桥镇签订友好乡镇协议。

2003年

4月，宿迁市装饰板厂法人高行楼被中华全国总工会授予全国五一劳动奖章。1996年起，高行楼先后被评为淮阴市劳动模范、江苏省劳动模范、第四届全国乡镇企业家、江苏省苏北星火产业开发带建设先进工作者等荣誉称号。

5月，宿豫县对11个空缺职位进行公推竞选，耿车镇人民政府镇长通过公推竞选上任。

9月，耿车镇的赵庄村、梨园村、徐圩村划出，由宿迁市经济技术开发区代管。

2004年

3月16日，耿车镇由宿豫区划归宿城区管辖。

9月15日，江苏省政协常委、江阴市华西村原党委书记吴仁宝到耿车考察。

2006年，耿车建成第一个农民居住小区——大同小区。

2008年

大众村“试水”电商产业，成功后在全镇推行。

2009年

11月18日，浙商投资建设耿车再生资源商贸城。

是年，大众村获评“江苏省民主法治示范村”。

2010年

9月7日，市区特大暴雨，耿车降雨量257.8毫米，降雨量与降雨强度均超过有气象记录以来最高值。

是年，耿车镇和再生资源商贸城分别被授予“中国塑料再生利用产业基地”和“中国大型再生塑料交易市场”称号。

△　五星村被表彰为宿迁市平安村（居）创建先进单位。

2011年

1月，大众村获评“江苏省管理民主示范村”。

是年，全镇废旧加工企业发展到1200多个（户），其中规上企业6家，中小企业37家。

2012年

9月4-8日，宿迁市委副书记、市长蓝绍敏在耿车镇开展“三解三促”驻点调研，针对耿车镇废旧物资产业发展畸重的状况，提出要大力发展循环经济。

是年，建成耿车循环经济产业园。

2013年

3月31日，市委书记蓝绍敏视察耿车镇循环经济产业园建设运营情况。

10月，大众村党支部电教室获评“江苏省党员干部现代远程教育示范站点”。

是年，大众村被评为全国首批“淘宝村”；大同村被评为“江苏省民主法治示范村”。

2014年

3月19日，市委党的群众路线教育实践活动征求意见专题座谈会在大众村召开。市委书记、市人大常委会主任、市委党的群众路线教育实践活动领导小组组长蓝绍敏就解决四风问题、推进网络创业经济发展听取基层党员、群众及创业代表的意见和建议。

7月，大众村获评“江苏省农村电子商务示范村”。

11月，大众村获评“全国人口和计划生育基层群众自治示范村居”。

11月24日市委副书记、市长王天琦带领相关部门负责人到耿车镇调研电商产业发展情况。

12月30日，宿迁宇淇塑业公司董事长刘信（新华村人）当选由中央文明办发布的“中国好人榜”诚实守信类“中国好人”。

是年，刘圩村获评“江苏省卫生村”；大同村获评江苏省“社会主义新农村建设示范村”。

△　耿车镇被授予“江苏省文明乡镇”称号。

2015年

7月29日，宿城区与河海大学环境学院合作框架协议签约暨博士生工作站挂牌仪式在耿车循环经济产业园举行。

10月，耿车镇网络创业孵化中心挂牌成立。

△　大众村获评“江苏省一村一品一店示范村”。

11月12日，副省长曹卫星到耿车初中调研。

12月7日，市委书记魏国强、市长王天琦到耿车镇就废旧物资回收加工综合整治工作开展调研。市领导李荣锦、江海参加活动。

是月，大众村获评“江苏省科普示范村”。

△　耿车镇获评“全国淘宝村”，耿车社区、大同村获评“中国淘宝村”。

△　宿城区首批30个农村淘宝村级服务站集中开业仪式在大同村举行。

2016年

1月，宿迁市废旧物资回收加工综合整治工作指挥部第一次全体会议召开。要求对废旧产业“彻底禁、禁彻底”。

△ 宿城区委区政府召开专项会议，推动废旧物资回收加工综合整治工作。随后在耿车镇召开动员大会（又称“千人大会”）。

2月13日，宿城区组织四套班子领导、区直机关事业单位全体人员、城管、环卫系统全体人员在耿车镇区36个路段开展“清洁家园志愿行动”义务劳动，耿车镇村干部、群众代表、部分文明志愿者参与活动。

是月，宿迁市委书记魏国强调研耿车废旧物资回收加工综合整治工作，给予表扬。

5月19日，区委书记裴承前到大众电商产业园调研。

7月，镇党委书记徐光良赴京出席中国共产党成立95周年庆祝大会。耿车镇党委被中共中央授予“全国先进基层党组织”称号。

△ 宿迁市召开特色农业观摩现场会，市委书记魏国强、市长王天琦率队参观耿车镇“印象耿车”展览馆。

9月，大同村被评为“江苏省文明村”。

10月1日，市委书记魏国强到大同村了解生态环境建设情况。

12日，以耿车镇党委为原型，展示基层党组织和党员干部风采的微电影《蜕变》举行开机仪式。

21日，由宿城区政府主办，耿车镇政府等承办的首届宿城家居创意设计大赛启动仪式暨文化创意产业发展论坛举办。

12月14日，省委组织部到大众村调研“支部+电商”工作。

15日，全镇举办区乡两级人大代表换届选举投票活动。

是年，耿车镇9个村居实现“淘宝村”全覆盖，完成财政总收入9600万元，公共预算收入9400万元，GDP突破23亿元。

2017年

3月29日，江苏省省长石泰峰调研宿迁扶贫工作，考察耿车电子商务产业园。

4月8日，人民日报社副总编辑谢国明在人民日报社江苏分社社长贺广华陪同下调研耿车镇生态富民、网络创业工作。宿迁市委书记魏国强，市委常委、宣传部长赵正兰陪同调研。

17日，市委书记魏国强到耿车镇调研重大项目投资运转情况。

是月，耿车镇规划建设占地面积1.4万亩，其中核心区占地4300亩的生态农业示范园。

△　江苏省委常委、常务副省长黄莉新考察耿车镇生态环境整治和特色农业建设工作。

5月10日，江苏省委、省政府在宿迁召开苏北发展座谈会。会议期间省委书记李强，观摩“印象耿车”展馆等地，省领导蒋定之、黄莉新、樊金龙、史和平、蓝绍敏，苏北各设区市、县（市、区）党政主要领导，苏南、苏中各设区市党委或政府主要负责同志，省有关部门和单位主要负责同志参加观摩。

6月7日，省委副书记、省长吴政隆调研耿车环境综合整治工作。

7月1日，江苏省委召开庆祝建党96周年座谈会。镇党委书记徐光良作交流发言。

8月，举办家具创意设计大赛，47件获奖作品转化为产品。全镇新增家具商标133个，专利428个。

12月19日，耿车家具产业转型升级调度会召开。市委副书记、市长王天琦到会并讲话。副市长曹秀明主持会议。市政协副主席、市经信委主任王柏生参加会议。

12月，耿车镇获评省级生态乡镇、省级创业型乡镇、省级电子商务示范基地等省级荣誉7项；获市级生态经济示范镇先进单位、市级文明镇等市级荣誉8项。

△　经江苏省人民政府批复，耿车镇的王梨园、赵庄、徐圩3个居委会划给宿迁市经济技术开发区黄河街道。

是年，先后建成文体公园和白鹿湖生态公园。

△　耿车社区被省人社厅评为“创业型社区”。

△　耿车电商物流园（家居电商创业园）启动建设。

△　工业固定资产投入超4亿元。

△　生态农业示范园完成核心区建设。

2018年

2月28日，人社部副部长张义珍率队调研春节后宿迁就业创业工作，考察耿车镇人社服务平台、大众村等地。

3月，在全市农村率先建成生活垃圾分类“全覆盖”体系。

5月7日，市委书记张爱军调研大众电商产业园，并走访群众。

是月，开展文明交通“四项示范”创建活动，道路安全标准化建设与市区同步。

△　大众村原党委书记李军入围“中国好人榜”。

6月，开展文化资源普查，全镇有乡愁文化物件372件。

7月20日，市政协副主席、宿城区委书记裴承前专题调研会办耿车生态经济示范镇建设。

8月，丰翔家具、竹林风家具等企业开办跨境电商业务。

△　历史人文书籍《印象耿车》出版发行。

△　关停取缔“散乱污”企业80家，59家优质家具企业获得环评许可合规生产。

△　建成并完善白鹿书院乡情馆、大众乡情厅和刘圩前王老宅乡贤馆三个文化阵地。

9月，9个村居均建成文化广场，基层文化阵地软、硬件完善，实现“农村文化基地全覆盖”。

△　耿车生态农业示范园获评国家级奇趣多肉星创天地空间和省级休闲农业与乡村旅游三星级园区。

10月初，在宿迁市区举办第二届“多肉植物”国庆文化节。

10月13日，周欣茹在第三届夏季青年奥林匹克运动会女子自由式摔跤65公斤级决赛中，夺得冠军。

11月，生态农业示范园同中科院江苏省植物研究所、南农大、扬州大学联建生态农业发展科研平台。

是年，生态农业示范园新招引项目10个，投资额2.6亿元。建成4300亩核心区、30万平方米温室大棚，培育家庭农场19个，注册农产品品牌15个，日网销订单近5万单，年交易额突破9亿元。

△　新增亿元家具企业2家，5000万元以上的5家，全年家具销售额16亿元，同比增长37%。

△　耿车镇获宿城区综合考评一等奖。

△　全镇实现GDP32.1亿元，同比增长8.5%；同口径一般公共预算收

入9500万元，同比增长15%；城镇居民可支配收入预计19615元，同比增长9.5%。

△ 耿车镇先后获“国家卫生乡镇”“江苏省生态文明乡镇”“江苏省创客空间集聚区”等称号。红卫村获评江苏省休闲农业精品村、江苏水美乡村、江苏省卫生村。

2019年

1月，大众村被公布为“第二批国家森林乡村”。

4月，中宣部组织开展“壮丽70年·奋斗新时代”蹲点调研采访活动。由《人民日报》、新华社、中央广播电视总台、《新华日报》等十多家主流媒体组成的采访组到耿车镇调研采访转型发展事件。

6月，耿车镇获“江苏省人民满意的公务员集体”荣誉称号。

7月，耿车生态农业示范园综合服务中心建成并投入运营。

11月1日，市政协在耿车举办《为民协商在耿车》启动仪式。市政协主席王益，市政协副主席华志明、薛永干、裴承前，秘书长庄国波参加活动。南京农业大学人文与社会发展学院教授季中扬和省政协委员、南京大学社会学院教授闵学勤深入解读了镇村为民协商在促进乡村振兴、完善基层社会治理体系等方面的重要意义和发展前景，对耿车“365”为民协商工作法给予高度评价。

11月，耿车生态农业示范园被评为“省级巾帼现代农业科技示范基地”。

△ 建成并完善耿车镇文明实践所和9个村级文明实践站。

△ 刘圩村农房改善的特色做法被省委研究室列为“改善苏北地区农民群众住房条件实践案例”。

△ 全镇740名建档立卡户中的低保户、五保户实行住院医疗零付费，为贫困户发放兜底补助。

12月，大众村获评“江苏省文明村”。

是年，全镇居民人均可支配收入突破2万元，达20458元，同比增长9%。

△ 刘圩村获评“江苏省特色田园乡村”。

△ 《人民日报》、新华社、中央电视台、《新华日报》20多家国家和省级新闻媒体，到耿车采访调研并发表文字和视频稿件50余篇。

△ 先后获评“国家卫生镇”“中国淘宝镇”“江苏省电子商务示范基

地”和市推动高质量发展先进单位、市综治和平安建设工作先进集体、区乡镇综合考核一等奖。

2020年

5月21日，省政协副主席姚晓东带队调研耿车“有事好商量”协商议事室。

6月，刘圩村被列入全国乡村旅游重点村江苏培育单位名录。

△ 撤销新华社区、湖稍村，合并成立白鹿湖村。

△ 大众村获评“江苏省美丽家园示范点”。

8月，探索形成“党委领导、政协搭台、乡贤参与”的“365”为民协商工作法，并在全市推广应用。

9月，大众村获评“江苏省第四批特色田园乡村”。

△ 耿车电商物流园更名为耿车家居电商创业园。

11月4日，住房和城乡建设部副部长倪虹到耿车生态农业示范园和刘圩村调研。

11月20日，由国家广电总局指导，江苏省广播电视总台出品，以耿车镇转型发展为主题的脱贫攻坚时代报告文学剧《石头开花信任》第四集，在江苏卫视等六家卫视和爱奇艺等视频等平台播出。

11月，大众村被中央文明委评为“全国文明村”。

△ 建成4300亩生态农业示范园核心区、42.6万平方米温室大棚，培育多肉植物500多种1.2亿株，日销售3万余单，年交易额逾11亿元。

△ 建成9000平方米现代物流综合服务中心大楼，2万平方米配套标准化厂房，2万平方米标准化仓储用房。

是年，耿车物流园集聚百世物流、顺丰快递、中运物流等11家龙头企业，开辟国内“当日达”路线24条，开设品牌物流企业网点47家，日最高发送快递11万件。

△ 全镇电子商务网店发展到2759家，注册网络公司186家，销售额60亿元。

△ 创新“电商扶贫”模式，帮助600余名建档立卡贫困人口实现就地创业。该做法成为首个入选外交部发布的《中国落实2030年可持续发展议程进展报告》的乡镇案例。

△ 实现居民人均可支配收入34860元，比2015年增加9576元。获全

区综合考评一等奖。

△　耿车镇原副镇长、大众村党委书记李军获评江苏省“道德模范”、宿迁市优秀共产党员。

△　白鹿湖公园获评江苏省“最美乡村健身公园”；新华社区获评“宿迁市文明村”。

△　红卫村被评为国家级“一村一品”示范村、江苏省休闲农业精品示范村、江苏省特色田园乡村；宿迁市文明村。

至是年，耿车镇连续4年被评为“全国淘宝镇”，所属8个村居为“全国淘宝村”。

2021年

1月5—6日，耿车镇第十八届人民代表大会第九次会议召开。

2月19日，耿车镇获宿城区高质量发展综合考核一等奖。

是月，电商创业者李平获评“全国巾帼建功标兵”。

△　西湖西路二期暨徐淮路（通湖大道至淮徐高速宿迁西互通段）改造工程正式开工。

4月1日，耿车电商商会获“全国四好商会”称号。

5月1—5日，举办第四届中国耿车多肉文化节。

5月8日，市政协主席王益到大众村联系点了解村规民约制定实施等情况，并参加专题协商议事会。

5月20日，商务部原副部长蒋耀平、中国国际电子商务中心党委书记贾国勇调研耿车电商产业发展情况，副市长曹秀明陪同调研。

5月27日，市委常委、常务副市长史志军到耿车镇调研指导党史学习教育工作。

7月3日，耿车镇举行“庆祝中国共产党诞生100周年”纪念活动。

是月，耿车镇获评“2021-2022年度江苏省电子商务示范基地”称号。

是月，刘圩村被评为“第三批全国乡村重点旅游村”。

是月，刘圩村获评“中国美丽乡村”称号。

是月，中央电视台第四套《记住乡愁》栏目组进驻刘圩村摄制纪录片。

12月20日，耿车镇获评农业农村部“全国农村创业园区（基地）”称号。

2022年

2月10日，央视4套《记住乡愁》栏目播出纪录片《刘圩村"可爱经济"敲开幸福门》。

是月，耿车农业示范园被评为省级绿色农产品示范基地。

3月29日，铂金美寓小区发现一例新型冠状病毒肺炎感染者，耿车片区即刻采取封控措施。4月16日解除封控。

4月21日，在第十六届全国党员教育电视片观摩交流活动中，党史微视频《"耿车模式"变形记》获一等奖。

5月10日，市政协主席、党组书记冯岩到耿车镇及大众村调研"有事好商量"协商议事工作。

8月6日，耿车农业示范园的江苏育美森生物科技有限公司和宿迁市博雅农业科技发展有限公司被省妇联、省人社厅、省女企协联合授为江苏省女大学生创业就业实践基地。

12月5日，根据疫情防控工作需要，耿车社区育才组三个居民（营业）点被划定为高风险地区。一周后风险解除。

是月，耿车物流园被评为省级示范物流园区。

是年，镇党委镇政府在推进经济社会高质量发展的同时，积极抓好疫情防控，切实维护人民群众身心健康，各项指标稳中有升。

2023年

2月，耿车镇被评为2021—2022年度江苏省电子商务示范基地。

是月，刘圩村获评第五批江苏省生态文明建设示范村。

4月，耿车镇获评2022年度江苏省生态宜居美丽乡村示范镇。

5月25日，省人大常委会副主任魏国强来宿开展主任接待代表日活动，调研耿车生态农业示范园，市委副书记、代市长刘浩陪同。

是月，耿车镇被授予2020—2022年度宿迁市文明乡镇，白鹿湖社区、大同村、红卫村、刘圩村被授予2020—2022年度宿迁市文明村。

6月8日，省委书记信长星调研耿车镇刘圩村，认为耿车的精彩蝶变充分彰显了"两山"理念的实践伟力，要一以贯之、久久为功，建设宜居宜业和美乡村，让广大群众既富口袋也富生态，有更多获得感、幸福感、安全感。省委常委、省委秘书长储永宏，市委书记陈忠伟，市委副书记、代市长刘浩等陪同调研。

7月，江苏省委研究室调研组围绕转型发展主题到耿车镇驻点调研。调查报告《好一个“新耿车”——从耿车“蝶变”看“两山”理念》刊发于10月17日第26期《调查与研究》，并在《江苏政研》微信公众号推广。

9月13日，江苏省召开生态环境保护大会，对美丽江苏建设进行部署。省委书记信长星点到“耿车蝶变”等五个故事。

21日，江苏省政协主席张义珍赴基层调研指导服务为民和民生专题协商议事月活动，考察了耿车“水美刘圩”生态家园。

△　省文联主席章剑华一行到耿车镇调研产业转型升级等方面的做法、成效与经验。

10月，耿车入选江苏省《十万里山河壮阔——中国式现代化江苏新实践新图景》报告文学系列丛书。

11月2日至3日，新华社江苏分社副总编辑凌军辉一行到耿车镇开展减塑治污、转型发展主题调研采访，稿件被新华社内刊采用，受到省委书记信长星批示。

3日，区委书记陈伟在耿车调研，强调要坚定不移践行“两山”理念，在新征程新起点上推动耿车高质量发展。

5日，镇党委书记陈茂辉在全省第二批主题教育推进会上作交流发言。

11月15日，省艺研会、省报告文学学会联合组织开展“十万里山河壮阔——主题采访采风活动”，省文联副主席、民间文艺家协会主席陈国欢带队到耿车开展调研采风。

22日下午，宿迁市委常委会到耿车镇开展“耿车蝶变”典型案例解剖式调研。市委书记陈忠伟，市委副书记、市长刘浩，市人大常委会主任王益，市政协主席冯岩参加调研。市委常委，市政府有关副市长，市有关部门主要负责人参加活动。江苏省委第十一巡回督导组到会指导。

12月8日，耿车镇举办践行“两山”理念暨学习浙江“千万工程”专题培训班，镇党委书记陈茂辉带队到浙江安吉余村、大竹园村、萧山梅林村、临安白牛村、泰兴市祁巷村等地考察学习。

14日，耿车镇家具集聚区被评定为江苏省第三批县域电商集聚区。

16日，区委六届七次全会参会人员到耿车循环经济产业园观摩莱柯睿博项目。

21日，主题教育中央督导组到耿车调研。

是年，“耿车蝶变”成为全省践行“两山”理念典型案例。

2024年

1月，启动学习借鉴浙江“千万工程”，实施“1253”镇域环境蝶变升级工程。

23日，区委书记陈伟带队调研耿车镇经济社会发展情况。区领导谭永恒、张永杰、卢浩参加活动。

2月1日，江苏省委副书记、省长许昆林在宿迁开展“四下基层”调研，察看了刘圩村产业转型、人居环境整治等情况，认为“耿车蝶变”是践行“两山”理念的生动典型。省政府秘书长吕德明参加调研。市委书记陈忠伟、区委书记陈伟等陪同调研。

18日，耿车镇在全市高质量发展暨改革创新大会上被表彰为先进乡镇。

19日，耿车镇（循环经济产业园）获全区高质量发展综合考核第一等次。招商引资、“四化”同步集成改革示范区建设、党的建设、社会稳定、安全生产、环境保护等六项工作获单项奖。

3月15日，宿城区兰博物流园项目开工仪式在耿车举行，区委书记陈伟，区委副书记、区长顾宇等出席活动。

21日，省政协农业和农村委员会工作座谈会暨全体会议在宿召开，与会人员考察了江苏汇胜新材料有限公司和刘圩村。

4月9日，新华社江苏分社分党组书记、社长刘亢，分党组成员、常务副总编辑刘兆权，副总编辑张展鹏一行，在市委常委、宣传部部长王晓东陪同下调研耿车镇刘圩村。

4月16日，全国政协副主席胡春华率全国政协农业和农村委员会“加强水利基础设施建设提高农业综合生产能力”专题调研组调研耿车刘圩村。全国政协农业和农村委员会副主任叶冬松、刘雷、蒋旭光、梁晔参加，省政协有关领导陪同调研。

是月，大众村、红卫村和刘圩村获评江苏省第一批宜居宜业和美乡村。

5月，新华社《瞭望》新闻周刊第19期刊发由刘亢、凌军辉、秦华江、陈圣炜蹲点调研宣传稿件《耿车变身记》。

编后记

根据省、市关于镇村志编纂文化工程的文件精神，2022年10月，耿车镇党委、政府成立了以镇党委书记任主任的编纂工作委员会，确立了《耿车镇志》编纂工作的指导思想、目标原则及框架结构等要素，将其纳入民生实事工程予以高位统筹实施，邀请史志专家专题会商，委托宿迁市西楚文化研究会组织精干力量投入镇志的史料挖掘、文字编辑等工作。2023年6月，新一届镇党委领导班子成立后，又对编委会及时进行了调整充实。

一年多来，镇志编纂人员科学分工，精心实施，凝神聚力，克服困难，确保编纂工作有条不紊开展，按序时进度完成。先后数十次赴有关史志、档案等部门查阅资料，深入村组、农户家中走访，专程拜访了数十位离退休老同志，还先后召开十多次座谈会、研讨会并专程赴南通市、苏州市等地，对耿车镇的历史资料进行抢救性挖掘，对有关史料进行充分调查核实，确保志书经得起历史和时间的检验。

《耿车镇志》的编纂，充分吸收了省、市关于名镇名村志编纂工作的指导意见，同时结合耿车镇的史情要点、文化特点、经济亮点，努力做到史料翔实、文图优美、特色取胜，特别是对耿车带来重大影响的“耿车模式”“耿车蝶变”等重大事件独立设章，重点记述，以强化志书的文化精神影响以及对经济社会发展的现实指导作用。

本书在编纂过程中，参阅了明、清等时期《宿迁县志》及《宿迁市志》(原县级宿迁市1996年版)《宿迁市志》(2019年版)《宿迁市宿城区志》《中国共产党宿迁县历史》《宿迁抗战史料汇编》《中共宿迁地方史》(市区篇)《印象耿车》等文史地情资料。

《耿车镇志》的编纂完成,是镇党委、镇政府高度重视的结果,是干群团结协作的结果,也离不开全体编纂人员的辛勤劳动。在志书编纂过程中,市委党史工办、史志办,区委党史工办、史志办的领导和同志给予了悉心指导,市委宣传部、区委宣传部、市政协文化学习和文史委、区政协文化学习和文史委、市社科联、区社科联等部门和单位提供了大力支持。市文史和社科专家杨继平、黄立云、张用贵、王其成、陈升山、苏海滨等同志提出了一些完善意见。耿车镇关德亮、王成聿、高行楼、丁义松、谢小杰、邱辉、张坤等有关同志提供了宝贵资料,选用了新华社、《新华日报》、《宿迁日报》等新闻单位及季春鹏、陆启辉、王诗宇、王甫君、郑旭军、时晓凯、陈少帅、徐江海、陈红、李闻等摄影师的图片,南京出版传媒集团和南京凯德印刷有限公司为镇志的编辑和出版做了大量工作,在此一并表示感谢。

由于编纂人员水平有限,本志书在史料运用、文图配置等方面难免有不足之处,敬请广大读者和专家学者予以批评指正。

《耿车镇志》编纂委员会

2024年8月